组织与人力资源管理系列精品教材

U0458493

员工关系管理

（新编版）

主　编　刘平青　刘子森

副主编　刘园园　张　帆　刘东旭　崔遵康

电子工业出版社

Publishing House of Electronics Industry

北京·BEIJING

内 容 简 介

本书针对员工、人力资源从业者（HR）和组织的领导者不同读者群体，从求职、入职、任职、升职、离职不同阶段，以全新的体系介绍员工关系管理，由五篇共十六章构成（第一章为导论）。求职篇，包括与自我发展的关系、与求职过程的关系、HR 与组织的招聘管理三章；入职篇，包括员工视角的入职管理、HR 视角的入职管理、组织视角的入职管理三章；任职篇，包括员工视角的任职管理、HR 视角的任职管理、组织视角的任职管理三章；升职篇，包括员工视角的升职管理、HR 视角的升职管理、组织视角的升职管理三章；离职篇，包括员工视角的离职管理、HR 视角的离职管理、组织视角的离职管理三章。

本书体系新颖、案例丰富、可读性很强，既适合经济管理类专业教学使用，又可作为管理干部的培训教材，还可作为管理专业教学、科研人员的参考书。

图书在版编目（CIP）数据

员工关系管理 : 新编版 / 刘平青，刘子森主编.

北京 : 电子工业出版社, 2024. 6. -- ISBN 978-7-121 -48184-0

Ⅰ. F272.92

中国国家版本馆 CIP 数据核字第 2024K6Z166 号

责任编辑：王二华

印　　刷：三河市龙林印务有限公司

装　　订：三河市龙林印务有限公司

出版发行：电子工业出版社

　　　　　北京市海淀区万寿路 173 信箱　　　　邮编：100036

开　　本：787×1092　　1/16　　印张：15.75　　字数：364 千字

版　　次：2024 年 6 月第 1 版

印　　次：2024 年 6 月第 1 次印刷

定　　价：55.00 元

凡所购买电子工业出版社图书有缺损问题，请向购买书店调换。若书店售缺，请与本社发行部联系，联系及邮购电话：（010）88254888，88258888。

质量投诉请发邮件至 zlts@phei.com.cn，盗版侵权举报请发邮件至 dbqq@phei.com.cn。

本书咨询联系方式：wangrh@phei.com.cn。

目录

第一章　导论

随着互联网的发展、新商业形态的产生、年轻一代员工广泛进入组织，传统的员工关系正在经受挑战。层级复杂、管理缺乏人性化的企业越来越难以适应当前的社会发展趋势。员工意识觉醒、组织内部结构日趋扁平、员工与组织的关系加速重塑，在这种背景下，塑造积极的员工关系、提升组织运行效率势在必行。马克思在《雇佣劳动与资本》一书中指出，人在一天中除了能生产他本身所展现的价值，还可以生产超过他本身所具有和消耗的价值。构建积极的员工关系，对更大限度地释放人力资源的潜力具有重要意义。

本书基于人的全面发展理念，从"员工与组织的共同体"出发，引导员工①、人力资源从业者（HR）和组织领导者三类读者重新认识员工关系管理，并促进他们共同成为积极员工关系的建设者。

一、主要特色

每个职场人都处于员工关系当中，而每个人又似乎很难说清员工关系是什么。也许有人认为员工关系是处理和预防员工与组织对簿公堂的专业领域；也许有人认为，员工关系是团队中人与人之间的关系；也许还有人认为，员工关系是员工在组织中左右逢源的技能。而这些其实都是员工关系的表现，在这些纷繁的表现背后，还有更本质的内涵。

马克思认为，"人的本质并不是单个人所固有的抽象物。在其现实性上，它是一切社会关系的总和"。员工关系就是个体在"工作"这个社会关系中的表现。员工关系并非简单的劳资关系，而是员工在工作过程中，多层次、多类型的关系总和。除了劳动合同，我们还要注重"心理契约"，即员工与企业在正式劳动合同规定的内容之外存在的隐含的、非正式的、未公开说明的相互期望。由此，本书在写作方面，着眼于以下三方面的特色，由表及里，从每个职场人面临的职场关键情境出发，全面剖析员工关系的本质及其管理规律和方法。

---

① 本书中的员工如无说明，指普通员工。

特色一：全链条，即从求职、入职、任职、升职到离职，以员工关系的视角帮助读者找到这些情境中困扰自己的现实问题和有效应对策略。

特色二：多视角，即从员工视角、HR 视角和组织视角出发，审视员工关系。员工关系有很多面，单一的视角并不能让我们看清员工关系的本质，本书提供了三种不同的视角，能帮助读者更全面立体地理解员工关系。

特色三：融道术，即将复杂的员工关系管理规律简单化，并提供具有可操作性的实际方法。员工关系千变万化，其中的规律却有迹可循。从具体的情境或某一个单独视角出发，可能会帮助我们解决眼前的问题，但是也可能会让我们变得局限。本书既关注员工关系典型问题的解决，又关注背后的规律，通过别出心裁的体例设计、简单形象的案例故事，以及系统丰富的理论呈现，力图使读者成为一名员工关系管理的行家里手。

二、价值主张

本书是国家级规划教材《员工关系管理》的新编版，是笔者近 20 年对员工关系持续思考的新总结。

在上一版出版后，就有一个问题一直困扰着笔者：我们用了几十个场景和案例来阐释员工关系，但为什么我们还是持续面临新的员工关系问题？追本溯源，我们虽然在员工关系的典型场景中着墨颇多，但是依然困顿于员工关系中的问题与难题，对员工关系的本质探索不足。因此，这一次新编，笔者从本质上对员工关系进行了一次全面解构，提出了"三层次""四关系""五关键""六维度"的员工关系管理内在逻辑。

（一）员工关系管理的三层次

无论是研究者还是职场人，提到员工关系管理，似乎都习惯于从冲突视角展开讨论，强调不同主体在面对员工关系时的不同立场和不同观点。而笔者认为，员工关系管理的基石是个体如何看待自我和工作之间的关系。员工关系管理的三层次，即个体的小我、人际的中我和社会的大我。

1. 个体的小我

个体的小我是员工关系建立的起点。个体的客观存在是关系建立的基础，脱离个体的员工关系管理并不存在。充分思考小我的内涵是建立良好员工关系的基础。每个人都应该从自己的角度去理解员工关系管理：我想干什么？我能干什么？别人需要我干什么？笔者认为，个体的小我的三个核心要素是专业、主见和健康。

专业是指自己掌握的知识和技能，这是个体在组织中能够持续发展的基础。无法为组织创造价值、解决问题的个体，是无法真正融入组织的。

主见是指坚持自我意识、形成自我判断的结果，也是专业能力的一种升级。只有个体的专业能力过硬，才能在关键时刻发表专业的见解，在关键选择中做出有价值的判断。

健康是指个体需要关注自己生理、心理、精神和社会适应，能够积极面对组织压力、工作压力、生活压力。

专业和健康是小我的基础，而主见是成为"我"的标志。在拥有丰富的专业知识和技能的前提下，坚持主见是专业能力的最佳展现，而拥有健康的身心则能保证个体时刻抓住机会。

2．人际的中我

人际的中我是开启职场关键情境成功的钥匙。成功人士从思考"我"到思考"我们"。只会思考小我的人，最终难免陷入怀才不遇的困境。人际的中我同样是个体发挥价值的必要条件。笔者认为，情商、归因和格局是人际的中我的核心要素。

情商是指与自己和解及让别人喜欢自己的能力，其本质是找到自己与他人的利益契合点，从而实现自己与他人的人际润滑和价值共赢。

归因是指一个人看待世界的方式。看待世界的方式不同，得到的结果也就不同。向外归因、抱怨世界的人，会产生很多困扰；向内归因、不断寻求自我成长与完善的人，能更好地适应外部的复杂环境。

格局是指分析和看待问题的思维与能力。格局，在微观上是心胸格局，在宏观上是行业格局。衡量心胸格局的标准是能不能容下不喜欢的人和不喜欢的事；而衡量行业格局的标准则是自我定力的强弱和对发展趋势的理解程度。

中我层面的员工关系管理是一个人融入职场生活的重要途径，只有完成从小我到中我的过渡，才能实现个体与职场的统一。

3．社会的大我

社会的大我能从本质上帮助我们跳出员工关系管理的限制。当局限于个体的小我和人际的中我时，员工可能会变得敏感于得失、专注于算计，而当我们拥有社会的大我时，就会发现这些得失和算计其实都很片面，最终可能会带来更多的损失。只有投身于社会的需求，才能找到真正的机会。笔者认为，视野、责任与精神是社会的大我的核心要素。

视野是指帮助我们看清前路的能力。只有看清前路，才能找到正确的方向。只有跳出局限自己的日常工作、眼前利益，从国际的比较、从未来的发展去分析社会的需求，才能做出最为正确的决定。

责任包括对自己的责任、对组织的责任、对家庭的责任、对环境的责任等。"绩"字由"多"与"责"构成，古人用智慧告诉我们，多担责才能干出成绩。成绩的取得需要付出努力，努力的过程可能枯燥、可能艰辛。而责任永远是厚重的，这份厚重也为每个人成绩的取得注入了势能，让我们忠诚于自己的使命，战胜过程中的困苦。

人是需要有一点精神的。一份持久的精神追求可以照亮个人努力和组织发展的前路。

任何挑战都击不垮一个内在精神动力强的个体和组织。找到值得为之奋斗的前路也会激发个体努力和组织发展的动力。

积极的员工关系管理是个体的小我、人际的中我、社会的大我的有机统一，只有一个层面的成功是不完整的。当员工、HR、组织领导者都能从三个层次分析员工关系管理时，便能很好地理解自己在"员工与组织的共同体"中的角色，肩负起应有的责任。

案例 1-1

一生与"3"结缘

王小谟，被誉为"中国预警机之父"。他于1961年毕业于北京工业学院（现北京理工大学），1995年当选中国工程院院士，2009年获国家科技进步特等奖。他的一生与"3"结下了不解之缘。

1969年，王小谟与人生中的第一个"3"结缘。在"三线建设"的号召下，王小谟从北京赶赴贵州大山，与几百人一起建成了电子工业部第38研究所（今中国电子科技集团公司第三十八研究所，以下简称38所），研究雷达技术。1986年，王小谟成为38所所长。1987年，王小谟作为13位有突出贡献的中青年科学家之一，受邀前往北戴河疗养，并受到邓小平同志的接见。

1990年，国家决定通过对外合作解决预警机装备的紧急需求。王小谟担任中方总设计师，并提出全球首个"三面阵"背负罩新型预警机工程方案。但随后，国外合作方终止合作。这并没有让王小谟放弃研发国产预警机的梦想。在国产预警机正式立项后，王小谟担任总顾问，倾心指导年轻的总设计师确定总体技术方案，开展技术攻关，为中国首型预警机的研制成功做出了重要贡献。1991年，王小谟离开38所，到北京中国电子科技集团公司的研究院开始了他在国防科技事业上的新追求。

2013年1月18日，根据《国家科学技术奖励条例》的规定，王小谟获得2012年度国家最高科学技术奖。获奖后，王小谟拿出500万元人民币奖金中的450万元，又通过各方筹集，最终创立了总额为2000万元的雷达创新奖励基金，每年奖励三名在雷达和预警探测技术领域做出突出贡献和有重大创新的年轻人。

王小谟在一生中不断获得更高的成就，最终实现了个体的小我、人际的中我、社会的大我的统一。个体的小我层面：专业功底扎实，王小谟带领设计师突破了雷达和预警探测技术的瓶颈；有独立的主见，王小谟创造性地提出了"三面阵"背负罩新型预警机工程方案；有健康的体魄，王小谟在53岁时还能保持旺盛的精力投入国防事业的新征程。人际的中我层面：拥有较高的情商，王小谟不断适应和带领不同团队突破一个又一个研发难关；内向归因，王小谟在面对国外合作方放弃合作时，没有向外归因、埋怨国外合作方，而是坚持从自身出发，坚持科技创新；拥有更大的格局，王小谟在获得国家最高科学技术奖后，创立基金培养年轻科研工作者。社会的大我层面：

拥有广阔的国际视野，王小谟在技术选择、研发方面能够博采众家之长，创新预警机技术；坚持责任追求，王小谟在预警机研究遇到困难时，坚守科研岗位，坚持科研；拥有持续攀登科技高峰的精神，王小谟将自己的一生贡献给了预警机事业。王小谟一生与"3"结缘，也实现了三个"我"的合力。

（资料来源：姚远，刘凡君. 中国工程院院士传记：王小谟传[M]. 北京：中航出版传媒有限责任公司，2015.）

（二）员工关系管理的四关系

员工关系管理，管理的并不是单一的关系。例如，新入职的员工，有的可能面临融入团队的挑战，有的可能面临从事不喜欢的工作的困扰；同一位员工，可能在求职时缺乏自信，而在任职时又对领导不认可自己的工作耿耿于怀。员工关系管理的问题复杂多变，并不是一种关系能够简单概括的，而是与事、与人、与己、与时四类关系相互作用的结果。对员工关系管理展开分析，需要分析员工与事、与人、与己、与时的关系及其组合。

1. 员工与事的关系

马克思认为，"一定的社会关系归根结底是由社会生产力发展的一定状况所决定的"。事既包括工作本身的各种任务，又包括一些工作之外的事。工作本身的各种任务是一个人发展的起点，也是生产力积累的开始。一个做不好本职工作的人是很难在组织中崭露头角的。虽然胜任本职工作并不意味着能够处理好员工关系，但是无法胜任本职工作的人，一定无法获得更多的职场机会。无论什么类型的员工，在无法胜任本职工作的情况下，都不可能被委以重任，即使承担了一些任务，也可能只是一些非紧要的任务。

做事是员工关系管理的基础。事情做好，才有可能建立积极的员工关系；事情做不好，员工的一切关系都无法建立。管理者也应当意识到，充满怨气的员工无法做好事。员工认真完成自己的工作任务，组织也应当给员工创造完成工作任务的条件。员工应充分发挥小我的专业能力，不断充实和提高自身，更好地完成与事的互动；也要有中我意识，学会自我归因，减少与人的非必要冲突；还要建设大我，从规律层面去认识事物的本质，认清局势，发挥优势，善于借势，争取顺势。

2. 员工与人的关系

阿尔弗雷德·阿德勒认为，"所有烦恼都是人际关系的烦恼，没有人可以生活在没有'观众'的地方"。员工与人的关系是员工关系的人际表现形式。身在职场，员工需要不断与他人建立关系，包括与上级的关系、与同事的关系、与下级的关系、与客户的关系等。不同人的角色不同，关系建立的要点也不同。员工在处理相关事务时，需要思考不同人的需求，建立积极的人际关系。

3. 员工与己的关系

员工关系管理中，员工与己的关系是不断深入了解自我、挖掘自我潜能的过程。阿尔弗雷德·阿德勒认为，"不需要强迫自己改变，只需要学会从不同角度发现自己的亮点"。处理与己的关系，重点要在专业、主见和健康三个方面不断强化自我，实现从小我、中我到大我的提升，并能得体地处理与他人的小我、中我和大我的关系。

4. 员工与时的关系

员工在组织中，要面对求职、入职、任职、升职、离职的完整过程。在这些不同的时间阶段，员工需要处理的关系并不相同。求职从简历投递就开始了，员工每一次与组织接触的机会即为员工关系初步感知，开始建立的过程；在入职阶段，员工的首要任务是熟悉组织环境，熟悉工作，顺利融入组织；在任职阶段，员工要做好本职工作，发挥小我的专业能力，不断创造更好的业绩；在升职阶段，员工要了解中我，理顺自我与组织之间的关系，快速找到并适应自己的角色；在离职阶段，员工要从大我和中我的角度，客观认识和理解自己与组织的关系，从而化解矛盾，实现"离职不离心"。

员工与时的关系不仅是意识层面的产物，还会受到法律和契约的影响。劳动合同在员工入职时应该完成签订，员工在 3～6 个月的时间内完成转正，劳动合同一般签订 1～3 年，其中 1 年的劳动合同试用期不能超过 3 个月，3 年的劳动合同试用期不能超过 6 个月。在每个法律规范的节点中，企业与员工之间的关系都有所不同。在转正前，企业与员工处于双向了解的过程，企业如果发现员工无法满足企业的要求，应当及时调整，而不同的劳动合同对应的转正时间也是对企业与员工的双向保护。

案例 1-2

从乞丐到科学家

彭士禄，被誉为"中国核潜艇之父"，中国工程院资深院士。作为我国著名的核动力专家，他的童年却是在牢狱和乞讨中度过的。

1925 年，彭士禄在广东省汕尾市海丰县出生，他的父亲是著名革命家彭湃。在他 3 岁时，他的母亲遭到反动军阀杀害；他 4 岁时，时任中共中央农委书记的父亲在上海牺牲。彭士禄作为烈士遗孤，辗转在多个革命家庭生活。在他 8 岁时，由于叛徒出卖，彭士禄及其养母被捕入狱。1935 年，10 岁的彭士禄被释放，随后开始了乞讨生活。1936 年，彭士禄再次被捕入狱。同年，在祖母和爱国民主人士的帮助下，他被解救出来。

命途多舛的童年并未击败彭士禄，在众多革命家庭中辗转的经历更加坚定了彭士禄的革命意志和对革命者的深厚感情。年幼的彭士禄积极帮助革命家庭绣花、打柴，承担家务。1940 年，彭士禄获得了宝贵的学习机会，与其他烈士子弟一起前往延安学习。他不仅学习刻苦，在医院招募志愿护士时，还积极报名，给伤病号端屎端尿。苦活累活并没有让他退缩，他一边坚持学习，一边努力工作，被评为模范护士。直到 1943 年彭士禄感染肺结核，组织将其调离医院，派往当时的延安自然科学院学习。而当时的彭士禄并没有接触过系统的自然科学知识，甚至连三角函数都不会。但是这并没有难倒他，反而激发了他学习的动力。1945 年，在各个岗位上都表现优异的彭士禄，被破格免去预备期，直接加入共产党。

从 1943 年到 1958 年，彭士禄一直从事自然科学的学习与研究工作。随着国家在革命战争、工业建设、核工业发展等不同阶段的建设需求，他先后学习过应用化学、化工机械、核动力等不同科目。在学习期间，无论什么科目，彭士禄都全力以赴努力学习，获得了实践课程优秀成绩、优秀毕业论文、优秀工程师等一系列荣誉。

1958 年，彭士禄进入北京原子能研究所工作。后来核潜艇项目下马，只保留了最核心的 50 人的研究团队。1965 年，国家再次开启核潜艇研究时，彭士禄听从组织命令，最终带领团队成功突破核动力装置研究的难题。

彭士禄的一生充满坎坷与挑战，但是他处理好了四个核心的关系。在与事方面，彭士禄无论从事什么工作、学习什么知识，都认真努力，在各个不同的岗位上都取得了很好的成绩；在与人方面，彭士禄真诚待人，在辗转革命家庭的过程中、照顾伤病员过程中及研究团队面对困难时，都竭尽所能地帮助他人；在与己方面，早期的身陷囹圄和沿街乞讨并没有击垮他，反而锻造了他坚韧的性格；在与时方面，他珍惜每一点时间，在每个岗位上都发挥出了最大的价值。

在每个时间点、每次挑战中，这四种关系都是同时存在的，而正是因为处理好了这四种关系，彭士禄最终成就了中国的核潜艇事业。

（资料来源：杨新英，伍献军. 彭士禄传[M]. 北京：中国青年出版社，2016.）

（三）员工关系管理的五关键

员工关系管理是在三个层次（小我、中我、大我）上，处理好四种关系（与事、与人、与己和与时）。那么如何做到这些呢？核心是五关键：原生家庭、自我成长、组织平台、亲密关系、价值观。

1. 原生家庭

员工关系与原生家庭之间存在着密切的联系。人不能选择自己的出身，但应该理解原生家庭可能对自己产生的影响。原生家庭为个体提供了基本的关系模式。每个人与父母之间的关系模式会直接影响其他关系的建立。对原生家庭进行深入分析可以让我们扬长避短，找到最适合自己的职业道路。同时，每个人是子女的原生家庭缔造者，学习原生家庭也有利于给子女创建一个更好的原生家庭。

了解员工的原生家庭，是与员工打交道的基础，可以帮助企业找到与员工的相处之道，提高员工关系管理的效率和质量。

在当前的职场中，人们都重视工作，容易忽视"人"，较少思考个人是从哪里来的、他们在想些什么、如何建立起合作共赢的员工关系。一个连与家人的亲密关系都处理不好的人，可能在处理同事关系、上下级关系时也面临挑战。因此，关注员工的原生家庭，可以更好地了解员工，实现员工与组织的高质量匹配。

2．自我成长

如果说原生家庭决定了员工关系管理的起点，那么员工的成长则促使员工关系管理不断前进。每个人都在成长，这种成长可以分为主动成长和被动成长。主动成长是比较容易被理解和发现的，主动学习、争取机会、塑造更广阔的视野，这些都是人的主动成长。企业也会提供各种学习、培训，来帮助员工实现主动成长。

而被动成长则是容易被忽略甚至是被抵触的。被动成长是个体为了适应环境而被迫做出的成长。这种适应可能来自与人、与事、与时甚至与己。例如，我们遇到一名与自己契合程度不高的领导或一名难以管理的员工，为了适应职场关系，我们可能会被动地改变自己；可能有时我们会接到一些不属于自己的工作，而在完成的过程中，我们也在不断地自我完善；可能随着时间的推进，我们从入职的新员工变成了经验丰富的老员工，关注的焦点开始从适应团队变为创造佳绩；也可能是自我的主动成长改变了自己的观点，推动我们去寻找新的工作机会。

与主动成长相比，被动成长可能让员工更困扰、更艰难。调整好心态，从小我的环境不适应中跳出来，开始思考中我的人际关系策略，从大我角度重新思考这种变化是不是符合未来的社会需求，我们会发现无论是主动成长还是被动成长，都可以让员工关系变得更为积极。

3．组织平台

组织是大海，员工是小溪，离开大海，小溪是会干涸的。组织为个体搭建了实现自身价值的平台，使个体有了用武之地；组织还为个体提供了满足物质与精神诉求的机会，为个体的拼搏奋斗提供了源源不断的动力，并对个体的努力予以肯定和奖赏。

组织中有不同类型的员工，既有老员工又有新员工，既有"强人"又有普通人，既有名人又有"老黄牛"，如何让员工都能在组织中发挥价值，使用什么样的组织架构形式，都需要组织平台的建设者和参与者来设计与推进。

组织需要构建一个平台，既能充分发挥强者的能力，又能让其他人获得成长和成功。互联网时代的到来让组织也进入快速的发展阶段，实现了组织的扁平化、平台化，让所有人都有机会在组织中绽放光彩。

4. 亲密关系

每个人都处于亲密关系之中，无论是亲情关系，还是友情关系，亲密关系是每个人生活的一部分。而在工作之中，亲密关系也影响着每个人的工作行为，这是不可忽视的客观因素。因此，在员工关系管理中，亲密关系必然起到关键的作用。

员工的家庭会对员工的行为产生影响。良好的亲密关系可以形成工作-家庭增益效果。员工每天在工作中收获满满的"正能量"，会让家庭生活更加丰富多彩，同样家庭生活的美满和谐也可以提升工作表现。反之，不良的亲密关系、充满矛盾的员工关系，都可能会带来家庭和职场的冲突。

更重要的是，没有爱，良好的员工关系很难持续下去，但爱是需要培养的。组织中的爱从哪里来？爱从亲密关系中来，亲密关系教会我们怎么爱自己、爱他人，如何向人表达情感。员工需要将这些在亲密关系中习得的技能，运用到日常工作中，从而形成良性循环。

5. 价值观

价值观对于企业和个人而言，是发展的总开关。企业不能只关注经济利益的达成，更不能单纯以经济指标为唯一考核指标。单纯的经济指标容易异化企业，导致底线缺失、缺少敬畏，这就需要企业在考核中渗透价值观，从而实现长远发展。

对于个人而言，价值观是个人的选择。良好的价值观能推动小我、中我、大我三个层次合理组合，从而形成新的自我共同体。在员工关系建立过程中，个人需要树立良好的价值观，让个人价值观与企业价值观形成一致，从而推动个人和企业积极关系的形成。

对于企业而言，以什么价值观看待员工关系的建设是一个值得探讨的问题。企业应该从发展的角度建设价值观，以指导员工关系的建立。只有真正认识到员工是企业最宝贵的资源，真正发挥员工的潜能和力量，才能实现成功。

案例 1-3

更名三强

钱三强是我国著名的科学家，是中国原子能科学事业的开创人和两弹一星功勋奖章获得者。而鲜为人知的是，钱三强并不是他的本名，他的本名叫钱秉穹。

钱秉穹出生于浙江湖州的一个书香世家，他的父亲是中国近代著名的语言学家钱玄同。在家学的影响下，钱玄同早年前往日本早稻田大学求学，回国后担任语文教员、大学教授。有一次，钱玄同看到钱秉穹的同学在信中称呼他为"钱三强"，就问这是怎么回事。钱秉穹回答："三强是同学间的戏称，因为我在家排行第三，喜欢运动，身体强壮，因此同学们都叫我钱三强。"钱玄同听后说："这个名字很好，我觉得可以理解为德育、智育、体育都进步，以作自勉。"从此，钱秉穹就正式改名钱三强。而他后来的人生，也践行了"三强"的要求。

1929年，钱三强在父亲的理解和支持下，开始学习理科，并前往北京大学学习。1932年，他在北京大学理科预科毕业后，又前往清华大学继续学习物理学。1936年，他从清华大学毕业，经吴有训教授推荐，到北平研究院物理研究所严济慈所长的手下做助理员，从事分子光谱方面的研究工作。1937年9月，在严济慈的引荐下，他到巴黎大学镭学研究所居里实验室攻读博士学位，导师是伊雷娜·约里奥-居里（居里夫人的女儿，1935年诺贝尔化学奖获得者），并跟随化学师葛勤黛夫人做钍的放射源研究，还在让·弗雷德里克·约里奥-居里先生（居里夫人的女婿）主持的法兰西学院原子核化学研究所学习。1940年，钱三强获得博士学位，并开始了在法国的旅居、科研生活。

出国留学前，钱三强与何泽慧相识。为了追寻各自的科学理想，钱三强前往法国，而何泽慧则前往德国。最初，地理上的阻隔并没有分开两个人，但是随后爆发的第二次世界大战，却让德国和法国成了敌对的交战国，通信中断。直到1943年，通信才得以恢复。何泽慧给七年未见的钱三强拍了一封电报，询问他是否还在巴黎，如果可以，希望钱三强代自己向家中的父母写信报平安。

1946年，钱三强双喜临门，他获得了法国科学院颁发的物理学奖，并与同样从事物理学研究的何泽慧结婚。共同的科学语言与旅居国外的经历，为两人奠定了良好的感情基础，两人婚后育有二女一子，也都成了著名科学家。婚后，钱三强升任法国国家研究中心研究员、导师，甚至获得了法兰西荣誉军团勋章。

1948年，钱三强受到了清华大学的邀请。没有犹豫，钱三强携妻子和尚在襁褓中的孩子，漂洋过海返回祖国。回国后，他一边在清华大学教书，一边兼任北平研究院原子学研究所所长。简陋的科研环境成了钱三强夫妇科学路上的一大挑战。钱三强从事的核物理研究与何泽慧从事的中子研究，在国内并没有科研设备支撑，一切都要从头开始甚至从手工开始。但简陋的科研环境并没有阻止这对科学伉俪对事业的追求，从1958年开始，钱三强带领包括妻子何泽慧在内的一批科学家，投入祖国的核武器研究工作当中，为我国的核国防工业贡献力量。

在科学上勇攀高峰的钱三强，在日常生活中也平等待人，善于处理各种关系。在学生时代，钱三强就与于光远、王大珩等人保持着良好的关系。1949年，钱三强写信给葛庭燧等一批海外学子，邀请大家回国参与建设。在国家核武器研究启动时，他还邀请并推荐邓稼先加入研究团队。他不仅对待科学家友好，也十分尊重普通职工。在担任中国科学院副院长期间，他特别尊重女同志，关爱老同志，每年妇女节，他总不忘给女同志买糖，庆祝她们的节日。

钱三强向我们展示了五关键对员工关系管理的作用。在原生家庭方面，书香门第的影响，让钱三强踏足学术、科技领域；在自我成长方面，钱三强由文转理并孜孜不倦，终成科学大家；在组织平台方面，钱三强的科研道路绕不开北平研究院物理研究所等组织；在亲密关系方面，与何泽慧结成的科研伉俪更是一段科技爱情佳话；在价值观方面，钱三强一直以科学钻研、国家富强为追求，在国家需要时，放弃法国的优渥生活，回国投身建设。五方面因素共同作用，让钱三强的员工关系管理取得了成功，践行了父亲为他改名的初心。

（资料来源：葛能全. 钱三强传[M]. 山东：山东友谊出版社，2003.）

（四）员工关系管理的六维度

员工关系管理既要从表到里分析问题背后的道，又要兼顾具体问题的解决。员工关系管理的问题复杂多样，解决具体问题，必须进行分类。员工关系管理可以总结为六个维度，即工作维度、人际维度、经济维度、法律维度、心理维度、伦理维度。这六个维度既相对独立又相互影响。通过对这六个维度进行系统深入分析，读者可望成为一名游刃有余的员工关系管理行家。

1. 工作维度

组织是个人聚合做事的平台。组织的价值在于通过专业流程和标准提高个人的工作效率，而个人也需要通过组织这个平台，来发挥个人的能力。

员工关系管理的前提是通过做对事、做成事，实现个人和组织的共同目标。无法做好工作，是不能建立良好的员工关系的。因此，做好员工关系管理的工作维度，就要找到恰当传达组织目标、有效指引员工的方法，具体需要做好工作目标设定、工作流程设计、工作效果评估等一系列工作，让员工和组织共同受益。

2. 人际维度

人际关系是员工关系管理的重要内容。一般来说，组织中的人际关系颇为复杂，包括陌生人际技能、人际信任、人际沟通、人际差异、人际冲突、人际影响等。而在这之中，陌生人际技能对很多人来说都是一种挑战。

从求职开始，员工与组织中的人就处于一个不断从陌生到熟悉的过程。学会尊重陌生人、与陌生人建立关系，让陌生人逐渐变成自己的好同事，是员工关系建立的起点。而与陌生人建立关系既困难又简单。从与事的角度，陌生人是还没有建立事的链接的人；从与人的角度，陌生人是最不熟悉的人；从与己的角度，陌生人是还没想好如何勇敢地与对方说"你好"的人；从与时的角度，陌生人是接触时间较短的人。在员工关系管理的与事、与人、与己、与时的四关系中，与陌生人的关系往往是很难建立的。

而从三层次的角度来看，陌生人又是相对容易建立关系的人。从社会的大我角度来看，同一个组织的人，目标相似、努力方向相近，大家都是同道中人；从人际的中我角度来看，陌生人并非路人，同一个组织给了大家相识的机会；从个体的小我角度来看，陌生人也是表现个人专业能力、表达个人主见的对象。

因此，突破陌生人的障碍也是员工关系管理三层次与四关系有机统一的开始。而在这个过程中，无论是人际信任还是人际沟通，无论是人际差异还是人际影响，各种人际技能都会在一定程度上得到实际的体验。

3．经济维度

员工与组织之间的经济关系是员工与组织之间关系的基础。没有面包的爱情难以持久，没有经济支持的理想主义也难以稳定。组织在处理员工关系管理问题时，应当充分重视经济维度问题的解决。

经济维度问题并不是简单的薪酬激励问题，其至少包括三种关系：货币和非货币关系、短期经济关系和长期经济关系、显性经济关系和隐性经济关系。处理好经济关系是员工关系管理的必修课。

员工通过辛勤的工作与忠诚，交换组织的工作报酬与认可。随着组织市场化的推进和员工个体能力的差异，彼此交换的内容、层次逐渐产生区别。员工从组织中得到的回报与其对组织的贡献是相对应的，即如果组织只给予员工短期的、经济利益的回报，而不注重长期的、发展方面的投资，则员工对组织的责任和忠诚度也是有限的。

4．法律维度

法律是员工关系确认、维系、运行的土壤，是对员工和组织的共同保障。随着近年来我国劳动法律体系的逐渐健全，相关的法律内容也越来越丰富、越来越成熟。不仅 HR 等专业人员要熟悉这些法律，员工、组织领导者也应该学习这些法律。

个体需要了解员工关系管理中的各种法律知识并树立基本的防范意识；组织则需要构建守法规则，建立员工手册，规定必要的法务处理流程；国家则需要持续完善员工关系管理的法律体系，并对国际劳工准则中的有效经验进行学习借鉴。

5．心理维度

员工对组织的需求是多样的，其会在与组织建立关系的过程中，产生不同的心理诉求并期待组织回应。这个过程往往缺乏明确的说明，而是需要双方形成一种默契。员工个人的心理，在融入组织的过程中是动态变化的。员工在加入组织前后、职业成功前后、升职前后、离职前后，都有不同的心理诉求。员工关系管理中的很多矛盾和问题，都是源于组织对员工心理诉求的不关注、不了解、不满足，很多问题其实是可以通过一定的心理干预和管理策略解决的。

6. 伦理维度

伦理维度是企业在处理各类员工关系过程中对道德底线的坚守。员工关系管理的伦理内容丰富多样，包括去年龄歧视、去性别歧视、日常工作中的劳动保护、合理的劳动强度等。除法律规定的伦理及显性的内容外，企业还承担着无形的员工伦理维护职责。

企业对员工伦理的维护在招聘的过程中就已经开始体现。企业招聘员工不仅是为了支持企业的发展，还在客观上为社会提供了就业。当一名员工进入企业后，企业也应当在员工的全生命周期中，对员工进行培养和使用、检查和信任、关爱和督促、竞争与合作。由此，员工、HR 和组织领导者都不能忽视员工关系管理的伦理维度。

三、主要内容

本书围绕员工关系管理的全链条展开，分为导论、求职篇、入职篇、任职篇、升职篇、离职篇。每篇都基于三层次、四关系、五关键、六维度的指导方向展开，由表及里、全面地解读员工关系管理的主要情境。其中，导论从总体上介绍了全书的价值主张和写作思路，其他各篇分别从员工关系管理的三个核心主体（员工、HR 和组织）的视角展开，培养读者多视角审视员工关系管理的能力。

（1）导论：主要介绍本书的主要特色、价值主张、主要内容。

（2）求职篇：求职是员工关系管理的起点。个体清晰的求职目标、良好的自我展示是入职企业的基础，HR 和组织为求职者创造的良好体验是建立良好员工关系的保证。本篇主要包括与自我发展的关系、与求职过程的关系、HR 与组织的招聘管理三章，系统为读者剖析求职过程中的员工关系管理。

（3）入职篇：员工入职快、离职更快是一些企业面临的现实难题，企业和员工都耗费了大量的资源与精力。入职时间小于一年的员工离职率最高似乎是一个难以解决的顽疾。要解决这一难题，不能单纯从离职角度来分析，而需要创新员工关系管理的思维。从员工角度思考是否入职期待过高；从 HR 和组织角度思考是否重招聘而忽略入职管理，没有为员工提供良好的入职体验。本篇主要包括员工视角的入职管理、HR 视角的入职管理、组织视角的入职管理三章，以期为读者全面呈现入职过程中的员工关系管理。

（4）任职篇：取得优秀的工作业绩是企业和员工的共同追求。在任职期间，HR 和组织有效地实施绩效考核等管理活动，是员工关系管理的主要内容。本篇主要包括员工视角的任职管理、HR 视角的任职管理、组织视角的任职管理三章，从不同角度解读了任职过程中的员工关系管理。

（5）升职篇：升职对于员工和组织都非常重要，升职既是对员工工作成绩的肯定，又是组织激励员工的有效手段。员工取得优秀的业绩却无法得到升职，可能心生怨气。组织处理不好升职的问题，可能会"逼走"优秀员工。本篇主要包括员工视角的升职管理、HR 视角的升职管理、组织视角的升职管理三章，从不同角度解读升职，破解升职难题。

（6）离职篇：离职并不是员工关系管理的结束，越来越多的优秀企业开始关注员工离职管理，关心离职员工。本篇将通过员工视角的离职管理、HR 视角的离职管理、组织视角的离职管理三章，为读者详细解读如何进行员工离职管理。

求职篇

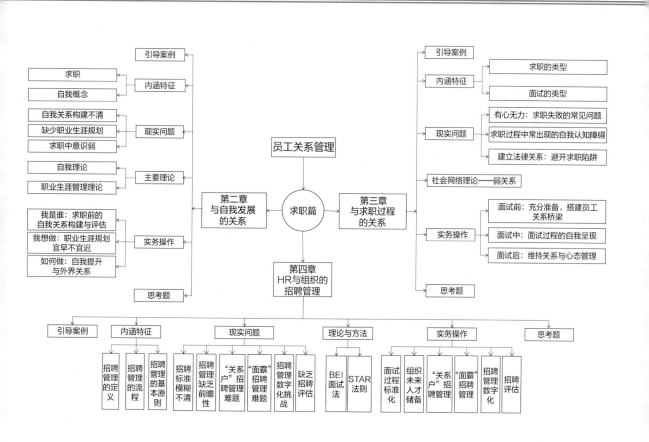

第二章 与自我发展的关系

本章目标

1. 帮助读者了解求职与自我发展的关系，认识自我概念的重要价值。
2. 帮助读者了解求职的基本类型、求职方式，预防求职过程中可能出现的现实问题。
3. 引导读者进行自我关系构建和职业生涯规划。

本章要点

1. 没有求职，何来关系。求职是产生员工关系的第一步，本章引导读者理解和掌握求职的基本类型、求职方式，在求职过程中建立关系思维——要做半岛，不做孤岛，提前建立与岗位、单位的关系。

2. 求职不仅是与外界建立关系的过程，也是厘清自我关系的时机。针对求职中自我关系构建不清的问题，引导读者了解自我理论的内容，在求职前有效构建自我关系，了解自己的性格，发展技能，以更充分地应对求职。

3. 本章结合缺乏职业生涯规划、求职中意识弱等一系列现实问题，对职业生涯管理理论进行了介绍，引导读者适时地进行职业生涯规划，建立与时的关系。

> "没有自我意识的觉醒，人就会自愿沦为奴隶。"——弗里德里希·威廉·尼采（Friedrich Wilhelm Nietzsche，1844.10.15—1900.8.25）

一、引导案例

案例 2-1

触底反弹的求职

即使是非常杰出的人，曾经也可能待业在家。爱因斯坦大学毕业后，始终没有找到合适的工作，甚至一度无法养活自己。年老的父亲为了他东奔西走，这让爱因斯坦非常沮丧。你肯定会纳闷他最后是怎么找到工作的。这位伟大的科学家不同凡响的经历，或许会给找工作的人带来一些启发。

大学毕业后，爱因斯坦曾想留校任教。但是，因为他在校期间不善于与人交往，既不修边幅，又不通世故，所以其他教授渐渐疏远了他。到了毕业找工作时，哪位教授愿意推荐个性倔强、桀骜不驯的学生呢？这时的爱因斯坦几乎跌到了人生的谷底。

在万念俱灰的情况下，他想起了奥斯特瓦尔德这位德国被称为"科学伯乐"的化学大师。他向奥斯特瓦尔德发出了求职信，但是没有得到答复。过了几天，他又发了一封明信片给奥斯特瓦尔德，但还是没有得到任何答复，就这样过了大半年。

一天清晨，爱因斯坦收到了瑞士伯尔尼专利局的一封来信，邀请他任职一个专门审查各种新发明的技术职位，但爱因斯坦并没有向这个专利局寄过任何材料。

后来才知道，在爱因斯坦给奥斯特瓦尔德寄出第一封信的前几天，奥斯特瓦尔德就搬出了他的实验室，爱因斯坦写的那些信全部进入了废弃的信箱中。不过，在奥斯特瓦尔德从他的实验室搬出来后，他的一名助理去瑞士伯尔尼专利局办公室工作。这名助理路过他曾经工作过的实验室的时候，发现了爱因斯坦的信。更不可思议的是，这位助理竟然是爱因斯坦的好友——格罗斯曼。

格罗斯曼很清楚爱因斯坦的才华。正是凭借着这封信，他才将爱因斯坦推荐给了自己所在的专利局。最终，爱因斯坦凭借着自荐信，找到了一份稳定的工作。

（资料来源：阿尔布雷希特·弗尔辛. 爱因斯坦传[M]. 北京：人民文学出版社，2011.）

案例 2-2

破格录取

在美国《娱乐周刊》的评选中，张艺谋跻身当代 20 位大导演之一。张艺谋是 2008 年北京夏季奥运会开幕式的总导演，在此之后，他又出现在 2022 年北京冬季奥运会开幕式上，成为全球首个同时指导夏季奥运会及冬季奥运会开、闭幕式的总导演。不仅如此，张艺谋也是中国电影的一面旗帜，不仅他的电影好看，他的职业发展历程也值得我们分析。

初中毕业后，张艺谋在陕西乾县农村插队劳动，后在陕西咸阳棉纺八厂当工人。之后，他进入了北京电影学院，迎来了他人生的第一个转折点。有人戏称，张艺谋靠跟领导"打招呼"考入了北京电影学院。

张艺谋没上过高中，更别说上大学了。他也没有上大学的概念，工作之余喜欢拍照片。1977 年，国家恢复高考后，厂里的人都蠢蠢欲动想要上大学，张艺谋这才意识到，自己也要去上个大学。他的工友田钧给他出主意，说既然喜欢拍照，可以考虑去北京电影学院。因为年龄超了限制，张艺谋并没有报名成功。回到厂里，田钧又给他支了一招。他让张艺谋给当时的文化部部长黄镇写一封信。田钧说："黄部长是个内行，你不妨给他写封信，把你的作品寄去，对方一看就知道好坏，可能爱才，就把你招收了。"

张艺谋当时的恋人肖华出生于北京的文艺世家，家境不俗。为了张艺谋的理想，肖华四处奔走，最后终于将张艺谋的几幅摄影作品送到了黄镇手里。黄镇觉得张艺谋的作品很有水平，随即向北京电影学院领导小组提议用适当名义招收张艺谋。很快张艺谋等来了一封信，让他去北京电影学院报到。

张艺谋毕业后任广西电影制片厂摄影师，后来，他因《黄土地》一举成名。之后，他拍的《红高粱》以独特的色彩和风格颂扬中华民族激扬昂奋的民族精神，受到了广泛好评。

从此，张艺谋的电影事业便一发不可收拾，在拍的艺术片获得成功后，他又转向了商业片，一部部商业片的成功给他带来了巨大的声誉，并最终让他走到了中国电影领头羊的位置。最终，他在 2008 年和 2022 年北京奥运会上，以独特的大手笔，向全世界展示了一部完美的中国"大片"，这也使张艺谋到达了人生的巅峰。

（资料来源：末末. 张艺谋传[M]. 北京：中国广播电视出版社，2008.）

带着问题学习：

1. 你在求职时是否有过与案例中主人公相似的经历？
2. 你是否了解自己，在求职中是否进行过自我关系的建立？
3. 如何通过关系建立找到求职出路？

二、内涵特征

（一）求职

1. 基本内涵

求职是指个体谋求职业的活动或行为，是个体利用自己所学的知识和技能，向企事业单位寻求为其创造物质财富和精神财富，获取合理报酬作为物质生活来源的机会的过程。一个人是否会求职取决于其就业意愿，取决于其受教育程度、工作劳动强度、工资收入等，也取决于社会经济发展和现代技术的应用程度。

求职的目的是个体通过自己的劳动，获得能够维持自己生存和发展、使自己享受生活的报酬。求职者可以直接向用人单位申请职位，也可以在劳动力市场上寻找工作机会。

没有求职，就没有员工关系。求职是每个人进入职场的必经之路，也是在组织中建立关系的第一步。在求职阶段构建与自我发展的关系是建立积极员工关系的基础。员工关系既包括人与人之间的关系，又包括人与自我的关系。把握好求职中的关系构建，是建立和把握员工关系的"桥头堡"。

2．求职的基本类型

（1）全职。全职是指有组织、固定、相对长期稳定的工作模式，通常按照是否需要在规定时间上下班来划分工作日和休息日，工作的自由度受劳动合同约定条款及法律法规的限制。在全职工作中，个体需要注意与上级的关系、与同事的关系、与下级的关系。

（2）兼职。兼职一般是指员工或学生在本职工作之外兼任其他工作职务，也被称为第二职业或副业。兼职的工作时间相对较自由，内容也较灵活，一般不需要坐班。在兼职工作中，个体需要注意法律关系、与全职工作的关系、与时间的关系等。

（3）实习。实习一般包括学生实习和组织安排待入职员工进行实习。由于实习是初步了解和融入组织的过程，个人需要注意与直属上司的关系、与同事的关系、法律关系等。

3．求职方式

社会学家格兰诺维特把求职方式分为四类：通过正式渠道；通过个人关系；直接向用人单位申请；其他方式。

1）通过正式渠道

（1）应聘。应聘是现在常用的一种求职方式，求职者带着自己的资料直接到用人单位去应聘自己想要的职位。

（2）互联网求职。求职者在智联招聘、前程无忧、BOSS 直聘等网站上寻找适合自己的职位并发送求职简历。求职简历上有自己的信息、对职位的要求、期望工资等，HR 看到简历之后如果觉得比较合适，就有可能发起面试邀请。

2）通过个人关系

求职者基于自己的关系网络，如亲戚、朋友等，获得企业内部的推荐机会，提高求职成功率。

3）直接向用人单位申请

求职者可以通过校园招聘直接向用人单位申请。很多用人单位会直接在校园进行招聘，这样的招聘方式往往比较有针对性，匹配度也较高，求职者需要提前做好充足的准备。

4）其他方式

求职者可以参加一些求职节目，如《职来职往》《非你莫属》《令人心动的 offer》等，和老板近距离交谈，从而获得求职机会。

（二）自我概念

1．基本内涵

自我概念是个体对于自己的能力、外貌、态度、情感、价值及自身的特点等形成的总体认识。自我概念是自我关系系统中的重要组成部分，常见的"我是谁""我对自己感觉如何"等问题就是自我概念的一部分。自我概念不仅包含一般意义上的自我，还包含社会自我、情绪自我、身体自我、学业自我等概念。个体对自我概念认识的清晰度会影响个体的行为，如决策、交往等。

人类使用最多的一个词是"我"，最视而不见的也是"我"。求职者只有先梳理清楚自我与自我的关系、自我与他人的关系、自我与环境的关系等，才能够在职业生涯中时刻掌握全局。

2．自我概念的层次

随着时间的流逝，我们的自我精神也会随之发生变化，每一阶段的变化都是一次自我蜕变。哲学家尼采提出了精神三变理论，即"骆驼我""狮子我""婴儿我"。

（1）"骆驼我"。个体一般长期处于被动状态，它的典型特征是无条件服从权威与传统。所以，在"骆驼我"阶段，人的精神处于"我应该做"的状态。这时人的行为被命令（如社会大众的偏见或传统的道德观和价值观）操控去做事，容易受到原生家庭的影响。人的自我被各种观念所束缚，精神就像骆驼一样，只能在贫瘠的荒漠中行走。我们总是试图从外界寻找别人喜欢的自我标准，与真正的自我失去联系。殊不知，那个真正的自我才是我们生命力的源泉。骆驼是沙漠之舟，在沙漠的恶劣环境中，只有吃苦耐劳、艰难跋涉，才可以到达成功的彼岸。所以，在处于"骆驼我"阶段时，我们要构建成熟、独立的自我关系。

（2）"狮子我"。随着个体自我意识的觉醒，骆驼终于变成了狮子。狮子之所以可以称霸一方，是因为它是一种具有坚毅品质、主动精神、渴望成长的群居动物，它想突破所有的困难。所以，在"狮子我"阶段的个体要先和"我应该做"进行斗争，超越自己，达到自我精神的觉醒，转变为"我要做"。

（3）"婴儿我"。尼采曾说："孩子是纯洁，是遗忘，是一个新的开始，一个游戏，一个自转的车轮，一个肇始的运动，一个神圣的肯定。"孩子是纯真的，没有伪装、欺骗或恶意。孩子也是无知的，这种无知推动了求知欲望的发展，使他们保持好奇心，接纳新事物，不断探究、询问、思考和学习。这意味着一切都将从头开始，也意味着新自我的出生。天真意味着自我边界的消失，而自我是由丰富的经验和知识建立的，一旦经验和知识归零，人就会变得天真。然而，恰恰是这种天真让人们充满智慧。

本书导论中提出的员工关系管理的三层次，即小我层次、中我层次、大我层次，在一定程度上吸收了尼采的思想。

三、现实问题

（一）自我关系构建不清

在求职过程中，自我关系构建是一个非常重要的方面。很多求职问题的根源是没有做好自我关系的认知和构建。哲学家索伦·克尔凯郭尔用"不知道有自我""不愿意有自我""不能够有自我"对自我关系构建的状态进行了概括。

1. 不知道有自我

一个人在世界上努力地奋斗，却不知道自己奋斗是为了什么。

很多的"我"从小便被"格式化"了。我们所接受的教育、被灌输的价值观并不是为了引导我们建立不断成长的自我，而是将社会认同的自我通过反复强调，硬生生强加给我们。

不知道有自我，这样的例子在现实中并不少见。传统计划经济体制下成长起来的很多人，辛辛苦苦工作了一辈子，却不知道有自我。他们在时代的浪潮中随波逐流，或无力于有自我或不知道有自我。人的生命不应该在无知中度过。

社会认同的自我也需要追求成功，而这个成功一不小心就变成了一般意义上的小我成功，所以很多求职者在面对薪资的诱惑时，选择了一个并不适合自己的工作。这个强加的自我让我们根本不知道自己内心真正想追求的是什么，更不可能知道追求什么才能让自己得到内心真正的宁静与幸福。因此，我们更多地考虑的是超我和实现社会意义上的大我成功。

2. 不愿意有自我

当一个人发现自我之后，"愿不愿意有自我"又成为一个两难的选题。

不愿意有自我意味着不需要进行自我控制甚至可以放纵自我；而愿意有自我就意味着迈出了原有的舒适区，自我管理、自我控制、自我负责、自我成长。面对自我、接受自我，并不是一件容易的事。

如今，很多学生一直在家庭和学校的"象牙塔"里长大，自我意识淡薄。在某高校的一次校园招聘中，某国企招聘了一名应届生，对这名应届生非常满意，唯一的问题是该国企的所在地离该应届生的老家很远，而他的家长希望他回家工作。到了最后签约的时候，这位应届生犹豫不决，途中他离开招聘会场打电话和他妈妈商量，他妈妈不同意，他就这样放弃了一个适合自己的工作。所以，在很多情况下，不愿意有自我的根源是不愿意承担责任。

生活中，总有一些人习惯了听从和依赖他人，懒到将自我交予他人，不愿意承担责任。

畏惧选择让这些人习惯了听之任之，逃避责任让这些人学会了埋怨他人。最终，不愿意有自我，让这些人抱着遗憾和埋怨走过一生。

3. 不能够有自我

国人深信内在价值源于心灵，对自我的认知和控制有着悠久的历史。从孔子、孟子、庄子的思想，到宋明理学，自我认知和控制一直是主要目的。先哲们认为，整体的自我既与宇宙万物融为一体，又与人间世界交相辉映，成就人伦秩序。儒家以修养为核心的自我认知，往往混淆了外在的社会规范和内在的价值之源，过于重视人性中高层的一面，而忽略了人性的弱点，对个体层面自我认知的理解不足。

直到明清时期，李贽、顾炎武、颜元、龚自珍、魏源等人才有了个体层面的自我意识。然而，一些待改变的机制和与自我背道而驰的价值观教育使许多人无法拥有自我。即使有些人努力保持自我，做一个真诚的人，也可能受到外部环境的限制，不能有自我。

（二）缺少职业生涯规划

案例 2-3

职场新人频频跳槽

小吴作为一名名校毕业生，在两年多的时间里，她换了五个工作岗位，涉及房地产、化妆品、教育咨询、媒体等行业。小吴在大学所学的专业为国际贸易，但她比较擅长中文，有很强的写作能力和口头表达能力。在校期间，她一直担任教授助理，也自己负责了一些创业项目。因为这些经历，小吴求职时期望较高，想进入一家规模不大但有发展前途的公司，认为这样能够受到重视，以最快的速度成长。

一毕业，小吴就进入了一家著名的房地产公司，专门负责处理客户的投诉和其他问题。这份工作很轻松、很稳定，工资也很高。不过小吴并不觉得这份工作有挑战性，也不觉得有提升的空间。

入职不到一年，小吴就跳槽到一家中外合资的化妆品公司，做起了品牌管理。这家公司的老板非常看重小吴，小吴觉得进了这家公司，就能大展身手。起初，小吴信心满满，她准备了一整套的公司文案、投资计划等。但慢慢地，她发现老板做生意的方式很保守，也很吝啬，经常会为了很低的折扣或利润分成拖延时间。本来想与公司一起成长的小吴觉得前途渺茫，不顾老板的挽留，毅然辞职。

后来小吴进入了一家教育机构，主要销售教材。小吴的工作非常出色，身为新人的她第一周的业绩就高居榜首。但工作一段时间以后，高负荷的运作让她的身体严重透支。最终，小吴在上司和同事的一片惋惜声中离开了公司。

接着，小吴进入某咨询公司，任销售经理。此时，频繁的跳槽经历带来的后遗症在小吴身上慢慢表现出来，她变得越来越害怕与客户进行沟通。这种恐惧感，或者说是交流障碍让小吴感到非常困扰，却又难以克服。她向老板提出不想再从事营销工作，由于无法调整好自己的心态，小吴又一次选择了辞职。

小吴又进入一家杂志社担任记者。与先前的辗转奔波和业绩压力相比，这里的环境轻松了很多，也让小吴从紧张的心理状态中解放了出来。但这份工作真的能让小吴找到归属感吗？

毕业后的求职经历常常让小吴感到困惑和迷茫，刚毕业时信心满满的小吴现在却迷茫无措，不知何去何从。

（资料来源：笔者根据相关资料整理。）

作为名校毕业生，小吴的核心专长能力并不差，当然对自己的职业期望也很高。初入职场的她却一直不顺，屡次跳槽。很大一部分原因是她在进入职场前对自己过于自信、有过多期待，导致她过于"轻敌"，没有做好职业生涯规划。大部分毕业生都缺乏职业生涯的概念，更缺乏职业生涯规划。

职业生涯规划是一个持续、系统的计划，旨在规划职业生涯和人生，是一个伴随个体终身发展的动态过程。俗话说，"知彼知己，百战不殆"，通过系统的职业生涯规划，求职者可以梳理自身关系，把握自身特点，为人生的选择提供支持。

"机会永远留给有准备的人"，以兴趣为导向、明确内心所想所需是职业生涯规划的第一步。有了清晰的规划，求职者才知道每一步该往哪走、怎样走。只有放眼未来，面对终身职业发展，求职者才能避免焦虑和迷茫。

尽早进行职业生涯规划有助于储备知识，丰富自身技能。许多年轻人在不同公司、不同岗位间反复跳槽，几个月后就感到无聊和疲惫，这主要是因为他们没有找到与自己相匹配的发展方向。无论在哪个行业，只有进行系统化、综合性的职业生涯规划，求职者才能在求职的道路上走得更加顺利。

（三）求职中意识弱

求职中意识弱包括以下风险。

1. 大意风险

现在的求职市场上出现了这样一种现象，有很多优秀的高校毕业生，甚至是名校毕业生，求职并不顺利。记住，求职路上千万别大意，要构建好与自我的关系。

很多新进入求职大军的毕业生，认为自己拥有"学历光环"，内心是比较骄傲的，认为自己的学历能帮助自己进入心仪的公司，所以没有重视求职这件事，但后来发现事情进行得并没有那么顺利。就业形势的严峻与"内卷"源于求职方的供给与招聘方的需求不匹配，也就是所谓的"坑少萝卜多"。然而，每年还有大批的毕业生走出校门，还有一些是国外留学回来的，这些人涌入求职市场，争先抢占好的工作，使工作资源变得紧缺。此外，很多学生在学习中能够如鱼得水，但忘记培养自己的综合能力。一个人在学校所学的理论知识只是迈向职业的基础，实际的工作中不仅要求一个人具备理论知识，还要求具备更多的实践技能。

2．选择风险

人是社会动物，生活在社会网络之中。社会关系赋予我们一个个身份标签，如女儿、恋人、学生等。这些身份是我们不能忽略的部分，我们在做选择的时候也必须考虑它们。一些求职者会说，做什么工作是自己的事情，和别人没有关系。但其实不是这样的，我们要为每个身份标签负责，以及在这些身份标签中寻求平衡，处理好求职与周围人的关系。

在求职时，我们一般需要考虑父母。因为社会强调子女与父母的联系，强调子女要孝顺父母。在很大程度上，工作决定了我们在哪里成家立业。现实生活中，我们需要承担赡养父母的义务，尤其是对于独生子女来说，如果工作地点离父母太远，就不能在一些突发事件出现时及时做出反应。这样的例子屡见不鲜，毕业生没有考虑家庭因素选择在离家很远的地方工作，没过多久，因为家庭变故，不得不辞掉工作回到家乡。

很多人还会面对爱情和事业的抉择。每个人的职业生涯规划是不同的，有的想去北上广深等大城市闯一闯，有的则选择回到家乡安稳工作。如果恋人的职业生涯规划与自己出现分歧，那么可能会为了恋人而放弃某个工作机会，或者会因为某个工作机会，失去自己的恋人。在这个问题面前，我们只能做出更加理智的选择，尽可能找到两全的办法，如现在有一种求职现象是牵手求职，两个人要求一起进同一家公司。如果不能两全，就要做出让自己不后悔的选择。

3．经济风险

求职者常常会面临的选择是，兴趣还是工资？自己喜欢的工作工资可能不高，而不那么喜欢的工作工资却很高。从事自己喜欢且工资高的工作是每个人都想实现的，可现实中却是"鱼与熊掌不可兼得"，我们必须做出取舍。在经济条件有限的情况下，对于被生活重担压得喘不过来气的人来说，职业兴趣实在是个遥不可及的梦。很多求职者不甘于这样的现实，他们在内心深处会问自己，更高的收入值不值得自己放弃梦想。

实际上，无论是选择喜欢但工资低的工作，还是选择工资高但不喜欢的工作，都不一定意味着失败或成功。喜欢的工作和工资高的工作都不是职业选择的决定因素，而只是一项参考因素。企业的发展前景、职业的发展空间、岗位带来的成长性，这些都要纳入参考范围。

4．个性风险

在职业生涯的研究中，我们常提到的一个概念是个体与组织的匹配，即个体与组织的某种相似性或契合点。相似性是指组织的文化、价值观、目标、规范等常见的基本特点与员工的人格、价值观、态度等相似。

新生代员工一般都具有一定的个性。在求职过程中，要注意收敛自己的一部分个性，并且找到与自己个性所契合的组织。例如，一些互联网公司的氛围较为轻松和包容，文化也较为多元，那么具有一定个性的求职者可以考虑选择这样的公司。求职者的个性要与组织相一致，否则在未来的工作中会逐渐显现出问题。求职者在找工作时，可以通过一些分析工具找到适合自己的组织，处理好个性与匹配的关系。

5. 健康风险

在求职过程中，求职者往往承受着压力，会感到困惑、迷茫，心理上的焦虑可能会引发失眠、厌食等问题。在求职过程中，求职者要以健康的心态应对，注意自己的身体。对未来不确定风险的过度担心，会使一部分求职者忧心忡忡，甚至抑郁。一部分毕业生在找工作的时候没有从自身的实际情况出发，而是盲目地和同学攀比，认为找不到比同学好的工作就会没面子，给自己增加压力。其实这时候求职者更应该保证规律的生活、充足的营养，并辅以适当的体育锻炼。

四、主要理论

（一）自我理论

1. 弗洛伊德的自我理论

弗洛伊德是精神分析理论的创始人，他提出了关于自我的独特概念。他将自我分为本我、超我和自我三个部分。本我是人类本性中的非社会部分，它代表人类的本能需求，永远追求满足与愉悦；超我是指良知，也就是受社会道德约束的部分；自我处于本我与超我之间，是人格的组成部分，负责处理现实。

这三个部分的作用各不相同。本我尽力去表达自己，超我则竭力去压制本我，这就产生了矛盾。在超我比较强大而本我被频繁压制的时候，超我会持续地对人们的行为产生影响。自我控制着本我的冲动和对超我的需求，并利用各种心理防御机制来调节本我与超我之间的关系。

根据弗洛伊德的观点，这三个部分并不是一成不变的，它们在不停地交互。本我是一个人存在的必要条件；超我对主体进行监督和控制，使其行为符合社会道德标准；自我调整冲动和欲望，对外适应现实环境，对内调节心理平衡。

2. 职业自我概念理论

我们经常听到职业生涯这个概念，但是对于它的具体含义并不清楚。狭义上的职业生涯是指我们一生所从事的工作或职业及与其相关的历程；广义上的职业生涯则不仅包括我们所从事的工作或职业，还包括婚姻、家庭、社会关系及生活状态，即我们要扮演的所有角色都包含在职业生涯中。美国学者舒伯提出了职业生涯发展理论，职业自我概念理论是其中的重要组成部分。

职业自我概念是指个体对与职业有关的自我特质（如兴趣、能力、价值观、自我效能）的认知。它是个体在职业发展过程中自我概念的具体体现，也是自我概念不可或缺的一部分。在此过程中，个人的职业选择和职业行为又对其职业自我概念的形成，甚至是个人总体自我概念的形成起到了重要作用。

职业自我概念理论不仅包括人们对于自我特质的认知，还包括对于社会经济环境、岗位所需特质与自己是否匹配的评价。健康的职业自我概念的建立是求职者正确择业的基础，同时对于他们的职业与人生发展都具有非常重要的作用。一般来说，一个人的自我概念在青春期前开始形成，在青春期阶段变得明朗。舒伯也强调了早期经历中的一些因素（如学业、伙伴关系等）对个体日后生活和发展的重要性。可以说，原生家庭和早期经历会产生烙印效应，家长的言行对子女的影响潜移默化且不可估量。

（二）职业生涯管理理论

目前，主流的工作方式是以组织为主导，因而对于个体来说，在组织中进行工作匹配，无疑是最好的选择。人们可以依据自己的专业和特质，选择与自己相匹配的工作。然而，如今组织边界的模糊、职业生涯的易变等，都让个体的主观能动性得到了更大程度的发挥。个体的职业行为和选择还应参考个体在价值观、过往经验、社会资本等主观方面的因素。职业生涯建构与管理的过程，就像是一个人在参演一个自己当主角的、以职业生涯发展为主线的人生故事。在这个故事中，人的内在世界与外在环境之间进行着持续的互动与调整，以寻求一种相对的适应状态。

无论是组织还是个体，都需要进行职业生涯管理。组织职业生涯管理是指由组织实施的，旨在开发员工潜力、留住员工、促进员工自我实现的一系列人力资源管理实践。组织职业生涯管理的主要内容是组织培训、职业生涯规划指导、职业信息发布、职业发展咨询、职业路径设计和制定职业生涯管理制度等。个体职业生涯管理是指以自我职业发展目标为导向的职业发展行为倾向，强调个人职业发展规划、探索与决策中的自我概念、主导性与责任意识。

帕兹（1988）等人认为职业生涯管理包括三个要素，即职业生涯规划、选择能够获得职业生涯指导的职业策略和主动性。我国龙立荣等人将职业生涯发展分为职业探索、职业目标和策略确立、继续学习、自我展示、注重关系五个维度。凌文辁和欧明臣（2010）等人又对职业生涯管理进行了探索，从了解机会、生涯信念、生涯探索、自我认知、向上沟通五个维度诠释了职业生涯管理。

五、实务操作

不难发现，在求职时"我想干"、"我能干"与"社会需要我干"是三回事。首先，求职者通过对自我关系的构建与评估，明白"我想干"。其次，求职者通过提升自己的能力，以适配工作岗位，做到"我能干"。最后，求职者通过职业生涯规划，结合实际的市场需求，明白"社会需要我干"。

（一）我是谁：求职前的自我关系构建与评估

塞万提斯·萨维德拉曾说过："把认识自己作为自己的任务，这是世界上最困难的课程。"求职者可以通过一定的自我认知方法，判断自己的能力优势与成功发展的可能性，为个人职业生涯规划提供科学依据。

1. 回溯原生家庭，构建自我关系

原生家庭塑造了最初的"我"。性格是融于骨髓的，而性格的养成大多取决于原生家庭。在求职之前或进入岗位之前，我们可以通过回溯原生家庭来与过去的自我进行沟通并进行诊断，了解原生家庭带给我们的优势和劣势，帮助我们在求职过程中扬长避短。

案例 2-4

求职表现与原生家庭

小王在商业银行人力资源部门上班，负责管理实习生。实习生第一天报到时，小王和同事准备了一间办公室。在等待过程中，同事和小王说："我告诉你，我能预测哪些实习生来得早，哪些实习生进来会和我们打招呼，哪些实习生会和我们聊天，哪些实习生进来会给我们倒水。"起初，小王并不相信，于是和同事打了个赌，如果同事猜对了，小王中午请他吃饭。

同事将简历分成几类，最早来的实习生果真都在同事给小王的简历里面，结果与同事预测的只差两个。然后，同事将自己的方法告诉了小王。

方法非常简单，看看这些候选人的家庭构成就可以了。来得比较早的实习生，大部分都家境普通，他们非常看重这份工作，所以会提前到达。那些走过来和考官打招呼，甚至还给考官倒水的实习生，他们的父母可能是公职人员。进来大大咧咧还开几句玩笑的实习生，家里可能从事商务活动。

（资料来源：笔者根据相关资料整理。）

原生家庭是一个人一生中接触最早、关系维持最久，也是最错综复杂的社会生活单位。个体在组织中的员工关系如何，能够在原生家庭中找到一定的影子。一个人自出生后，一

方面在物质上靠原生家庭维持成长，另一方面在精神上靠原生家庭实现心理发展。原生家庭的社会化功能教导个体学习生存及生活技能，也提供给个体心理上的支持和安全感。因此，原生家庭是个体社会化的初始单元，也是自我认知的重要组成部分。

或许很多人都想过这个问题：我为什么是这个样子的？在 18 岁之前，父母的婚姻状况、父母与自己相处的情况、家庭的规矩、兄弟姐妹的关系等，都对自己有直接或间接的影响。我们的生活习惯、性格特点、价值观、思想信念等基本都来自原生家庭，而这些方面往往会对我们的职业生涯规划、人际关系构建产生深刻的影响。在自我认知阶段，梳理原生家庭是很重要的一步。

2．性格是影响职业选择的因素之一

案例2-5

总有一片土地适合自己生长

弗兰兹·卡夫卡被称为西方现代主义文学的先驱和大师。他从小就是一个孤独的人，很少说话，也很胆小，经常一个人坐在角落里。他的父亲很不满意，认为这不是男子汉应有的样子。他努力地按照父亲的期望改变自己，但是不管他如何努力，都没能克服自己心中的那份胆怯。与伙伴们一比，他才发现，自己竟然如此不合群，这让他很自卑，感觉自己很没用。

父亲对他的严格和粗暴，并没有让他有所改变，反而让他越来越害怕、越来越胆小。在父亲一次又一次的伤害下，他懂得了隐忍，也懂得了人生的苦涩与无助。很多时候，他都会独自一人待在家里，小心翼翼地观察四周，唯恐再次被人伤害。直到他长大，性格还是没有丝毫的变化。

卡夫卡从小就酷爱文学，虽然因为父亲的命令而改读法学，但是这一爱好并未因此而有所改变。在大学时期，他博览群书，深入研究斯宾诺莎、达尔文、尼采、克尔凯郭尔、帕斯卡尔，并在布拉格积极参与文学活动，与一生挚友马克斯·勃罗德结交。卡夫卡的著作之所以能问世，主要是因为勃罗德对他的鼓励。勃罗德在卡夫卡死后，为卡夫卡编撰了全集，使他的作品快速进入人们的视野中。

卡夫卡把对生活的感悟、自己怯懦的性格、孤僻的气质，融入他的文字当中，他是为写作而生的，苦难折磨了他也成就了他。

（资料来源：彼得-安德烈·阿尔特．卡夫卡传[M]．重庆：重庆大学出版社，2012．）

卡夫卡的成功告诉我们，有些东西无法改变，如性格、身高等。我们能做的就是发挥自己的优势，对于劣势，我们没有必要懊恼和自卑，但我们要有勇气去接受它。只有清楚地认识自己，才能找到适合自己生长的那片土地。

每个人生而不同，个体的性格一旦形成，就会在很大程度上具有稳定性。在某种程度上，性格决定了一个人在哪些领域存在优势或劣势。每个人的性格千差万别，或热情外向，或羞怯内向，或沉着冷静，或火爆急躁。心理学家认为不同的职业有不同的性格要求，不同性格的人适合的职业不同。就像案例中的卡夫卡，他沉默寡言、偏内向、多愁善感，而正是这样的性格使他成为写作大师。倘若他去当一名销售员，一定会非常痛苦。

在选择职业时，我们要遵循自己的性格特点。例如，让一个性格内向的人从事与陌生人打交道的工作，通过努力他们可能会做得很好，但随着时间的推移，从整个职业生涯的发展来看，他们做起来可能会没有激情和兴趣。因此，我们在求职时，先要了解自己的性格特点，再去选择合适的职业。

目前，求职中广泛应用的性格分类指标是迈尔斯-布里格斯类型指标（Myers-Briggs Type Indicator，MBTI），是由美国心理学家布里格斯和她的女儿迈尔斯一起开发的。该指标以心理学家荣格的人格类型学说为理论依据，将人的心理活动分为注意力方向、认知方向、思考方式、判断方式四个维度和外向、内向、实感、直觉、思考、情感、判断、知觉八种倾向，如图 2-1 所示。个体在每个维度上都会更靠近一种倾向，形成以四种倾向为代表的人格特征。在每个维度上，人的倾向未必非黑即白，只是离哪种倾向更近一些。在进行职业选择之前，为了更好地了解自己，可以进行 MBTI 相关测试，根据测试结果及相关的职业建议帮助自己更好地确定职业目标。

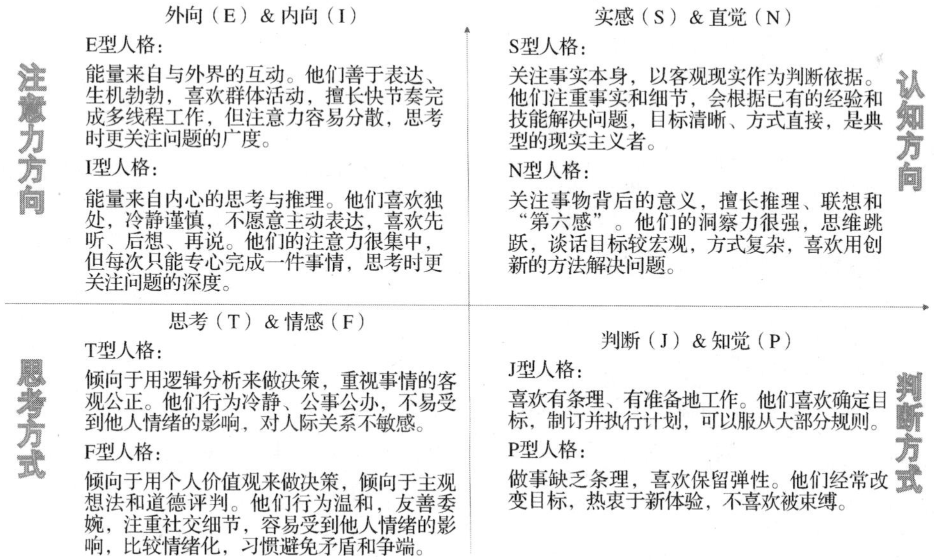

外向（E）& 内向（I）

注意力方向

E型人格：
能量来自与外界的互动。他们善于表达、生机勃勃，喜欢群体活动，擅长快节奏完成多线程工作，但注意力容易分散，思考时更关注问题的广度。

I型人格：
能量来自内心的思考与推理。他们喜欢独处，冷静谨慎，不愿意主动表达，喜欢先听、后想、再说。他们的注意力很集中，但每次只能专心完成一件事情，思考时更关注问题的深度。

实感（S）& 直觉（N）

认知方向

S型人格：
关注事实本身，以客观现实作为判断依据。他们注重事实和细节，会根据已有的经验和技能解决问题，目标清晰、方式直接，是典型的现实主义者。

N型人格：
关注事物背后的意义，擅长推理、联想和"第六感"。他们的洞察力很强，思维跳跃，谈话目标较宏观，方式复杂，喜欢用创新的方法解决问题。

思考（T）& 情感（F）

思考方式

T型人格：
倾向于用逻辑分析来做决策，重视事情的客观公正。他们行为冷静、公事公办，不易受到他人情绪的影响，对人际关系不敏感。

F型人格：
倾向于用个人价值观来做决策，倾向于主观想法和道德评判。他们行为温和，友善委婉，注重社交细节，容易受到他人情绪的影响，比较情绪化，习惯避免矛盾和争端。

判断（J）& 知觉（P）

判断方式

J型人格：
喜欢有条理、有准备地工作。他们喜欢确定目标，制订并执行计划，可以服从大部分规则。

P型人格：
做事缺乏条理，喜欢保留弹性。他们经常改变目标，热衷于新体验，不喜欢被束缚。

图 2-1　MBTI 人格倾向图

（二）我想做：职业生涯规划宜早不宜迟

1. 为什么做职业生涯规划

职业生涯规划可以帮助个体提前认知自我，全面思考。求职小白初入职场，除了要考虑有多少工作需要自己完成，还要真切地看到哪些工作适合自己干，从中看到自己在工作上的优势，便于对自己做出合理的定位。

职业生涯规划可以帮助个体提前认知岗位，做得更实。一些求职小白总会抱怨："为何别人的运气总是那么好，选择的岗位总能做到专业对口？"其实很有可能我们眼中的好运气是别人自己争取的。大学期间，一些具有职业生涯概念的同学或许就已经开始为毕业后到哪家公司、从事什么样的工作进行规划和选择了。这部分有先见性的人无论是在上课还是在业余时间，都会做一些对将来求职有帮助的事情。

职业生涯规划可以帮助个体提前应变调整，走得更远。现代职场中的每一步都充满了不确定性，尤其是随着零工经济和平台经济的发展，人员的流动性变大，有些职员今天还在正常工作，明天却被通知整个部门被裁撤。而当我们只知一味地埋头工作，不能有意识地抬头看一看前面的路时，很可能会不知不觉地掉到坑里，最终为此叫苦不迭。

现在新流行起的一种职业是职业生涯规划师。很多人会觉得职业生涯规划咨询就是找人聊聊天，并没有什么用。这种认知并不正确，其实很多学校都会开设职业生涯规划的课程，不妨去听几节课，你可能会豁然开朗。此外，也有不少学校开设有职业生涯咨询室，你可以听听专业的建议，结合自身的情况进行职业生涯规划，这会让你少走很多弯路。笔者在实际工作过程中发现，不少同学对学校开设的相关课程并没有太大的兴趣，他们或是在职场中陷入迷茫，或是在撞南墙后变得苦恼，并没有从知识结构上来完善与自我的关系。

2．如何进行职业生涯规划

1）确定职业方向

"志不立，天下无可成之事。"没有清晰目标做指引的职业生涯规划，大概率会流于形式。求职者先将目标锁定，使之变得越来越清晰，职业生涯规划才等于拥有了灵魂。尽量避免出现职业选择困难，认为这个行业也行、那个行业也可以的状况。这关键性的一步一定要迈出去，接下来的规划才能继续进行。

2）构建与评估自我关系

构建与评估自我关系的目标是正确地认识自己、了解自己。只有真正了解自己，才能为自己的未来规划一条适合自己的道路，才能为自己的事业目标做出最好的选择。评估自我是指评估自己的兴趣、特长、性格、学识、技能、智商、情商、思维方式、道德水准等内容。

3）确定职业生涯方向

当我们对自我、环境有了一定的认知后，下一步就是把自我与环境进行匹配。当我们与环境相匹配的时候，我们就找到了职业生涯方向。

4）制定职业生涯目标

职业生涯方向确定之后，要顺着既定方向制定短期、长期的职业生涯目标，构建自我成长阶梯。只有确定了目标，才有行动的力量。围绕自己所要实现的目标，将整个过程以时间为轴，进行阶梯构建：毕业后，要进入什么公司，去什么岗位；入职一年，职业初探期，熟悉工作流程、构建人际关系、强化基础业务技能；入职三年，职业积累期，提升专业技能水平，积累资源。此后还要思考，自己的职业将逐步达到什么层次。

5）制订行动计划与措施

根据自己的职业生涯目标和兴趣，制订相应的短期和长期行动计划。环境的变化是非线性的，即使再具有前瞻性的人，也不能完全预测未来的发展，更不要说一个初出茅庐的求职者。所以，每经过一段时间我们都要及时根据环境和自身的变化去调整行动计划。

（三）如何做：自我提升与外界关系

1. 给自我"精装修"

案例 2-6

用成果证明能力

对于即将大学毕业的刘小凡来说，找工作并不是一件容易的事情，但他扎实的专业知识和刻苦努力最终让他获得了成功。刘小凡是市场营销专业的大四学生，在进入实习阶段后，他开始了自己的求职之旅。在某市举行的大型人才招聘会上，他决定应聘某大型商场品牌家电的销售岗位。为了应聘成功，他利用招聘会前一周的时间，对该品牌的家电产品做了细致的市场调研，并拿出了一份翔实的市场调研报告。这份报告对产品的市场份额、产品性能、竞争对手等各方面的状况都做了具体了解，让用人单位对他的专业知识和能力刮目相看。最终，他击败了众多高学历的应聘者，成了唯一被录用的人。

在求职阶段，刘小凡的专业知识成了他最强有力的武器。他的市场调研报告不仅证明了他的专业素养，还展示了他的敬业精神和对工作的认真态度。这也让用人单位对他的能力和潜力评价更高。小刘的经历告诉我们，要想在求职中取得成功，必须充分发挥自己的专业优势，用成果证明自己的能力。用人单位最希望聘请到的是实实在在干工作，能为单位创造价值的人才。

（资料来源：笔者根据相关资料整理。）

1）评估专业能力

毕业生逐年增多，就业市场的竞争越来越激烈。在如此大的压力下，不仅用人单位会提高用人标准，竞争者也会变得越来越强。很多用人单位在招聘时会明确提出一些关于英语技能、软件技能或专业知识的要求，我们要想在求职过程中不被其他人落下或更胜一筹，就要提前筑好自己的基本知识堡垒。我们没有捷径可以走，只能坚持把这些"硬骨头"啃下来，没考的证书考下来、不会的英语天天练、不会的软件学下来，只有这样才能在求职时拿到基本的"敲门砖"。

每个人所学的专业不同，选择的岗位也会不同。如何发挥自己的专业优势是很重要的一环。有些毕业生学习了四年，看起来各科成绩也都不错，但在求职过程中屡屡受挫，原因就是没有系统认识自己的专业及发挥自己的专业特长，而专业知识应该是学生赖以生存的资本。正如我们案例 2-6 中提到的刘小凡，他充分地展现了自己的专业知识和能力，从而被录用。

2）沉淀核心专长

毕业生想要实现自己的理想，找到满意的工作，就必须沉淀自己的核心专长。只有核心专长突出的人才具备与人合作的条件。综合起来，核心专长主要包括以下几种能力。

（1）技术和学习能力。如果一个人的职业定位是技术型人才，那么技术和学习能力无疑是非常重要的。即使一个人的职业定位是其他类型的人才，了解相关领域或具备较强的学习能力也可以让自己的工作事半功倍。例如，一位软件开发公司的经理，如果掌握软件方面的知识，就能够对下属的工作进行有效的审核和监管。

（2）读写表达能力。这方面的能力常常是筛选人员的第一关。任何一个猎头或 HR，往往会先淘汰履历中有错别字或语法不通的求职者。

（3）语言表达能力。在电话沟通和平时交往中，最容易察觉的还是语言表达能力。如果说话颠三倒四，则会给人以逻辑混乱的感觉。

（4）创新能力。任何一家企业都不愿意雇用对企业没有价值的人，如果员工只想安稳地躲在角落，那么企业很快就会发出解雇通知。其实企业这么做并非不仁义，因为各种压力要求企业必须不断进行改进和创新。老板一旦发现创新能力较强的员工，一定会抓住这样的人才。

（5）变革能力。现在企业的发展环境变幻莫测，合并、收购、整合和裁员等不断上演，因此很多企业在招聘时，还看重员工的变革能力，希望他们在企业中能够有足够的能力应对不确定性。

（6）组织能力。一个人是否适合担任领导，关键在于他是否懂得如何带领组织或团队。有能力的领导是企业的宝藏，他们的领导力能够推动企业发展，对企业来说是无价之宝。

（7）协调和合作能力。如今，企业都在积极培养员工团队协作的综合技能，无论是在企业内部还是外部，这些人都是宝贵的资源。他们具备卓越的协调和合作能力，能够促进企业的发展。

2. 做半岛，不做孤岛

半岛是指要注意身边的关系，像半岛一样，一半是自己的特色，另一半与其他土地接壤，不要在求职的道路上变成四面环水的孤岛。我们不仅要把握与家人、朋友之间的强关系，也应该注意身边的弱关系（见第三章）。

求职者除深刻地了解自己专业的深度、广度之外，还要了解自己院校的优势特色，只有这样才能在求职时"对症下药"。其实，很多企业在招聘时都会选择长期合作的有稳定生源的院校。例如，互联网企业偏好选择计算机专业强势的院校的学生。因此，求职者提前深入了解所在学校与外界的联系是有必要的。

求职者可以从学校的地理位置、优势学科、亮点特色出发，根据自己院校所在地区的辐射范围去选择企业。例如，某大学在当地的就业市场中非常有竞争力，那么这个大学的毕业生选择该地区的企业时，能赢得企业更多的信任。某大学的优势学科是财经专业类的学科，那么该校财经专业的毕业生选择与财经、金融相关的行业会更有竞争力。这些都需要求职者根据自己的实际情况进行具体分析。

除此之外，很多老师、课题组都与一些用人单位有一定的联系，我们要把握好这样天然的人际网络。很多学生上课只关注老师留的作业多不多、课程好不好学，而有些同学则关注到了老师拥有的人际网络。某同学在上课前得知任课老师是某知名投资银行出身的，在选他的课之前专门去和老师聊了大半个小时，后来该同学在这位老师的课上表现积极，最后这位老师给他推荐了三个面试机会。所以，千万不要因为课程比较难学而放弃某个课程，从而错过了自己身边的各种人脉。只有很少一部分学生会提前了解老师之前的工作经历、调研经历，如他在哪个地方工作过，或者在业界的名望强不强。只有寥寥无几的学生会在选课之后跟老师当面聊天，寻找可能的就业推荐机会。

对于很多专业性较强的岗位，招聘时经验丰富的 HR 会专门提前联系某些业内的老师，希望老师可以向他们推荐当年的毕业生。此外，不妨提前了解已毕业的学长、学姐的任职情况，如待遇和近况，如果恰好他们在那里干得不错，那么这个单位可能会对该校的其他毕业生有着天然的好感。

综上，求职是一个双向的过程，求职者在找工作，企业在找员工，那么怎么把中间的桥梁搭好至关重要。

3．提前建立关系

案例 2-7

八面来风

某大学毕业生王方在大三下学期就开始积极寻找就业机会。他向班主任请教，希望能够获得合适的工作推荐。他也向学校的就业服务中心咨询，希望能够及时了解就业信息。他还在即将到来的毕业实习之前，仔细查询了各地人才交流会的信息，并按照实际情况做了合理的安排。

得益于这些积极的准备，王方在外地实习期间不断接到用人单位的面试通知，比其他同学更容易了解就业市场的动向。不久，王方的实习期结束，成功地找到了理想的工作。

（资料来源：笔者根据相关资料整理。）

时常有毕业生抱怨学校没有及时通知用人单位的需求信息。然而，通过案例中王方的经历，那些求职中的"捷足先登者"是因为有特殊关系而得到了关照吗？

从案例 2-7 中可以看出，王方主动与就业服务中心提前建立关系，这样即使去实习也能更快地掌握消息。据调查，所有院校都希望尽可能多地把自己的学生推荐出去，只要掌握了用人信息都会想方设法地通知毕业生。实际上，很多学生忙于外出实习、毕业论文，较少关注学校的信息，这样那些平常主动联系、关注信息的学生往往会抢占先机，在求职的道路上走得更快。

我们要积极地去寻找各种可能与就业有关的途径，与这些途径建立关系。很多毕业成功入职心仪单位的前辈都会叮嘱自己的学弟、学妹，找工作其实是一场信息战。谁能快速、高效、精准地收集到第一手的就业信息，谁就能把握自己的就业命运。

六、思考题

1. 一般求职包含几种方式？不同求职方式的优势和劣势各是什么？
2. 根据自我概念和自我理论，分析小我、中我、大我的内涵。
3. 结合自己的求职经历，分析原生家庭带来的影响。

第三章 与求职过程的关系

本 章 目 标

1. 帮助读者撰写简历，建立与求职过程的关系，搭建好员工关系的第一步。
2. 帮助读者了解组织和面试的类型及特点，以更好地应对招聘。
3. 引导读者了解社会网络理论中的弱关系在求职中的作用。

本 章 要 点

1. 结合各类组织的用人偏好、招聘特点及面试方式的不同，把握自我优势，与需求匹配，并体现稳定性，以此为契机，在求职过程中做好相应的准备，搭建好员工关系的第一步。

2. 结合求职失败的常见问题，包括简历太空或太满、不了解单位的特点和任职要求、不善于在面试中展现自己等现实问题，引导读者在求职中提前建立与岗位的关系、与面试官的关系、与法律的关系。

3. 通过介绍社会网络关系中的弱关系理论，引导读者了解弱关系的概念，并在实务操作中加以应用，做到既把握好强关系，又不忽视弱关系，打通求职的"经脉"。

> "一个人永远不要靠自己一个人花 100% 的力量，而要靠 100 个人花每个人 1% 的力量。"——比尔·盖茨（Bill Gates，1955.10.28—）

求职过程在一定程度上会影响员工进入单位后融入、发展得顺利与否。因此，从求职过程开始构建各种关系尤为重要。求职者要通过简历建立与岗位的关系，通过笔试、面试进一步建立与面试官的关系，在这个过程中还要注意建立与法律的关系。

一、引导案例

案例 3-1

毛遂自荐

在战国时期，赵国的平原君养了很多门客，这些门客中有一位叫毛遂的，他已经住了三年，但一直默默无闻、无所作为，平原君也没有注意到他。有一年，秦国的大军包围了赵国的都城邯郸，使赵国陷入十分危险的境地。赵王命令平原君前往楚国请求救援。平原君挑选了十九名能文能武的门客准备出发，这时一直默默无闻的毛遂突然自荐要和平原君一起前往楚国，门客们都愣住了。

平原君见到毛遂自荐，非常吃惊，对他说："如果一个人有贤德和才能，很快就会显露出来，就像锥子一样，锥尖会立刻露出来。你在我家三年没有表现，说明你的能力不行啊！"

毛遂笑着回答说："如果您以前允许我给您出谋划策，我的才能早就显露出来了。现在还不晚，只要您带我去，一定会用得上我！"

平原君觉得他说得有道理，便让他随自己出发了。平原君到达楚国后，得到了楚王的隆重接待。谈判开始后，平原君说明来意，商议联合出兵抗击秦军的大事。然而，楚王东拉西扯，一直言及其他。

平原君非常着急，因为秦军已经兵临城下，赵国随时都有危险。这时，毛遂怒气冲冲地走到了楚王面前，一手提着利剑，一手拉住楚王的衣服。接着，毛遂一条一条地讲出楚国出兵与赵国共同抗秦的利害关系。他的话慷慨激昂，道理明白，令人信服。于是，楚王立刻同意了平原君的请求，与其签订了盟约，出兵抗秦，援救了赵国。

事后，平原君夸奖毛遂"先生的三寸不烂之舌，胜过百万大军"，对毛遂刮目相看，敬若上宾。毛遂成功自荐，也打通了他的"求职之路"。

（资料来源：笔者根据相关资料整理。）

案例 3-2

面试自信满满却被拒绝

小贾是互联网行业的从业者，工作中更多地是与用户需求打交道。当他作为一名产品经理职位的候选人去 A 公司面试时，自信满满的他最终却收到了该公司的婉拒信。

面试经过如下。

面试官："请列举你日常工作中经常遇到的问题和困扰。"

小贾："对于做产品的人来讲，最主要的就是把握好用户需求，最令人头疼的问题就是需求变更。"

面试官："面对需求变更，你一般会怎么把控？"

小贾："做任何服务类的项目都会遇到需求变更的问题。但作为项目的整体管理者，必须把握好可允许的需求变更的度。例如，如果在完成正常需求的计划时间内已无多余时间处理其他需求项，那么我们应该把合同作为最终的参考依据。合同中约定的需求项属于工作范围，其他可在后期考虑。如果在完成正常需求的计划时间内有多余时间来处理变更项，那么我会考虑将用户的变更项纳入工作任务。"

之后面试官又提出了一些相关专业知识问题，小贾也是对答如流。

面试官："你为什么离开上一家公司？"

小贾："上一家公司的环境不利于员工的成长。"

面试官："为什么？"

小贾："公司没有满足员工学习专业知识、拓展自身技能的配套制度和资源，使想学习更多、更深入行业或专业知识的员工诉求无门。"

这次面试后小贾以为可以坐等 A 公司发邀请函直接入职。A 公司的回应也确实很快，但结果出人意料："尊敬的贾某，经过公司相关领导的慎重考虑，觉得本公司不适合成为日后您发挥才智的平台。您会有更大的平台和更好的机会施展才能，再次感谢！"

（资料来源：笔者根据相关资料整理。）

带着问题学习：

1. 结合自己准备面试的经历，思考自己是否了解如何撰写简历、应对面试。
2. 小贾的情况在求职中是否普遍？自己面试失败后是否和单位保持了联系？
3. 求职时如何像毛遂一样把握机会，通过关系构建，成功推销自己？

二、内涵特征

（一）组织的类型

1. 行政事业单位

行政事业单位是行政单位和事业单位的统称。一般来说，在我国行政单位和事业单位是紧密相连的，但两者又有一定的区别。行政单位是指国家机关，而事业单位是指实施政府某项公益服务的部门，属于社会服务组织。举例来说，行政单位主要包括国家权力机关、行政机关、司法机关等；事业单位主要包括从事教育、文化、卫生、科技等的单位。

一般来说，公务员和事业单位的大部分职员属于编制内人员。公务员拥有的是行政编制，而事业单位职员拥有的是事业单位编制。编制考试流程基本如下：网上报名、公共科目和专业科目考试、笔试结果查询、面试、体检和调查、拟录用人员名单公示。随着行政事业单位的不断改革，多元化用工也逐步被引入。

由于行政事业单位特殊的职能，招聘时强调政治素养，在相关的笔试和面试中，关于政治理论的考查占比较大。因此，求职者应提前对政治理论知识进行系统学习，以巩固理论基础，提高政治素养。一些行政事业单位的面试都趋向于自主命题，题目常常会与相关的行业背景和部门特点有关，题目的针对性较强，对岗位的匹配性要求也较高。对考生来说，要对各个部门有一个全面的认识，并根据不同的专业和特殊的情况，科学备考。

我国行政事业单位的组织结构以科层制为主。马克斯·韦伯将科层制的行政组织体系看成是最为理想的组织结构。科层制的组织中具有层级分明的权力结构，呈金字塔形。在每个层级中，处于管理职位上的人，既要接受上级的管束，又要对下级发布命令。在这样的组织结构中，如何正确处理员工关系显得尤为重要，尤其是处理与上级、下级、同事之间的关系。

2. 国有企业

国有企业（简称国企）是指由国家拥有所有权或控制权的企业，包括国有独资企业、国有独资公司和国有资本控股公司。很多求职者希望能够进入国企或央企工作，但对于这两个概念有些模糊。央企是指中央直属企业，所有的央企都是国企，但并非所有的国企都是央企。一般来说，央企的规模更大，但也对员工的能力要求更高。实际上，我国的一些大型国企来源于国家部委的改革，如核工业部撤销后组建的中国核工业总公司，因此在组织结构上与行政事业单位一脉相承。国企的组织结构由国家制定，通常采用科层制，具有一定的规范性和标准化，其员工关系也带有一定的科层制特点。

国企招聘有自己的特点。它强调工作经验，面向社会招聘时，一般会优先录取具有行政事业单位工作经验的人，因为这些人的工作习惯与企业文化更加接近，可以缩短培训和磨合的时间。对于毕业生，国企更注重其在学校的表现。国企具有浓厚的红色基因，因此在招聘时更喜欢与自己文化特点一致的求职者。例如，简历中包含党员、学生干部、党团干部等元素会给求职者加分。如果求职者曾在学校担任学生干部或获得过突出奖励，这将是一个亮点。国企更注重求职者个人的特点，所以求职者在面试和投递简历的过程中，可以加入一些兴趣爱好、特长、个性评价等元素，让自己更加突出。

3. 外资企业

外资企业是指按照我国有关法律规定，在我国境内设立的由外国投资者独自投资经营的企业，如一些大型咨询公司及投资银行等。这类企业在招聘过程中更加偏向具有留学经历、英语水平较高的求职者，因此想要进入外资企业工作的求职者在准备求职时，要根据外资企业的员工偏好，提高自己的求职能力。

外资企业的组织结构更偏向于分权，类似于管理学中的项目制组织结构。其中，外资企业中员工关系的基础是法律，即更强调依"法"办事，而不是依"情"办事。

4．民营企业

民营企业是指在国企、外资企业之外由个人或多人出资，在国家市场监督管理总局登记注册的企业。在民营企业工作灵活度高，员工可以通过转岗等方式尝试不同工作内容，在不同的岗位提升个人能力。民营企业的性质决定了其在招聘中更倾向于能干活的人才，所以喜欢简约清晰、直接的简历。此外，民营企业青睐一专多才，希望一个人能够胜任多项工作。

中国的民营企业多数是由小做大的，涌现出一批优秀的中国企业家。民营企业的特殊成长历程也决定了其员工关系的特殊性，即以三缘为中心构建员工关系：亲缘、地缘、友缘，即亲属、老乡和朋友。在处理这样的员工关系时，需要更多的智慧，不仅要考虑硬性制度，还要考虑软性关系。

（二）面试的类型

1．按结构类型划分

1）结构化面试

结构化面试是一种相对程序化的面试。在这种类型的面试中，组织会根据职位要求，采用一定的程序和专门的题库、评价标准、评价方法来考察求职者是否符合要求。结构化面试的基本类型通常包括导入型、智能型、情境型、行为型和意愿型等。一般来说，结构化面试会根据工作内容设计面试问题，有固定的题库，向所有求职者基本会提出同一类型的问题。所以，应对此类面试需要提前了解面试内容。

2）非结构化面试

相对于结构化面试来说，非结构化面试没有事先安排好的固定程序，所以没有标准答案。面试中，面试官会根据求职者的个人情况，随机提问。这样的面试一方面比较灵活，求职者无法在面试前做完全的准备，另一方面可能会提供更多的展现自我的机会。很多组织选择非结构化面试来考察求职者的沟通能力、人际交往能力、应变能力、接受新事物的能力等。

尽管非结构化面试具有灵活性等特点，但也需要求职者做相应的准备。例如，一些需要陈述观点类的题目，答案并无对错之分，更多的是表明态度和思路。面试答题时，求职者可以使用案例法等方式丰富自己的观点和回答。对于应变类的题目，求职者要注意在平时培养自己的创新能力和反应能力。

2．按参加人数划分

1）一对一面试

一对一面试是指求职者和面试官之间单独进行面试。这种面试通常是一种相对较正式的面试，使求职者和面试官之间能进行深入的交流和讨论，以便面试官更好地了解求职者的技能、经验和背景。在一对一面试中，面试官通常会提出一些开放性的问题，以了解求职者的个人风格、职业生涯规划、工作经验和能力等情况。

2）小组面试

小组面试是指面试官在同一时间面试多名求职者，通常求职者会组成一个小组。这种面试通常被用于评估求职者的团队合作能力、沟通能力和解决问题的能力，因此求职者需要在小组中展示自己的能力，同时与其他求职者互相帮助。在小组面试中，面试官通常会提出一些团队建设、角色扮演或案例分析的任务，要求求职者在有限的时间内完成。求职者需要在这种面试中展示自己的领导力、自我管理能力、协作能力等，以证明自己是一个能够适应团队工作的人。

3．特殊面试类型

1）压力面试

压力面试是指面试官通过较为尖锐的问题或语气等使面试氛围变得紧张，目的是测试求职者是否能够承受工作中的压力，以及面对压力的应变能力等。通常面试官会针对某一问题进行一连串的发问，直至求职者无法回答。对于求职者特别是刚毕业的学生来说，面试中紧张的氛围和突如其来的问题，可能使其备受打击。求职者要谨记在这个时候，面试官往往会着重观察求职者的反应，所以应该沉着冷静，谨慎对待。

2）无领导小组面试

无领导小组面试是一种情境模拟式的集体面试，目前被很多单位广泛采用。求职者需要提前了解无领导小组面试的开展形式，做好准备。

求职者不需要极力争取成为领导者，重要的是要处理好与场内小组成员的关系，以及与场外面试官的关系。无论是小组的领导者还是参与者，都要在讨论中认真聆听他人的观点，表达自己的看法。面试总结陈述时，尽可能地展现自己，满足面试官的需求，要先肯定其他人的观点，再顺势提出自己的想法，构建同伴关系。

3）人工智能面试

随着人工智能等技术的发展，越来越多的企业开始将人工智能引入招聘环节。当面试官变成机器人，求职者是否能够从容面对？人工智能面试可以将人工智能技术与真实面试场景融合，结合视频分析、语音分析、语义理解、人脸特征识别、测量等技术，对求职者进行全面分析评估。

求职时遇到人工智能，求职者无须慌乱，可以从以下几点出发准备面试。首先，求职者面试前应该提前准备好测试设备，保证面试背景干净整洁，以及周围环境安静、无干扰。

其次，面试时直视摄像头，避免小动作，如摸耳朵、撩头发、玩手指等，这些在一定程度上都会影响面试效果。面试后，及时查看是否提交成功。

无论是哪种类型的面试，求职者都要把握好面试的三个关键要点：优势、匹配、稳定。具体来说，首先，要将自我优势明确地概括成观点，并有证据进行展示；其次，展示过程要强调自己的优势与岗位充分匹配；最后，给面试官留下将长期在岗位从业的印象。掌握上述三个要点，会提高求职成功的概率。

三、现实问题

（一）有心无力：求职失败的常见问题

1. 简历太空或太满

作为前麦肯锡公司的沟通专家和管理顾问，德蕾莎·伍德兰为众多高管提供撰写简历指导。她认为，撰写简历时应强调自己的影响，而不是仅列举所做的事情。撰写简历时必须问自己：我的故事是什么？

一般撰写简历时，会出现两种情况，一种是简历太空，没有什么可挖掘的地方；另一种是简历太满，让人很难发现重点。第一种情况出现的原因可能是平时的积累不够，这时应该仔细回想自己的经历，哪怕是出彩的课堂作业都可以作为一项经历写到简历上。有过多年工作经历或丰富实习经历的求职者，如果把所有内容都呈现在简历上，又显得过于冗余。一般简历篇幅控制在一页纸左右就够了。求职者可以按照 STAR 法则呈现主要经历，即 Situation（情境）、Task（任务）、Action（行动）和 Result（结果）。具体面试时，求职者可带上证书、证明材料等，这是对简历的现场补充和强有力的证据呈现。

2. 不了解单位的特点和职位要求

在一档求职类节目上，节目组邀请了一家历史悠久的建筑事业单位和一家刚崭露头角的明星建筑事务所。这两家单位各具特色：一家单位规模庞大，拥有几千名员工，涉及大型项目较多；而另一家则只有几十名员工，注重精益求精。两家单位的企业文化也各不相同。在面试这两家单位时，一些有经验的求职者提前了解了两家单位的背景，在两场面试中对答如流，游刃有余。而缺乏关系思维的求职者用同样的简历和回答方式，试图通过两家单位的面试。即使自身条件不错，这样做也难以收到满意的效果。

求职者可以通过各种途径了解一家单位的概况，分析这家单位是否有自己的用武之地，以及发展前景如何，从而制定相应的应聘策略。一般情况下，求职者需要提前了解的单位概况包括单位规模及性质、企业文化，以及应聘职位的特点、工作内容，甚至可以了解该单位的职员构成，如一些互联网大厂偏好年轻化、具有创造力的求职者，那么在求职过程中，表现出相应的素质，求职成功的可能性会更高。

3．不善于在面试中展现自己

案例 3-3

案例 3-3

熟人推荐却面试失败

孟浩然长期失业在家，以写诗自娱。到了中年，他下定决心赴京赶考。作为诗人，孟浩然早已声名在外，更是与朝中重臣王维交好。而在科举考试中，孟浩然却落榜了。

孟浩然很失望，满腔热血不免演变为满腹牢骚。他在王维府上做客时，唐玄宗突然造访。这对于科考失败却仍想求取功名的孟浩然来说，无疑是天赐良机。

然而，孟浩然却在第一时间选择了退缩。听说皇帝驾到，他竟一头扎进了床底，躲了起来。王维向皇帝推荐他的好朋友孟浩然，说此人才学非凡，诗文俱佳，是济世能臣。唐玄宗一听："既是王爱卿推荐，那就让他出来吧！"

孟浩然从床底钻出，衣衫不整，伏倒在地，拜见唐玄宗。唐玄宗并未表现出不悦之色，听说孟浩然诗写得好，便说："把你的诗拿出来给我们欣赏欣赏吧！"唐玄宗面试孟浩然的第一道题是诗，这正是孟浩然的优势。

孟浩然微微清了清嗓子："北阙休上书，南山归敝庐。"唐玄宗一听就紧皱眉头，旁边的王维也转喜为忧。这首诗名叫《岁暮归南山》，虽然是一首佳作，但是表达的是自己怀才不遇的境况。唐玄宗很不开心，可孟浩然哪里知道，还继续朗读着自己的得意之作。

（资料来源：笔者根据相关资料整理。）

案例 3-3 中的孟浩然，相当于在求职时通过内部推荐，跳过初试、复试等多个环节，直接到最终面试。如果正常发挥，则可一步登天，更何况考题是他最擅长的诗。就是在这样天时、地利、人和的条件下，孟浩然却在这场面试中发挥失利。这也是很多求职者面临的困境，明明经验丰富、履历优秀，却总是面试失败。

多数未经训练的求职者缺乏沟通技巧，没有良好的沟通技巧，则难以给面试官留下不错的印象。面试更多的是一种即兴反应，这就需要求职者处变不惊、迅速反应、积极呈现。

4．一句话可能导致出局

一位求职的建筑学生是国内某高校的硕士研究生，非常优秀，但他面试时说了一句话："你们单位是不是做的建筑偏传统？我做的可能偏现代一些。"四位面试官一时间面面相觑，其中一位说："我的部门就是做现代建筑多一些，但我不知道你能不能行。"后来，这位求职者没有得到入职机会。

该求职者因为在面试中说了一句不合时宜的话，就让他多年寒窗的学术背景变得"一文不值"。这位求职者就是没有厘清自己与面试官的关系，面试官相当于是甲方，而我们作为求职者不能过于自卑，但也不能忘记自己的身份和最终目的。反观同期面试中的另一位求职者，他说："您部门的每一项设计我都如数家珍，您部门的设计理念也一直影响着我，贯穿我本科阶段的学习。"面试官听后面露喜色。还有一些学生，在初次面试时八字还没一撇，就开始和面试官讨论薪资问题，这显然是不合时宜的做法。所以，求职者要掌握好与面试官的沟通尺度、与招聘单位的关系尺度，只有这样才能在面试中稳操胜券。

（二）求职过程中常出现的自我认知障碍

1. 自卑心

"最大的骄傲与最大的自卑都表示心灵的最软弱无力。"哲学家巴鲁赫·斯宾诺莎如是说。

在巨大的就业压力面前，越来越多的求职者并不是抱怨自己怀才不遇，而是怀疑自己的能力是不是太差，所以收不到入职邀请。求职者应该警惕不自觉的自卑行为，如在面试过程中如履薄冰、手脚都不知道往哪里放等，其实这都是对自己不自信的表现。

很多求职者都有这样的经历，面试的时候脑子一片空白，原本可以回答的问题都回答不出来，甚至答非所问，导致面试失败。这样的次数多了就会影响下一次求职的心态，慢慢失去信心，甚至不敢再投简历。

自卑心产生的原因有很多，有环境原因、生理原因、专业原因、能力原因、家庭原因和社会原因。即使是具备实力和优势的求职者，面对激烈的竞争，也难免有时会觉得自己不如别人。短暂的这种心理并非坏事，我们平时除了需要强化自身优势，还要学会构建积极的自我、建立自信，这是走向职场必经的自我成长和建设之路。

2. 自负心

汉朝时期，有一个名为夜郎的小国，国土面积十分有限，人口稀少，经济资源也很匮乏。然而，该国国王从未离开过国家，就自认为自己统治的国家是全天下最大的国家。一天，夜郎国国王与随从巡视国境，他询问："这里哪个国家最大呀？"随从们为了迎合国王，纷纷称赞："当然是夜郎国最大！"从此之后，愚昧无知的国王更加坚信夜郎国是天下最大的国家。这种"夜郎自大"的心理也是求职过程中的大忌。

歌德曾说："看别人仿佛在看戏，就是没有看透过自己。"几乎人人都以为自己最了解自己，其实这只是一种一厢情愿的说法。在求职过程中，自负可能会导致失败。即使通过了面试，自负心也会为日后与同事的关系、领导的关系埋下一颗"地雷"。

3. 攀比心

某大学毕业生小花通过艰辛的求职，最终被用人单位录用。不久后，同宿舍的小李也收到了录用通知。然而，无论是入职公司的规模还是薪资待遇，小李都更好，原本开心的小花变得闷闷不乐起来。

这是求职中常见的错误心理。无论是在生活中还是在职场中，我们都要理性，不要盲目地与别人攀比。对于小花来说，虽然她没有像小李一样获得同等的录用通知，但她入职的是一家初创企业，机会更多。事实证明没过几年，小花不仅得到了充分的锻炼，还升职到了总监的位置。作为社会的一员，我们少不了与别人比较，但过于攀比又是不合适的。在一定程度上，身边的人充当了我们自我认知和自我提升的参照系，我们既要善于在比较中认清自己的优点和不足，学会积极归因和主动成长，又不要因攀比而心生嫉妒，最后落得人际关系混乱、自己也一事无成的下场。

（三）建立法律关系：避开求职陷阱

1. 黑中介

黑中介是一种以介绍岗位为名，实则以各种名目向求职者收取费用的骗子机构。黑中介通常没有营业执照或营业执照已过期，甚至没有固定的办公场所。它往往以承诺快速上岗、包过等虚假诱饵来吸引求职者，一旦收到中介费，就很难会退还。为了避免被黑中介欺骗，求职者需要注意以下几点。

（1）及时向学校的学生管理部门和公安机关等相关机构报案，通过法律途径来降低自己的损失。

（2）选择正规的求职渠道，如用人单位的官方网站或正规的招聘网站。即便是同学或熟人介绍的单位，也需要先了解单位是否在工商部门注册、注册时间是否有效。面试时要观察该单位的工作环境和面试流程是否正规。

（3）加强自身的防范意识。在工作前涉及交费和贷款时，要谨慎考虑，不要轻易将个人信息泄露给不可信的人。如果怀疑自己可能遭遇诈骗，应向身边有经验的人或相关部门咨询和求助。

2. 巧立名目收费

案例3-4

收不回的酬金

小芳在北京做行政工作，她身材高挑，从上大学起，就在做一些模特类的兼职。小芳刷朋友圈时被一条模特招聘信息吸引，立即与该公司的工作人员取得了联系。在了解完这家公司的业务后，小芳决定应聘卖家秀约拍模特。

该公司的工作人员陈某将面试地点安排在酒店。见面后，陈某展现出一副事业有成的样子，并给小芳看了他与其他模特的合影，以及给其他模特发放酬金的转账记录，成功获得了小芳的信任。几天后小芳收到了面试通过的消息。为抓住工作机会，小芳随即开始了卖家秀约拍。

陈某把一些商品寄给她拍照，但是她需向陈某支付每件商品200元的押金。小芳先后向陈某支付了4600元押金。奇怪的是，陈某不断劝说小芳继续加单，却从未发放过酬金。陈某回复消息的速度越来越慢，也不接听电话，于是察觉到问题的小芳向公安机关报了案。

其实，陈某并不是什么公司的工作人员。在行骗前，他会以老板助理或工作人员的身份接触目标模特，并仔细打扮，使用与其他模特的合影和伪造的转账记录来获取被害人的信任。接着，陈某会以各种理由向模特索要押金、误工费、加班费等，由于每次骗取的金额较少，许多受害女孩都自认倒霉。这让陈某的胆子变得越来越大，不断寻找新的行骗目标。

（资料来源：笔者根据《今日说法》栏目内容整理。）

在寻找工作时，求职者天然处于劣势地位，尤其是应届生为了获取录用机会，可能会接受不合理的条件。一些诈骗公司正是利用了求职者的这种心理，不仅廉价利用劳动力，还以各种名目收取费用，最终可能直接与求职者切断联系或以"不合格，不予录用"为由拒绝他们。求职者在遇到金钱交易问题时应该非常谨慎，慎重考虑决策，并确保自己充分了解公司的情况，必要时可以采取法律手段来保护自己的合法权益。

3. 签订的劳动合同不规范

在求职过程中，很多公司以三方协议代替劳动合同。应届生常常将三方协议和劳动合同混淆。三方协议并不是证明劳资双方劳务关系的法律文件，只有劳动合同才能够作为这方面的证明。劳动合同规定了双方在合同期间的责任和义务，包括工作岗位、工作地点、薪资待遇、法律条款、管理制度等。

对于求职者来说，在求职过程中，正确签订劳动合同十分重要，这样可以维护自身的权益并与用人单位建立正确的法律关系。在签订劳动合同时，求职者要注意防范法律风险，确保签订劳动合同的规范性和正确性。

《中华人民共和国劳动合同法》规定，劳动合同中必须包含用人单位的名称、住所、法定代表人或主要负责人，以及劳动者的姓名、住址和居民身份证或其他有效身份证件号码。试用期的时间也有规定，如劳动合同期限为三个月以上但不满一年的，试用期不得超过一个月。需要注意的是，试用期的工资应当有保障，如果未签订合同，则用人单位应支付双倍工资。如果用人单位未在用工之日起一个月内与劳动者签订书面劳动合同，则应向劳动者每月支付双倍工资。

四、社会网络理论——弱关系

一些研究表明，通常我们认为最牢固的人际纽带，如自己与家人或朋友之间的关系，其实对于寻找新工作的帮助可能是有限的。而我们认为较弱的人际关系，如不经常联络、有一定距离的熟人关系，往往会在求职过程中给我们带来惊喜。

弱关系来源于社会网络理论，由社会学家格兰诺维特首次提出。社会网络理论的基本观点是人由于彼此间的关系纽带而以相似的方式思考和行动。

社会网络理论强调间接关系和路径的作用，并进一步发展出三个具有代表性的理论——联结强度理论、社会资本理论、结构洞理论。联结强度理论认为人可以通过互动频度、情感强度、信任程度和互惠服务来区分强关系和弱关系。社会资本理论认为人可以通过与他人的互动和联系获得资源，这种社会性的资源嵌在个体所在的社会网络中。结构洞理论认为人在社会网络中与其他人发生关系时，可能发生直接关系，也可能不发生直接关系或无关系，就好像网络结构中存在的洞穴。

格兰诺维特曾对求职情况做过很多研究，发现对于个人求职过程有影响力的是弱关系而不是强关系。一般来说，与自己存在强关系的人，通常在同行业或处于相同的社会地位，获得的信息或知识与自己相似，所以不能提供更多额外的信息和机会。相反，弱关系能够连接不同网络节点上的人或组织，帮助个体建立更广范围的关系，使个体能够获得强关系不能提供的信息和机会。

格兰诺维特进一步指出该理论的研究对象不仅局限于个体之间的关系，还可以拓展到更广泛的社会实体中，如团队之间和组织之间。该理论对社会学、心理学、管理学等学科的发展具有重要作用。互联网等信息技术的发展也使该理论有了新的发展方向。结构洞理论似乎与弱关系有相似之处，但弱关系主要说明的是关系的强弱，而结构洞理论强调的是信息的传递机制和原因。随着社会、技术的大变革，建立和培养弱关系对个体及组织的成功越来越重要。

虽然社会网络理论强调了弱关系在求职过程中的重要性，但是基于中西方文化的差异，中国的人际距离普遍更近，也更注重关系的建立。因此，在求职中我们不仅要注意弱关系，还要把握强关系，在用理论指导实践的同时，也要符合具体实践。

五、实务操作

（一）面试前：充分准备，搭建员工关系桥梁

从学生到员工，我们需要搭建自己与外界的关系。我们到一家企业面试时，企业对我

们一无所知，我们将自己推销给企业，靠的便是薄薄的一份简历，所以每份简历都决定了用人单位、HR 对我们的第一印象，应当一字一句精雕细琢。一份合格的简历应做到既有亮点又不突兀，那么如何使自己的简历在众多简历中脱颖而出，不仅需要个人在学习、实践和工作方面有一定的积累，还要会合理地布局、精彩地提炼，并不断将其完善。

1. 撰写简历的主要原则

简历是与"过去的我"和"未来的我"建立关系的桥梁。下面是撰写简历的一些主要原则。

1）详略得当

每个求职者的经历不同，简历的内容也不尽相同。详略得当便是为了突出优势和有效传递。由于求职者数量较多，HR 浏览一份简历的时间可能仅短短几秒，而这几秒可能是决定求职者是否有机会的关键。因此，简历的篇幅要控制好，尽量控制在一页之内。一页内不可能把每件事情都写得面面俱到，应有针对性地描述经历中的一部分来吸引 HR 的注意，从而从众多简历中脱颖而出。

很多求职者在撰写简历时会误解，"是不是撰写简历时不能写细节，而应大致罗列我的信息、经历、奖项等"。详略得当并不代表不写细节，恰恰相反，简历中更应该注意细节，但不是每一个成长过程中的细节面面俱到，而是应事前了解单位，通过细节建立与单位的关系。例如，某个单位注重技术，则简历中应尽可能地突出与技术相关的实习经验、竞赛获奖等。当 HR 看到这份简历时，会不自觉地认为这个求职者是匹配的。所以，面对不同的单位，把自己的目标和优势变成对方的需要，有针对性地制作相匹配的简历，体现出自己与对方的关系，是建立关系的第一步。

2）模式规范

大部分应届生的求职简历存在模式不规范问题，其中简历的多数内容是以个人成长经历为素材进行组织的，只有极少数简历是以工作经历为核心，围绕具体职位要求进行组织的。不少面试官感叹，大部分简历看起来更像一篇个人经历流水账，这使用人单位很难从中看出求职者是否具备与目标职位相关的能力。

如何才能撰写出一份令面试官满意的简历呢？先要知道一份完整的简历应包含的基本模块。这些模块才是我们所说的"模板"，而不是下载别人的简历，把个人信息改成自己的。

模式规范的简历一般要包括以下几个模块，而这几个模块的内容如何呈现是因人而异的。

（1）个人信息。个人信息是最基本的模块，通常包括姓名、地址、电话、电子邮箱等必备信息。没有必要将个人信息一条不漏地搬到简历上。另外，还需要一张近期照片，尽量保证照片与真人出入不大，清晰干净。

（2）求职意向。求职意向是简历中十分重要却极易被忽视的模块。求职意向能让简历更有针对性，也能向用人单位传递目标明确、专业性强的信息。

（3）教育背景。教育背景模块要写明就读时间、学校、专业、获得的学位，根据时间倒序罗列，可以注明优秀的课程成绩或排名。所罗列的课程要根据职位需求而决定，建立专业与职位的关系。

（4）工作经历或实习经历。这一模块是表明个人竞争优势的核心模块，也是简历中占比最大的模块。这个模块一般应包含五部分：任职/活动时间、任职单位/活动名称、职位、主要职责、工作业绩/收获。不少简历在这一部分的描述是较为空洞的。如何使其内容可信、丰满，就需要求职者学会用数据说话，强调通过实习获得了什么，展示与专业和职位相关的可迁移技能。

（5）个人特长和职业技能。个人特长模块用来向用人单位传达自己能够胜任专业工作的信息。职业技能模块列举自己所学和所从事领域的专业证书及技能证明。

除了上面列举的内容，可能还包括奖项奖励、兴趣爱好、自我评价等信息。求职者可以针对职位需求、个人优势，甚至是简历的谋篇布局，灵活调整个人素养补充介绍的篇幅和重点。

3）真实

虽然需要在简历中突出自己的优势和特点，但是一定要保证所填写内容的真实性。许多求职者由于虚荣心或求职心切，会在简历中夸大或虚构自己的经历和成就，以期望获得更好的评价。但是，这种做法实际上是为自己埋下了一颗"定时炸弹"。如果填写的是不切实际的信息，会直接影响用人单位对于求职者的面试选择。有些人在求职过程中，填写了不实的背景介绍，入职后被用人单位证伪，最终被辞退，甚至还要承担法律责任。

2. 简历中的关系和优势

1）建立与岗位和组织的关系

为了让自己的简历更有针对性，求职者不应该"撒网捕鱼"，而是应该将自己的目标和优势转化为用人单位的需要，突出自己与所招聘岗位的匹配度和胜任度。同时，要避免将同一份简历海投给不同的岗位。海投简历一般缺乏针对性，无法体现与所招聘岗位的匹配度和关联度，也无法展现求职者的准备和诚意。为了提高自己的成功率，求职者应该针对每个岗位量身定制简历，突出自己的特点和优势，同时保证真实性，不夸大或虚构自己的经历和成就。只有这样，才能让自己的简历更加有吸引力，获得更多、更好的求职机会。

求职者应针对不同的求职目标有针对性地采取措施，正所谓量体裁衣，对症下药。从简历角度来说，求职者应该有针对性地在简历中突出自己的职业定位，这就是强调匹配关系思维；体现与组织的关系，可以利用地域优势，如应聘的单位在自己的家乡，简历中可以突出强调家乡，还能从侧面体现入职后的稳定性。如果过往的项目经历或实习经历中有能够与该组织涉猎的行业、产品等交叉的相关内容，则应在简历中体现出来，这是最容易建立关系的方式。

2）突出个人优势

推销自己是现代社会求职者必备的基本能力，推销自己的过程就是将自己的优势转化为招聘单位需求的过程。因此，求职者应带着用户思维去撰写简历。简历的重心在于逻辑，要让面试官沿着自己的逻辑发现其中的亮点。简历不等于求职材料，并不是获得的奖项越多越好，成绩越高越好。个人的优势体现在很多方面，不仅包括专业能力，还包括性格、品质、个人特质，甚至是自己意想不到的兴趣爱好。求职者在寻找工作之前要结合自身的优势来做出职业选择，并要学会概括自己的优势。如果专业学得好，就突出展示自己获得的学业成果；如果工作能力强，就客观真实地总结实习、实践活动的收获及成长，这样更具有真实性和说服力。

3. 自我介绍中的关系细节

自我介绍在求职过程中起着非常重要的作用。一方面，得体的自我介绍能够帮助求职者敲开用人单位的大门，它是求职者与用人单位建立沟通和关系的第一步，也是用人单位了解求职者的第一步。通过自我介绍，求职者可以向用人单位展示自己的工作经历、能力和优势，同时也可以传达自己对该岗位和用人单位的兴趣与热情。另一方面，自我介绍也是求职者展示自己表达能力和沟通能力的机会。流畅、自信的自我介绍可以给用人单位留下良好的印象，提高求职者的竞争力。

注意自我介绍不能千篇一律，要根据不同用人单位的不同性质做出改变。注意在自我介绍时要主动建立自身与用人单位的关系，了解用人单位的背景及历史等，用自我介绍拉近与面试官的距离。自我介绍要注意背景、思路、开头语、逻辑、案例、细节、习惯、方法等要点，具体如图3-1所示。

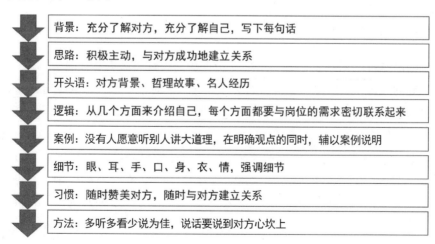

图3-1　自我介绍的要点

（二）面试中：面试过程的自我呈现

1. 学会讲故事，与组织建立关系

案例 3-5

盲人乞讨

一位失明的老人在街边乞讨，面前的纸板上写着："我是个盲人，请帮帮我。"

他很可怜，可是路过的人少有回应。后来路过一个女孩，她停下来把老人的纸板翻了过来，写了一行字，就离开了。后来，路过的人纷纷把硬币放到老人面前。过了几天，女孩再次经过，老人问她："你在我的纸板上写了什么？"

女孩回答："同样的话，我只是用了不同的语言。"

原来，她写的是"这真是美好的一天，而我却看不见"。

（资料来源：笔者根据《今日说法》栏目内容整理。）

笨拙的人讲道理，而聪明的人会说故事。

案例中，"我是个盲人，请帮帮我"是一个事实，而这个女孩将这个事实写成一个动人的故事。正如案例 3-1 中的毛遂，通过几句话便成功自荐。求职者要通过一场面试的时间推销自己，就要学会讲故事，以用户思维找工作。干巴巴地背诵准备好的内容十分空洞，一条条罗列获得的奖项和经历也并不能抓人眼球。在面试时要多结合案例，如项目经历等，用一个个生动的案例展现自身的优势和与职位的高匹配度，使自己的形象在面试官心中变得立体。

2. "礼多人不怪"，面试礼仪不可忽视

在短短的面试时间内，求职者的每个细微表现都会被面试官看在眼里，都可能成为面试成功或失败的关键点，所以要十分重视细节。面试的时候，个人形象、精神面貌、心态、措辞和回答问题的技巧都是很重要的。工作机会永远都是稀缺的，只有比身边的人更好才有可能得到工作机会。

陌生人对我们的第一印象来源于外貌、发型、体态及着装。求职者脸上要常常挂着微笑，气色要好，不要一脸枯槁，死气沉沉。设计一个适合自己的发型，头发一定要干净，不要头屑丛生、泛油光、有异味。体态完全可以由自己控制和修正，过胖或过瘦都会给自己带来不必要的困扰。因此，积极锻炼身体，有一个匀称的体态和健康的体魄是非常必要的。

面试的时候，如果面试单位没有特殊的着装要求，以穿得舒服、大方和协调为原则。

参加面试不要迟到，如果道路不熟悉应提早出发，早到了就在外面等候。外在表现、谈吐举止应尽量靠拢企业文化，不要太休闲或不修边幅。坐在大厅等待面试或面试期间不要畏畏缩缩、慌慌张张、吞吞吐吐，应神态自若，举止从容，淡定微笑。完整的面试其实从等待就已经开始了。

面试结束时，应礼貌得体地鞠躬或与面试官握手，将椅子摆放整齐、整理面试桌上的文稿，随后轻声关门离去。

3. 巧妙应对最后一问

即使在面试的结尾，求职者也应抓住时间和机会推销自己。多数面试的最后，面试官都会问"你还有什么问题"，很多求职者会回答没有了，但其实有更好的回答能够进一步与面试官建立关系、与用人单位建立关系。巧妙应对这一题，有以下几个作用：第一，加深面试官的印象，甚至会引导面试官再次翻阅简历，强化自己的优势；第二，通过这个问题，展现自己与岗位的匹配度；第三，通过这个问题表达自己对该用人单位和岗位的渴望。

这个问题需要根据对用人单位的分析和了解进行提问。一般来说，询问薪资待遇不合适，面试时通常会讨论薪资待遇；询问过于高深的问题也不合适，如单位未来的发展方向，可能让面试官觉得你好高骛远。

建议最后一问把握以下原则：首先，在提问时，要尽量切合实际，而不是提问单位的愿景这样空洞的问题；其次，要问有意义的问题，如"您希望我具备什么样的能力才能胜任这份工作"，而不是漫无边际的提问；再次，要问可回答的问题，提问时，也要考虑面试官，问题要在面试官所掌握的信息范围内，如"您认为我还有哪些需要提高的方面吗"；最后，要问相关的问题，问题要与岗位和用人单位相关，要聚焦，更要有关系。

（三）面试后：维持关系与心态管理

1. 面试后保持联系

面试后，与其被动地等待消息，不如巧妙地与 HR 保持联系。每个人的生活都很忙，HR 不止有面试这一项工作，难免出现纰漏，每年的招聘中不乏一些由于 HR 或对接人的失误，而使求职者失去了机会的案例。如果认为自己在面试中表现得不错，却迟迟没有收到正向反馈，可以主动联系询问。

在面试后与 HR 保持联系，首先，要注意控制好询问的节奏，既不令人厌烦，又不使自己看上去非常卑微，要表达自己对于这份工作的渴望和热爱。如果面试前明确说了考核反馈的时间，那么最好等过了这个时间再联系。其次，注意内容的敏感度，如最好不要直接询问面试情况和面试官反馈。最后，联系时注意礼节问题，任何人都不会 24 小时待命回复消息，也要注意语气和用词，要让对方觉得这位求职者得体大方。即使最终没有被录用，也可以继续与 HR 或面试官保持联系，说不定机会就在转角处。

2．以平常心面对面试结果

面试结束后要调整心态，以平常心面对面试结果。如果面试成功，不要松懈，一方面要再次客观审视职位与自身的匹配度，确信做出了正确抉择；另一方面则按照入职邀请函积极准备入职资料，如有问题及时联系用人单位相关部门，以便顺利办理入职手续。

如果面试失败，也不可气馁。总结面试中的过失，为下次面试打好基础。如果用人单位发出拒绝邮件，也要回复邮件表示感谢。失败后也可以与用人单位继续联系，争取成为用人单位的人才储备或请面试官推荐给其他适合的单位。切忌因面试失败到处散布该用人单位的不良言论，一旦其他单位发觉，会对应聘者产生严重的信任危机。

3．接受被拒绝

案例 3-6

屡次被拒

马云似乎从不回避谈论他的过往，他说自己曾经高中复读了三年，参加过 30 多次面试都以失败告终。当他参加警察招聘时，五个人中有四个人被录用，唯独他被拒绝，而且他甚至曾被肯德基拒绝过。他曾经向哈佛大学递交了 10 次入学申请，但都被拒绝了。

（资料来源：作者根据相关资料整理。）

求职不仅是与社会建立关系的过程，还是逐渐与自己建立关系的过程。并非每个人都能一帆风顺，我们要习惯被拒绝，事情发生后，接受自己被拒绝的事实，并学会被拒绝后的自处。即使生活再苦，也不要失去信念，因为美好的明天在等着我们。在任何情况下，都不要生气，这只会让自己受到惩罚。清清楚楚看昨天，扎扎实实抓今天，高高兴兴看明天。我们要向昨天寻找经验，向今天追求成果，向明天寻求动力。

六、思考题

1．请列举自己的 5 个优势，并将这些优势与用人单位的需求相对应。

2．根据自己求职的用人单位，有针对性地撰写一份求职简历。

3．根据自己的求职经历，分析过程中涉及的关系思维。

第四章　HR 与组织的招聘管理

 本 章 目 标

1. 带领读者了解招聘管理，识别招聘中员工关系管理的关键点。

2. 引导组织领导者基于面试理论与方法，设计科学的面试过程，做好员工关系管理。

3. 引导读者了解提升招聘管理前瞻性、应对特殊求职者、适应招聘管理数字化、展开招聘评估的有效策略。

本 章 要 点

1. 招聘管理作为组织人力资源管理的子系统，是 HR 与组织管理员工关系的起点。招聘管理包括对组织所需人才进行招募、甄选、录用、评估等一系列活动，需要遵循一系列原则。

2. BEI 面试法是招聘时常用的方法，通过将其合理运用于面试，能提高面试的科学化、标准化程度，帮助 HR 与组织处理好员工关系。

3. 招聘管理作为一项系统性工作，涉及组织未来人才储备、招聘管理数字化等关键问题，全方位设计招聘管理流程、管理好各种关系，有利于组织建立起助力企业发展的优秀人才梯队。

> "君子之所人不及，在君慧眼善识人。"——曾国藩（1811.11.26—1872.3.12）

一、引导案例

与阿里巴巴的"邂逅"

1998年，李开复受比尔·盖茨之托，带着一项使命飞抵北京，其任务是筹备微软亚洲研究院，主要研究方向是人机领域。刚下飞机，他就到处寻找计算机用户界面领域的顶尖人才，跑遍清华大学和北京大学都没有发现合适的人才。后来，北京大学计算机系图形学老师董士海给他指了条路，"有一个，在杭州"。此人就是王坚。

而李开复之后"挖脚"王坚，可谓三顾茅庐。他几次去浙江都没见到王坚，后来又发邮件沟通过许多次。一个素昧平生的人如此执着，令王坚既惊讶又感动，他回信给李开复说："我来北京看你。"

1999年1月10日，李开复终于见到了王坚，就这样，王坚被李开复挖走了。事实证明，李开复没有看错人。进入微软后，王坚就给他们带来了"数字墨水"技术，如今微软强大的绘画功能就是脱胎于"数字墨水"技术。2004年，王坚担任微软亚洲研究院常务副院长。在微软亚洲研究院，王坚深受比尔·盖茨的信任。他领导的小组是研究院里当面和比尔·盖茨讨论问题最多的小组。王坚曾经把微软亚洲研究院比作幼儿园，幼儿园里充满对未来的想象，却很难和现实接轨，他想在真实世界做更大的事情。

后来，王坚遇到了马云。2007年，王坚出席了阿里巴巴召开的"网侠大会"。在这次大会上，他和马云交流时，说出了改变自己、马云及阿里巴巴的一句话："如果阿里巴巴还不掌握技术，未来将不会有它的身影。"就是这句话，让马云对王坚产生了极度的渴望。当时的阿里巴巴正处于焦虑之中，马云知道技术的重要性，但由于条件不足，他们的大部分技术只能依赖雅虎。当王坚一针见血地提出困扰他们的最大难题时，马云觉得自己遇到了一个比自己还懂阿里巴巴的人，也是阿里巴巴最需要的人。

2008年，马云就将王坚挖了过来。王坚空降阿里巴巴成为高管，职位是阿里巴巴的首席架构师，首要任务就是为阿里巴巴输出技术。对王坚来说，阿里巴巴找到他像是命运的眷顾，他希望能做更多的事情，从研究院到一个更真实的商业场景中去。之后，便有了王坚在阿里巴巴成功研发云计算的传奇故事。

带着问题学习：

1．李开复是如何发现王坚的？

2．在招聘管理过程中，HR与组织如何与优秀人才建立良好的关系？

3．招聘管理中可能会遇到哪些难以应对的求职者？如何对他们进行有效的关系管理？

二、内涵特征

（一）招聘管理的定义

招聘管理作为组织人力资源管理的重要子系统，一般是指组织出于生存和发展的需要，基于人力资源规划、工作分析的数量与质量要求，运用一定方法搜寻具备任职资格和条件的求职者，并采取科学有效的选拔方法，筛选出组织所需人才并予以聘用的管理活动。

（二）招聘管理的流程

招聘管理包括对组织所需人才进行招募、甄选、录用、评估等一系列活动。具体而言，招募的主要工作包括招聘需求的分析与制定、招聘渠道的挑选、招聘信息的策划和发布、求职者的组织，其主要目的是在劳动力市场上扩大组织的影响力，提高组织的形象，尽可能多地吸引潜在员工，以及实现供需双方的充分交流。甄选是从众多求职者中选出组织所需的优秀人才的过程，通常是招聘管理中技术性最强、难度最大的阶段，包括资格审查、初筛、笔试、面试、体检、个人资料核实等环节。录用主要涉及新员工录用决策、录用通知发放、签订合同、培训上岗和跟踪调查等一系列环节。评估的主要内容包括招聘成本效益评估、录用人员评估等。

（三）招聘管理的基本原则

（1）关系优化原则。企业在发展过程中需要源源不断的新生力量，也需要持续优化员工结构、管理模式等。因此，有必要按照员工关系管理的思维进行招聘，以更好地为企业成长赋能。

（2）遵守国家法律的原则。企业应按照相关法律法规的要求，公开招收、全面考核、择优录用。企业应严格遵守《中华人民共和国劳动法》《中华人民共和国劳动合同法》《中华人民共和国社会保险法》《中华人民共和国就业促进法》等法律法规，坚持平等就业，反对任何形式的歧视并严格控制未成年人就业。

（3）战略性原则。企业应根据自身的战略目标，确定相应的人才需求，明确所需人才的专业能力等，指导招聘管理工作的开展。

（4）系统性原则。招聘管理工作需要全面系统地进行设计，从招聘布局、招聘宣传、招聘渠道等方面进行全链条和全周期的落实，确保整体的完整性和各个环节的连贯性。

（5）效率优先原则。企业应确保聘用符合企业要求的、能力素质高的员工，同时尽可能地降低招聘成本。

（6）能职匹配原则。企业在招聘工作中，应将求职者的专业、能力、特长、个性等与岗位需求进行比对，从而确保求职者与岗位的高匹配度。

（7）双向选择原则。企业可以根据自身要求自主选择所需员工，同时员工也可以根据自身条件自主选择企业。

三、现实问题

（一）招聘标准模糊不清

很多企业都有招聘标准模糊不清的问题，即对于招什么样的人、用什么样的人、留什么样的人没有一套统一的标准。事实上，HR 与组织应该意识到，招聘不是随心所欲的，也不是考察求职者是否满足 HR 个人的喜恶，而是考察求职者是否满足岗位的需要。招聘管理的考核点应基于岗位本身、基于对任职资格的精准锚定及对人才画像的精准解读，但在实际中，招聘标准的实施常常存在以下误区。

一是只看"冰山以上部分"，一叶障目。"冰山以上部分"是指那些外在表现、易于测量的基本知识及基本技能，而"冰山以下部分"则是指那些内在的社会角色、特质和动机等难以测量的因素。通常"冰山以上部分"可以使用硬性标准进行了解和测量，如学历、年龄、形象、工作经验、工作年限、专业技能等，但如果此类条件太多，容易导致招聘合适人才的难度增加。因此，招聘时过度关注"冰山以上部分"，会阻碍对真正优秀人才的发掘。

二是标准多而全，脱离实际。一些企业在针对核心岗位进行招聘时，希望新员工既能"带兵打仗"，又能"吟诗作赋"。但是，寻找"完美人才"以满足企业的需要是脱离实际的，并且这样往往会让本身符合大多数标准的求职者望而却步，导致企业失去很多潜在人选。

三是标准不统一，随意性强。有些 HR 在发布招聘岗位前，没有根据企业的实际情况和用人需求进行分析描述，缺乏与业务部门及相关人员的探讨，也缺乏精准统一的招聘标准。有些 HR 甚至直接复制其他企业同岗位的招聘内容，导致招聘效率低下。在面试环节，由于 HR 缺乏统一的标准，容易被个人情绪、感受、经验等影响，判断过于主观、片面。上述做法很难为企业招聘到所需的人才，导致大材小用、小材大用的现象出现，从而极大地阻碍企业的长期发展，并为企业的员工关系管理埋下不良的种子。

（二）招聘管理缺乏前瞻性

随着企业的快速发展及业务的迭代升级，企业对招聘管理的要求逐步提升。然而，很多企业认为人才库建设烦琐、缺乏全方位的、动态的中长期人力资源规划，只凭一时之需招聘员工。由于招聘过程需要时间，当招聘缺乏前瞻性、人才招聘速度与人才流失速度不匹配、缺乏系统化的人才储备和调配时，就会出现一岗多人或无人可用的情况，由此对企业的组织建设和人才储备造成负面影响，阻碍企业的整体发展。此外，有些 HR 在招聘前缺乏对现有人力资源的综合分析与评估，也未能结合企业的发展战略提出科学的人才配置方案，便盲目进行招聘，这种缺乏预见性的招聘难免会导致资源错置或浪费，不利于提升企业的核心竞争力。

当今时代，倘若企业不主动关注组织战略变化及对人才引入的新需求，就无法全面掌握未来所需人才的数量、类型、结构层次等关键信息，也无法针对企业的特定发展需求和阶段来进行人才库建设，最终导致招聘管理缺乏前瞻性，阻碍企业持续向好发展。

（三）"关系户"招聘管理难题

企业在招聘过程中，难免会遇到"关系户"，特别是那些经营效益良好、名声远扬的企业更容易成为各方"关系户"的目标。而一旦"关系户"出现在企业招聘中，就会增加招聘管理的复杂性和不确定性。

由于"关系户"身份的特殊性，企业在管理他们时，会面临各种矛盾和困扰，如何清醒地认识"关系户"及如何在招聘环节管理好"关系户"，已经成为企业不得不面对的难题。企业需要通过招聘管理环节公开化、借助第三方参与、缩短决策时间等管理创新，让"关系户"不至于过于干扰企业优秀人才的招聘。

（四）"面霸"招聘管理难题

"面霸"是对因为找工作而经常参加面试的人的一种称呼。因为他们通过四处查询专门的面试技巧，找专业机构修改简历，又在面试环节"久经沙场"积累面试经验，所以他们在面试过程中，形成了相当强的反侦查能力，回答问题也十分流畅自如，往往表现非常出色。

实际中，对于简历几近完美、面试有问必答的"面霸"，即便是经验非常丰富的 HR，在单纯面试的情况下可能也无法分辨他们是否"说谎"。由于"面霸"往往表面上优秀，但实际上无法胜任工作，最终可能会导致双输的结局——企业浪费人力、物力，"面霸"自身也无法在工作中得到提升。

（五）招聘管理数字化挑战

科技的进步对企业和员工产生了巨大影响，尤其是随着数字化时代的到来，数字化技术渗透到企业人力资源管理的各个环节中。我国数字化招聘管理市场蓬勃发展，各种招聘方式更加便捷和多样化，这也使招聘管理面临着极大的挑战。数字化招聘管理具有天然的优势，它能让企业的招聘信息发布得更快速、成本更低，让人力资源部门可以在短时间内处理大量简历、通过标准化的筛选方式为企业更加精准地定位所需人才、利用各种在线专业测试技术实现更精准的人才测评。然而，数字化招聘管理也带来了一定的风险，可能导致以下问题。

一是招聘测评区分度不够高。数字化时代，信息朝着公开化和透明化方向发展，测评区分度不够高已经成为招聘企业面对的问题之一。在短时间内面对不同背景的求职者，企业需要有效地测评求职者与企业的匹配度，因此在测评内容和方式方面提出了更高要求。然而，求职者可以通过数字化技术轻松获取往年试题等信息，从而在一定程度上降低了招聘测评的可比性，进而影响招聘效果。

二是招聘渠道开拓有限。一方面，企业在预算有限的情况下，通常会倾向于投入核心需求，这就导致企业对于招聘的长线投资有所缺乏。另一方面，因为 HR 的招聘工作量很大，精力有限，他们通常专注于快速找到目标人选以完成招聘 KPI，而忽略了数字化招聘渠道的开拓。

三是 HR 的数据应用能力不足。将大数据应用于企业的数字化招聘环节能带来显著优势，然而并不是所有 HR 都有足够的能力应用这些数据。一方面是因为 HR 对于大数据的价值和优势缺乏全面且深刻的认识，也对大数据给出的数据指标存在顾虑，仍然依赖于以往的个人经验；另一方面是因为即使 HR 已经意识到大数据的潜在效用，但他们的数据操作能力还没有跟上，从而导致招聘成效停滞不前、无法产生实质性的改变。

（六）缺乏招聘评估

针对招聘工作进行综合评估是提高招聘效率的必要手段。然而，HR 与组织在实际中容易忽视这一针对招聘的"体检"过程。有些企业尚未充分认识到招聘评估的重要性，有些企业虽然认可招聘评估的重要意义，但对招聘评估的理解过于狭隘，只关注招聘人数、招聘成本等表面指标，而忽视了长期性问题。缺乏招聘评估容易让人忽视招聘工作中的不足、阻碍招聘工作的改进。

事实上，招聘评估是招聘中必不可少的一个重要环节。科学的招聘评估有利于企业节省开支、检验招聘工作的有效性及提高未来招聘工作的质量，也为积极的员工关系管理奠定了良好的基础。

四、理论与方法

常见的招聘理论与方法包括 BEI 面试法、STAR 法则、无领导小组讨论、压力面试法等。这里简单介绍实际中广泛运用的 BEI 面试法与 STAR 法则。

（一）BEI 面试法

BEI 面试法，即行为事件访谈法（Behavioral Event Interview，BEI），是由麦克利兰结合关键事件法和主题统觉测验提出的。该方法对于人才的招聘选拔有着非常重要的指导作用。

BEI 面试法是指面试官针对岗位胜任力标准及求职者的知识、经验、工作经历等，要求求职者提供一些能反映能力的真实事例并加以描述的面试方式。BEI 面试法有两个关键点：一是面试的问题要结合岗位胜任力；二是求职者要以举例子的方式来讲述真实事例，通过事例中其为解决问题而采取的措施、展示出的行为来展现其能力水平。BEI 面试法有一个基本的前提假设，即过去预测未来。

使用 BEI 面试法有独特的优势。第一，使用真实事例作为例子，求职者能够生动地介绍自己，从而使面试官进行全面评估。在讲述经历的过程中，求职者会讲述事例的背景和目标、遇到的难题、解决方法及最终结果等具体信息，这些信息能有效帮助面试官做出判断，也有助于降低录用"面霸"的可能性。第二，求职者过去的行为可以在一定程度上让面试官预测其未来的表现。通常情况下，除非求职者发生了巨大变化，其能力水平通常是比较稳定的。第三，在 BEI 面试中，追问求职者经历可以有效防止他们隐瞒真相。

BEI 面试法通常包含以下几个步骤：访谈开始阶段要求求职者做自我介绍；了解求职者的工作、学习经历；深入挖掘求职者的行为事件，一般采用 STAR 法则以深层次挖掘具体行为细节；求证求职者的特质；结束语。上述访谈的重点在于过去情境中真实采取的措施和行动，而不是假设性的答复，或者哲理性、抽象性、信仰性的行为。

在面试时，HR 应该避免理论性、假设性和诱导性三类问题，这些问题不利于挖掘求职者的真实能力。具体而言，面对理论性问题，求职者可以从各种资料中找到答案，即使求职者回答正确也并不代表他们在现实工作中能够执行。而假设性问题提供了一种场景，即使求职者回答出符合 HR 期望的答案，也不代表求职者真正的工作能力。诱导性问题则暗示了求职者正确答案，从而使求职者从 HR 希望的角度回答问题。

（二）STAR 法则

面试过程中，为了全面了解求职者知识、经验、技能的掌握程度及工作风格、性格特点等方面的情况，HR 可以采用 STAR 法则。通过 STAR 法则，HR 对求职者能够做出全面客观的评价，避免仅凭简历得出不完整的信息。该法则分为 S（Situation，情境）、T（Task，任务）、A（Action，行动）和 R（Result，结果）四部分，具体内容如下。

S（情境）："该情境是怎样的？是哪些因素导致了该情境的出现？参与该情境的有哪些人？"这些问题有助于 HR 深度挖掘求职者取得出色业绩的前提条件，并了解这些业绩有多少取决于该求职者个人，有多少取决于市场状况和行业特点等。

T（任务）："你所面对的首要任务是什么？目标是什么？"这些问题有助于 HR 了解求职者的工作经历和工作经验。

A（行动）："请问在那时的情境中，你的想法、感受和计划的行动是什么？"这些问题能够加深 HR 对求职者工作方式、思维方式和行为方式的认知和解读。

R（结果）："最后的结果是什么？过程中又发生了什么？""结果是好还是不好？好是因为什么，不好又是因为什么？"这些问题能够帮助 HR 知悉求职者的工作结果和产生此种结果的原因。

STAR 法则通常被认为是 BEI 面试法中最出色的武器、最有效的提问技巧。这种技巧虽然有些复杂，但可以通过落实以下关键点实现：从正向事件入手，严格按照时间顺序展开探究；探讨有关时间、地点和心情的因素，有助于求职者回忆起事件的情节；强调求职者提供有用的素材并持续加强这种意识，帮助求职者更好地描述事件；在面试过程中了解求职者可能引发的情绪反应；一次只描述一种情况，深入探究求职者的问题解决模式及策略制定过程。

采用 STAR 法则提问，有助于 HR 通过一系列问题逐步引导求职者深入解答，挖掘求职者的隐藏信息，揭示求职者的内在素质和能力，一方面可以帮助企业找到合适的人才，另一方面也能帮助求职者展示个人优势，从而达到互惠互利的局面。

五、实务操作

（一）面试过程标准化

HR 与组织想要基于面试识人、招人，需要遵循标准化原则。在标准化的面试过程中，HR 与组织需要重点关注三个问题：求职者的亮点是什么？求职者是否与岗位相匹配？求职者能否到岗工作？同时，应当遵循"三三三"原则，即保证至少有三位求职者（岗位需求人数大于一人时，应按照岗位需求人数的一定比例安排面试人数）、至少三个面试环节及至少三位专家。

除了上述三个问题和"三三三"原则，面试准备阶段、面试实施阶段、面试记录与评估阶段都需要始终遵循标准化原则，具体实施要点如下。

1. 面试准备阶段

1）筛选简历

筛选简历包括以下几步：第一步，优先考虑硬性指标，如对学历的要求、对工作年限的要求等，只有满足硬性指标的要求才能进入后续筛选；第二步，警惕含糊信息，如教育经历含糊、时间含糊等；第三步，分析逻辑性，警惕前后矛盾、时间不连贯、自我评价与事实不符等；第四步，关注匹配度，分析简历信息项与岗位人才模型的匹配度，如工作背景的匹配度、稳定性的匹配度等；第五步，与求职者交流，进行二次简历核实。

2）确定招聘标准

确定招聘标准时，既要关注人才个体是否优秀，又要关注企业整体人才结构和梯队建设。具体操作时，可以遵循以下步骤：第一步，可以采用观察法、BEI 面试法、头脑风暴法等对录用标准进行探讨；第二步，可以借助标杆访谈法、工作分析法等，从德、才、岗三个维度构建岗位胜任力模型，衡量对员工价值观、基本素质、岗位技能及经验等方面的要求；第三步，挖掘管理部门对于招聘岗位的短期、中期、长期期望，对求职者的潜在能力进行挖掘和判断；第四步，由 HR 与面试官共同搜集能力素质要求，在选才标准和评估手段方面达成共识。

梳理招聘需求时，HR 可以采用以下方法来打通与业务部门、组织战略之间的关系：第一步，HR 确定内部是否有同职位人才可以调动，尤其是主管级及以上职位的人才；第二步，HR 向业务部门负责人请教，掌握业务部门的业务目标、业务产品知识、行业趋势、业务增长情况等；第三步，HR 明确需求岗位的职责、KPI 指标、未来升职发展通道、汇报对象、下属人员和奖金等要素；第四步，HR 询问面试官相关目标公司或相关行业，了解该岗位在其他公司一般属于什么部门、是什么职位名称，特别要重视高难度职位的对标；第五步，HR 需要明确什么人最适合该岗位，主要考虑行业背景、知识技能要求、最低工作经验要求、能力素质、个性特质、特殊要求等。通过全面了解业务和明确招聘需求，HR 后续需要画出人才招聘画像，撰写出岗位任职说明书。

3）设置面试内容

面试前，HR 应从业务部门获取招聘需求，并针对岗位设置相应的招聘要求。通过使用专业技能及胜任素质分析，分析出该岗位最核心的三至五个专业技能需求及三至五个胜任素质需求。

针对不同的工作岗位，HR 需要拟定相关面试问题，工作表现法、实地观察法、面谈法、关键事件法、问卷调查法等都是能帮助 HR 准确定位和分析工作岗位的有效方法。

4）选择面试官

面试环节至少需要 HR、业务部门和中高层管理者开展三轮面试。其中，HR 注重能力、个性和价值观方面的第一步筛选，主要负责考察求职者对企业的认同、从上一家公司离职的原因、性格等。业务部门需要指定有相关岗位面试经验的人或从事过相关岗位工作的人参与面试，他们会从专业性的角度对求职者进行考量，负责探索求职者的工作经验、业务能力等。中高层管理者则可以基于客观视角，规避相关人员的刻板印象和惯性思维，确保大家一把尺子量人，避免招聘偏见、招聘不公正问题。

5）设置面试阶段

实际中，标准化的面试流程至少包括初面、二面、三面三个阶段。阶段不同，面试重点也有所不同，具体如下。

初面阶段的主面试官为 HR，主要负责考察如下内容：求职者的能力与岗位所需能力是否匹配，包括表达沟通能力、组织协调能力、逻辑思维能力、问题解决能力等；求职者的人格类型、职业兴趣、职业风险是否与岗位匹配；求职者的价值观是否与企业的价值观匹配等。

二面阶段通常为专业面试，一般由业务部门负责人担任主面试官，由业务部门成员担任副面试官。主面试官重点关注求职者的专业背景和能力，包括掌握专业知识技能的深度和广度、过去的项目经验或从业经验所展现出的迁移能力、思维逻辑和思维方式等。副面试官一般只问一两个问题或不问问题，只负责观察求职者是否能融入团队、给团队成员带来正能量和价值、是否能与团队成员合作并激发团队成员的热情等。

三面阶段，又称素质面或潜力面，通常由中高层管理者担任主面试官。主面试官通常会与求职者探讨未来的发展，以了解求职者对行业的了解程度，以及是否具备与企业共同进退的能力与意愿。主面试官还会观察求职者的格局，以了解其判断力和对事物的看法，并从宏观和发展的角度评估其与企业的契合度。在双方深入探讨的过程中，主面试官还会验证求职者的求职动机和职业稳定性，为录用决策提供支持。

经过简历层层筛选、面试重重考验，便完成了招聘筛选，录用到合适的人选。通常而言，招聘筛选金字塔如图 4-1 所示。

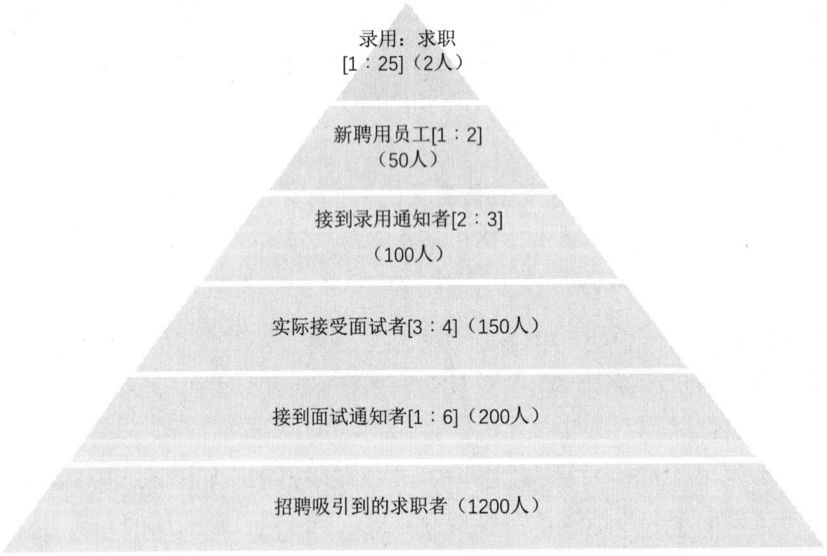

录用：求职
[1∶25]（2人）

新聘用员工[1∶2]
（50人）

接到录用通知者[2∶3]
（100人）

实际接受面试者[3∶4]（150人）

接到面试通知者[1∶6]（200人）

招聘吸引到的求职者（1200人）

图 4-1　招聘筛选金字塔

2．面试实施阶段

在面试时，面试官首先可以从求职者能够预料的问题开始发问，如工作背景、学历等，这样可以缓解求职者的紧张情绪，初步建立起与求职者的融洽关系，创造轻松、友好的氛围。实际中常用的面试方法各有特点，面试官可以根据岗位特点及面试需要进行甄别和选择。常用面试方法包括以下几种。

1）结构化面试

该方法主要根据工作内容来设计面试问题，以确保所有求职者面试题目相同，并采用统一和规范化的测评要点、评分标准，面试问题主要包含业务部门提前制定的试题和 HR 的常规问题。同时，场地的布局、时间的选择也需要统一安排。结构化面试的优点在于所提问题仅与工作内容和岗位胜任力要求有关，成本较低、有效性较高，更易于被 HR 接受。其缺点在于面试官对评分标准和求职者回答的理解不统一，以及过程过于程式化、缺乏灵活性。结构化面试问题举例：可以请你简单介绍一下自己吗？你能详细描述一下自己的工作经验吗？导致你从上一家公司离职的原因是什么？

2）BEI 面试法

BEI 面试常采用一对一的形式，也可采用多对一的形式（即多名面试官面试一名求职者）。面试过程中要求场地安静、不受干扰，可以是专门的场所，也可以是办公室或小型会议室。BEI 面试法被看作传统面试的升级，在很大程度上消除了面试官提问的随意性。面试的问题不会一成不变，会随着简历中的模糊点、疑问点、待深入了解的地方变化，面试官也会根据情况进行临时分析和追问。BEI 面试法问题举例：在你的简历中发现了两个月的空档期，请问原因是什么？你刚才提到毕业于某学校，可以介绍一下这所学校吗？你提到销售岗位充满无限可能，为什么？

本章"四、理论与方法"中的 STAR 法则是一项非常实用且被广泛采用的 BEI 面试技巧。在真实面试场景中，一个完整的事例通常要花费 5~10 分钟进行还原。面试官需要引导求职者按照 STAR 法则将整个事例讲述完整。此外，追问也是重要环节，面试官通过追问能获取更丰富的信息、了解求职者的实际能力水平，也能摘下求职者伪装的"面具"，进而做出更准确的判断。

3）情境面试

在情境面试中，面试题目主要是基于一个特定的情境来考察求职者的反应能力。情境面试具体方法举例：公文处理、与人谈话、角色扮演、即席发言、系统仿真和辩论等。

4）无领导小组讨论

无领导小组讨论是常用的集体面试方法，参与者通常不超过 10 人。面试官会提出一个问题并让求职者进行讨论，持续时间通常为 1 小时左右。此举旨在考察求职者的组织、协调、表达、说服、人际关系处理和非语言交流等多方面的能力和素质，以此综合评价求职者的优缺点。无领导小组讨论过程中的具体观察点举例：在讨论中是否容易激动；在讨论中是否主动参与讨论或听从他人安排；在讨论中是否具备组织能力等。

5）压力面试法

压力面试法是将求职者置于一种人为的紧张氛围中，通常是先提出一些不太友善的问题，以此来评估求职者的应变能力、思考判断能力及气质、性格等方面的素质。这些问题往往会让求职者感到委屈和激愤，从而让他们更真实地展示自己的个性与能力。压力面试法问题举例：你自我感觉不错，如果没有被录取，你会怎么想？你工作 5 年却毫无建树，我们怎么能相信您是优秀的人才？

3．面试记录与评估阶段

记录是面试的重要辅助手段，可以避免由 HR 淡忘求职者而导致的招聘风险。具体操作时，HR 需要注意以下几点：只记录客观事实，着重记录与工作有关的具体行为；不要当场匆忙做判断；记录速度快，只记关键词即可，无须追求完美；不要一直埋头书写，注意与求职者的目光交流；在下一个求职者进入面试间之前完成上一份笔记的整理，避免造成信息混淆。

在面试评估阶段，HR 需要整理笔记、总结求职者在每个维度的优劣势，基于面试情况对求职者的素质和能力做出判断，根据评估表打分并写出评估意见，如果是小组评估还需综合小组意见，进入下一步工作或确定最终录用人选。在面试评估过程中，HR 应坚持如下几个原则。

一是重要性原则。求职者提供的事例可能重要性不同，因此 HR 需要选择最重要的事例来评估求职者。例如，求职者可能提供一个非常好的事例来展示其分析思维能力，但这个事例是基于一个不太重要的情境。如果求职者提供另一个事例，而这个事例是基于一个关键时刻，但其分析思维能力表现不佳，那么 HR 应以第二个更重要的事例为基础来评估求职者。

二是新近性原则。相较于求职者以往的行为，求职者最近的行为能更好地说明其将来的行为。例如，求职者提供了几个十年前的消极行为的事例，又提供了最近的积极行为的事例，这时 HR 应以最近的事例来评估求职者。

三是相关性原则。通常而言，与招聘岗位相关的事例更能说明求职者将来的工作能力。例如，一位应聘销售职位的求职者详细描述了在一次社会活动中表现的创造性，但又提供了以前销售工作创造性很差的事例，这时 HR 应更多考虑以前那个与销售相关的事例，因为它更能说明求职者在销售工作中的表现。

四是一致性原则。求职者所给出的事例是否前后一致能更好地说明事例的真实性。

（二）组织未来人才储备

案例 4-1 中，李开复为何在顶尖高校都没有寻到"千里马"，却能找到国内研究人机界面最优秀的一个人？因为李开复事前与北京大学计算机系在可视化领域深耕多年、熟谙学界的老师董士海建立起关系，所以才知晓人才的音讯。而微软作为一家跨国公司，又如何知道国外高效招人的渠道？因为微软注重关系，善于与国内外相关学校、重点学科及重点实验室建立关系，同时利用专业人才在相关领域的强大关系网络，进一步发掘人才供给与人才分布情况。在招聘管理中，主动建立和打通各种关系有助于组织建设人才库，相当于在企业内部实现了人才共享，最终达到事半功倍的效果。

要建设一个完善的人才库，需要兼顾员工流动规律和企业未来发展趋势，同时注重培养人才的视野、责任与精神，培养人才的大我意识，促使人才思考组织与国家发展、社会需求的关系，找到自己的工作意义和价值，提高个人追求与组织追求的内在一致性，从而促进人才与组织共同发展。

在建设人才库时，既需要明晰需求、量化人才选拔，又需要提前布局，丰富人才获取方式，具体操作如下。

一是预测人才需求。根据企业发展战略规划、企业组织架构与职责、企业下属部门各职位员工的工作量、企业生产产品或提供服务的变化情况等多方面因素，预测企业未来一段时间内需要多少人才及需要哪些类型的人才。如果有积累数据，并且业务发展趋势比较稳定，则可以采用比率分析法、趋势预测法或回归分析法进行定量预测。如果历史数据缺乏或内外部经营环境发生较大变化，则可以使用经验判断法或专家预测法来预测未来的人才需求。

二是编制岗位说明书。各部门应根据实际情况，统一编制岗位说明书。岗位说明书应包括岗位名称、所属部门、岗位薪金和职位等级等信息，并对各岗位的职责、工作任务和绩效要求进行具体描述，同时明确各岗位的工作权限，展现出清晰的岗位人才画像。

三是明确岗位入职要求。结合岗位说明书，针对某一岗位的工作任务，考虑胜任该岗位所需要具备的条件，包括但不限于受教育程度、专业证书、项目经历、性格特点和心理素质等方面。这些条件能够明确相关岗位所需人才在知识技能、工作经验、人格特征等方面的要求。

四是建立人才基地。签订战略合作协议是高校和企业实现互利共赢的重要措施。同时，企业还可以通过设立专项奖学金、与高校共建实验室、为学生提供项目实习基地等方式，来提高企业的知名度、加强学生对企业的了解，并有机会选拔优秀学生。对于大量和长期的人员需求，企业可以与高校协商制定订单式方案，提前锁定、定向培养、批量供给人力资源，满足企业的可持续发展需要。

五是建立员工推荐奖励机制。员工推荐是企业获取优质人才的一种成本低、用时短、效率高的方式。企业应该建立员工推荐奖励机制，以调动员工的人脉资源，提高人才获取能力。

（三）"关系户"招聘管理

当招聘出现"关系户"时，HR 应该怎么办？做好以下几点将有助于 HR 解决问题。

第一，树立规则思维。首先，企业应明确制定规章制度、规定哪些人员不予录用后，HR 便可以依照规章制度推进招聘工作。其次，HR 在招聘前应当编制完备的岗位说明书，并按其标准选拔人才，保证不符合条件的"关系户"无法达到基本门槛。

第二，秉持证据思维。根据规章制度、岗位说明书等，HR 需要编制一套完整的招聘程序文件，并确保新员工在入职前签署确认。上述步骤的重要性不可忽视，因为在后续与"关系户"有关的纠纷中，相应的资料将成为有力证明。

第三，增加客观环节。HR 可以考虑改变现有的招聘选拔方式，不再采用片面的面试方式，而是增加笔试等环节进行层层选拔。对于无法通过前期环节的人，取消面试资格。这样的做法可以确保面试者具备一定的实力，并满足岗位要求，从而缓解"关系户"问题，为企业优中选优。

第四，主动有效沟通。HR 可以为"关系户"提供其他求职信息，帮助"关系户"找到与之匹配的企业。

总之，只有做好了"关系户"招聘管理，企业才能真正招到可用、可来、可留、可爱、可靠的员工。

（四）"面霸"招聘管理

作为 HR，该如何识别"面霸"呢？

1. 审视自身认知的缺陷

1）避免首因效应

首因，也就是第一印象。作为 HR，要避免第一印象造成的心理倾向。"面霸"往往经过了机构或教程的培训，将简历打磨了几十遍，并进行了大量的面试模拟，因此在面试时能给 HR 留下良好的第一印象。此时，HR 就要警惕首因效应对招聘判断的干扰。

2）避免光环效应

光环效应是指对一个人的某个点产生深刻印象后，这个点会像光环一样被放大。作为 HR，需要避免"以简历取人"及"脑补优势"。例如，看到求职者之前在世界五百强公司工作，就觉得他有极高的英语技能水平、国际化视野和卓越的职业素养等。

3）避免近因效应

最近或最后的印象往往是最强烈的，这是人性的特点。此时，HR 必须保持自己的逻辑与观点，不能被带偏。例如，"面霸"基于充分的训练，可能在面试结束时阐述早已背诵好的行业趋势等观点或赞美企业，从而提升 HR 的好感，此时 HR 就要避免自己落入近因效应的陷阱。

2. 把握好识别"面霸"三阶段

1）第一阶段：人才测评阶段

"面霸"的简历通常很漂亮，很容易通过简历筛选关。在人才测评阶段，STAR 法则将是关键一招。例如，HR 提问"请讲出一件你通过学习尽快胜任新工作的事件"。随后 HR 可以追问："这件事发生在什么时候（S）？你当时从事的工作是什么（T）？接到任务后你是怎么做的（A）？你用了多长时间获得完成该任务所必需的知识（A）？你在这个过程中遇见困难了吗（A）？最后完成任务的情况如何（R）？"HR 通过这些问题可以挖掘出求职者的潜在信息，做出正确的决策。

2）第二阶段：做出录用决定之后、通知入职之前

背景调查是简历打假的有效手段。针对求职者的背景调查，可以先利用 6W1H 方法弄清楚以下几个问题：为什么要调查（Why）？什么时候去调查（When）？由谁来调查（Who）？联系哪些人来求证求职者的信息真实性（Whom）？在哪儿调查（Where）？调查哪些内容（What）？用什么方法调查（How）？在弄清楚这些问题后，再设计出一个背景调查表，开始进行背景调查工作。

3）第三阶段：试用期期间

倘若"面霸"成功通过了测评并且通过了背景调查，则可以进入试用期，而实际的工作情况可能与对"面霸"的预期不一致。因此，可以通过建立新员工考核和培训体系，有效评估新员工的工作能力，从而识别"面霸"。此外，HR 还可以收集领导、下属和同事对新员工的评价，观察新员工的工作行为是否符合岗位要求，思考新员工是否存在个人能力不足的问题。如果发现新员工不能胜任工作，HR 应尽早进行调整或辞退，以免给企业造成更大的潜在危害。

（五）招聘管理数字化

1. 招聘管理模式

数字化时代使企业招聘管理迎来了革命性的变化。数字化时代的招聘管理主要围绕综合招聘、移动招聘、社交招聘、垂直招聘等一系列模式展开。

综合招聘模式是指采用综合性招聘网站记录企业的招聘信息和求职者的个人信息。这一模式类似于在线版的报纸招聘广告栏，是半自动化产品，需要结合人工进行。常见的综合性招聘网站包括前程无忧、智联招聘等。

移动招聘模式是一种集移动通信和互联网于一体的全新招聘模式，体现了很好的创新性。众多招聘网站和社交招聘平台都已经面向移动互联网开发了相应的手机客户端，实现了企业与用户需求的互通和匹配。

社交招聘模式是指在社交媒体平台上进行的招聘行为。在这种招聘模式下，招聘方和求职者可以展开多样化的互动，从而使双方之间的联系更加紧密。这种招聘模式可以更好地实现双方需求和要求的协调。

垂直招聘模式是指利用网络爬虫到其他招聘网站去搜集职位。其最初的商业模式是竞价排名、网络广告，之后演变成可以吸纳简历、发布招聘信息的模式。这种模式不需要自

身建立数据库，最大的特点是依托各大招聘网站的海量数据，因而其核心是搜索，而不是招聘。

2. 招聘管理流程

企业招聘管理的目标是吸引与岗位匹配的人才，并将他们留在企业中。为了实现这一目标，在数字化时代的招聘管理中，需要充分实施数字化招募、数字化甄选和数字化评估。

1）数字化招募

在数字化时代，企业招聘管理的首要目标是吸引和留住有价值的员工。企业应利用信息技术，将新兴科技逐渐应用于招聘，既要有单向的形式（如网络招聘和招聘网站），又要有互动的形式（如虚拟招聘市场），其中以网络招聘为主要形式。

2）数字化甄选

企业招聘管理的第二个目标是在所有求职者中挑选出最合适的人，并确保他们能够代表劳动力市场中求职者的多样性。近年来，数字化技术在人才选拔过程中的应用日益重要，各种工具被用来衡量求职者的知识、技能和人岗匹配度，包括网络工作分析、网络工作申请、网络测试、性格测试、网络面试等。

3）数字化评估

在数字化时代，企业应依托数字化技术，使招聘评估过程全盘数字化。通常而言，评估的有效性与时间和成本挂钩，而数字化评估系统是一个可以用于绩效评价的在线测试平台。它可以是一个只有管理者有使用权限的管理支撑系统，也可以是管理者和员工可以共同使用的系统，这样员工也能够在评估过程中给予反馈。

3. 招聘管理技巧

首先，数字化时代的招聘管理可以将大数据作为提升企业招聘水平的基础。HR 工作时，应当转变传统的招聘思维，充分认识到大数据的招聘优势，以此作为顶层设计的切入点。此外，企业需要在宏观层面上做好人力资源系统规划，建立人才库，并收集在岗员工的基本工作信息及不同岗位的变动情况，以便及时掌握人员和岗位空缺情况。同时，HR 需要提升数据处理水平，采用先进的数据算法，提高数据处理能力，从海量的数据中挖掘出有价值的信息。

其次，数字化时代的招聘管理要以岗位胜任力为导向建立数字化招聘体系。岗位胜任力是评定员工是否具备岗位能力的基本标准，同时也是个人独特特征和优势能力的体现。建立以岗位胜任力为导向的数字化招聘体系时，需要对招聘岗位所需的胜任力要素进行基本分析。企业可依靠大数据建立专业的岗位胜任力分析团队，通过分析各岗位所需的潜在胜任力，精确匹配求职者。

再次，数字化时代的招聘管理可以利用数字化平台优势强化决策分析能力。一方面，建立员工素质与岗位职能模型，挑选出中高层的优秀人才。通过输入预选人才信息并与相应岗位绩效和素质特点做对比，评估出人才素质和岗位绩效间的关联性。然后建立岗位相对应的特征模型，确认人才素质对岗位和企业发展所能产生的效益。将预选之外的外部人才简历信息进行比较，最终选出最合适的人才。另一方面，选择关键信息为挑选人才提供科学的数据参考。选择受教育程度、工作年限等因素为影响岗位绩效的要素，提炼出最终规则，即影响岗位绩效的关键信息，以此帮助 HR 在人才招聘的过程中快速而准确地辨别匹配的人才，优化招聘流程。

最后，利用数字化技术实现人才共享。借助数字化技术，HR 可将各类员工的流动情况与企业战略发展规划紧密结合，通过客观科学的数据分析，计算出不断升级的岗位所需的专业人才，并基于此为企业提供更多优秀的人才储备。此外，必须强化对人才库的信息更新和动态管理，根据优胜劣汰的自然法则来筛选人才，并建立激励机制，为企业的持续发展注入新动力，实现人才共享。

（六）招聘评估

招聘工作结束后，HR 应该对招聘做一次全面深入、合理科学的评估。招聘评估能让 HR 明确是否达成了招聘目的、招聘渠道是否合适且高效、人才测评方式是否可靠、招聘周期安排是否合理、录用的新员工实际工作表现如何等。明确上述问题将有助于改进招聘流程和方法，不断提高招聘效率，提高新员工的融入程度与留存意愿。

招聘评估通常包括以下三方面的内容。一是招聘成本效用评估，是指对招聘费用进行调查、核实，并对照预算进行评估的过程，主要通过招聘总成本效用、人员选拔成本效用、人员录用成本效用、招聘收益成本比等进行分析。二是录用人员评估，是指根据招聘计划对录用人员的质量和数量进行评估的过程，主要通过计算录用比、招聘完成比、应聘比等进行分析。三是招聘工作评估，是指对招聘工作实施效果进行评估的过程，主要通过平均职位空缺时间、招聘合格率、新员工对招聘人员的工作满意度、新员工对企业的满意度等来进行分析。

招聘评估的流程主要包括以下阶段。首先是评估准备，包含收集各类招聘过程记录（简历、笔试答题卷、面试记录等）、选择评估人员（财务部门代表、业务部门代表、受过评估技巧训练的专家等）、设计评估方法及评估表单、成立专门的评估小组（针对大型招聘项目）等。其次是评估实施，一般采用以下两种模式：一是评审会模式，即成立专门的评估小组，按既定的规则对各类评估事项进行评估，一般适用于大型招聘；二是调研法，即对业务部门招聘计划的实际完成情况进行口头或书面调查，了解业务部门的评价和意见。最后是撰写评估报告，包括招聘项目简介、招聘目标及预算、招聘效果评估方法、各类数据统计分析结果、招聘成本分析、招聘效果分析、存在的问题及改进建议等。

六、思考题

1．招聘管理作为建立员工关系的起点，其流程和基本原则分别包括哪些内容？

2．BEI 面试法和 STAR 法则的主要内容是什么？

3．组织应如何运用员工关系管理思维，做好人才储备？

入职篇

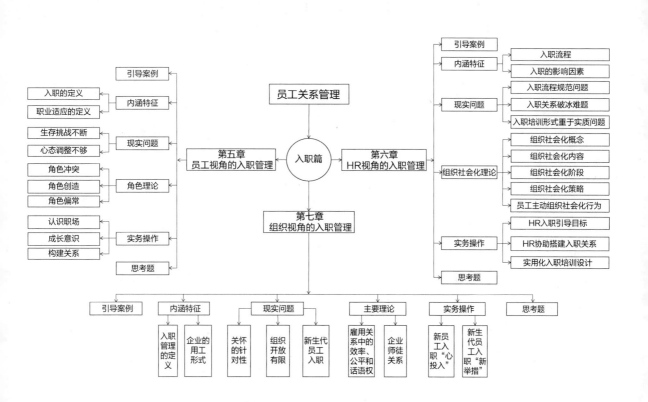

第五章 员工视角的入职管理

本 章 目 标

1. 向读者介绍员工入职时面临的生存挑战问题和心态调整问题。
2. 引导读者从角色理论视角看待与处理员工入职管理中的关系。
3. 帮助读者基于员工视角，了解处理入职时各种关系的方法与技巧。

本 章 要 点

1. 个人踏入职场先要面对的是生存关系，顺利融入组织并站稳脚跟后，再考虑生存得怎么样及如何成长的问题。同时，在员工关系中，心态调整直接关乎入职是否顺利。

2. 对角色理论的理解有助于员工更深入地理解入职关系，从而更有效地应对各类关系难题。

3. 初入职场，认识职场是掌握职场规律的起点，成长意识是完善自我的利器，构建关系是获得他人青睐的法宝。

> "让自己进入漩涡中心，积极地把周围的人裹挟进去，你就能品尝到工作成功之后的欣喜之情。"——稻盛和夫（1932.1.30—2022.8.24）

一、引导案例

案例 5-1

坎坷入职路

白岩松早年就读于北京广播学院（现中国传媒大学）。对于毕业于北京广播学院的年轻人来说，如果想在北京工作，他们首先会考虑中央电视台、中央人民广播电台和中国国际广播电台等知名的新闻单位。其次，他们可能会关注北京其他新闻单位的就业机会。但是，白岩松是来自内蒙古少数民族地区的毕业生，他只有留在中央电视台、中央人民广播电台和中国国际广播电台或留在学校任教才能解决户口问题。

白岩松抱着试一试的心态去面试了中央人民广播电台，几天过后消息传来，他获得了中央人民广播电台的认可。盛夏结束，白岩松准备按照单位报到时间前往报到，却有人让他赶紧去广电部（原中华人民共和国广播电影电视部）干部司一趟。接待他的干部告知他，鉴于特殊原因单位不打算接收他了。对于白岩松来说，这如同五雷轰顶，他感到前面的路仿佛被堵死了。

随后，白岩松找老师了解到，单位拒收的原因是收到了几封匿名信，上面罗列了他的一些问题，而那些问题恰恰在当时是极其敏感的。同时，这几封匿名信出自同一人之手，而且就是他身边的同学。白岩松得知后，忍住了爆发的冲动，一个人精神恍惚地在圆明园的湖中划船。经过激烈的思想斗争，他意识到，前路的大门还没关死，即使只有一线光亮，他也要尽全力去争取。

白岩松回到学校并住在朋友的宿舍里，开始分类整理各种证明材料，努力寻找证人。他每天骑车长途奔波，将相关材料送到广电部。多日之后，事情终于出现了转机，通过学校老师和领导出面沟通协商，在报名截止的最后一个下午，白岩松被告知可以和中央人民广播电台其他新来的大学生一起去北京郊区学习一个月，未来是否发工作证要视其工作情况而定。

一个月的学习过后，却还远没有到上岗的日子，他们又得到了一种"特殊的待遇"——前往农村锻炼一年后才能上岗。这段看似无所事事的乡居生活，白岩松却努力过得颇具意义。尽管这一年的日子不是他主动选择的，但这一年在他的生命中留下了深刻、温暖的印记。

当白岩松下乡锻炼结束回到单位之后，本以为自己作为新闻专业的毕业生，可以分到新闻部，或者其他专题部门。但万万没想到的是，他被分到了《中国广播报》。其他同事由于被分到了意料中的部门，大都是精神抖擞，只有白岩松低头不语，似乎又一次遭受到打击。工作之路似乎注定从《中国广播报》开始，他不禁扪心自问：他的前途是什么？

但毕竟是分配的工作，白岩松只有先干起来。由于求学时偏重于广播电视，报纸对于他来说还是陌生领域，不管情愿与否，先提升自己才是最重要的。上班第一天，他买了一本《报纸编辑》，在学习了解后，就开始了工作生涯。由于报社年轻人较少，且人手并不富余，因此他比其他部门的同龄人有了更多的机会。白岩松不满足于总为他人作嫁衣，进了报社，他的笔就没停下来。于是，从评论到散文，从专访到年终回顾，一篇接一篇，这段时光成了他文字创作的高峰期。

白岩松抱着"既来之，则安之"的心态，把一件又一件的小事做得不错的时候，终于迎来了改变的机会。第二年年初，当时在中央人民广播电台《午间半小时》工作的朋友打电话找到他，为他牵线搭桥，介绍他到中央电视台新成立的《东方之子》栏目组帮忙。栏目组制片人事先仔细看过白岩松过去采访任务的文章后，拍板决定让他担任该栏目的策划，此后，便有了白岩松在电视上出镜、采访、主持等为大众所熟知的经历。

（资料来源：笔者根据相关资料整理。）

带着问题学习：

1. 新员工初入职场，可能面临哪些现实问题？
2. 面对入职后要扮演的新角色，如何处理好自我与新角色的关系？
3. 如何基于关系构建，逐步化解入职难题？

二、内涵特征

（一）入职的定义

求职者已经通过招聘单位的审查把关，被招聘单位通知录用，进入招聘单位开始试用的这一过程，称为入职。新员工入职一般分为六个阶段：入职准备、入职报到、入职手续、入职培训、转正评估、入职结束。

（二）职业适应的定义

职业适应作为个体适应社会的一个重要方面，是指个体在积极职业价值观的指导下所形成和维持的职业心态、职业能力及职业关系等，以及同职业劳动及职业环境之间的和谐状态。职业适应是一个渐进的过程，可分为职业准备期、从业活动中的动态适应期两个阶段。如果缺乏职业适应，个体就可能表现出职业价值观与职业信念缺失、职业角色转换迟滞、从业能力不足、职业关系失衡等问题。

三、现实问题

无论是初入职场的学生，还是跳槽进入新单位的职场人，入职一个全新的组织，都将面临陌生环境带来的现实问题。

（一）生存挑战不断

1．不了解职场规则

《淮南子》有言：“矩不正，不可为方；规不正，不可为圆。”职场规则像牵着风筝的线，看似是一种束缚，实则为新员工提供了为人处事的方式指引。职场如同江湖，职场规则很重要，不懂职场规则的人注定会被淘汰。

然而，职场新员工尤其是刚走出学校的学生，可能以为凭借自身的专业知识和技能，就能行走自如、所向披靡，结果却四处碰壁；可能由于缺乏职场权益保护意识，疏于对入职风险的了解，刚入职就吃了大亏；可能因为职场礼仪的缺失，常常冒犯身边的同事，损害了他人对自身的评价；可能由于不懂领导的行事风格，难以与其和睦相处、高效共事，却抱怨领导不识人才……

新员工倘若不了解职场规则，一不小心就会“踩雷”，即便再有能力，也难以获得生存机会和发展空间。相反，只有重视职场规则，充分理解并运用职场规则，才能顺利融入组织，进而争取到后续升职加薪的机会。

2．不习惯结果导向

实际入职过程中，领导看重的是新员工工作的结果，即是否解决了实际问题，而不是新员工自己有多辛苦、学过或没有学过相关知识技能等。结果导向、业绩为王是职场的铁律，只有新员工取得实实在在的业绩，才能真正体现自身的价值。结果导向意味着新员工工作时要始终坚持目标，避免低效忙碌，因为如果没有“功劳”，就不会有“苦劳”。

新员工由于对新岗位的职责不清晰、对新工作的流程不熟悉，可能出现工作状态和工作效率差强人意的情况。他们常常停留于表面工作，导致最终的工作结果难以保证。但是，职场中的结果导向决定了没有实际工作成果就难以得到领导的认可，面对这种情况，新员工往往无所适从、踌躇不前。

3．不擅长人际交往

戴尔·卡耐基说过：“一个人事业上的成功，只有 15% 是由于他的专业技术，另外的85% 要依赖人际关系、处事技巧。”职场中，良好的人际关系往往是工作的润滑剂，能够帮助新员工更快地适应工作，在职场上更轻松自得，不至于消耗过多精力；相反，畸形的人际关系则会给新员工造成负担，让工作变得压抑。

实际中，当新员工进入新的群体环境时，有些新员工由于环境适应能力较差，害怕与陌生人相处，成了群体中的“社恐”；而有些新员工虽然心里渴望社交，但由于缺乏关系管理的技巧，最终望而却步。入职时，人际关系的种种问题都会成为新员工融入组织的绊脚石。即便新员工的工作能力再强，如果其不会处理与领导、与同事、与团队的关系，那么入职过程也会存在问题。

（二）心态调整不够

1. 过于自我

一个人再能干，没有团队也是走不远的。而新员工由于还没有完全认识同事、融入新环境，容易出现过于自我的问题。这导致企业在获得新鲜血液的同时，又陷入了两难的境地。

新员工过于自我的具体表现：有很强的个性，不服从管理；固执己见，不听取别人的意见；只关心自己的利益，漠视他人的利益和集体利益等。新员工入职时如果只顾满足自己的欲望而忽视他人与组织的需求，则很难融入新环境，也难以得到外界的认可。

2. 畏难情绪

很多初入职场的"菜鸟"都遇到过畏惧困难、眼高手低、难以适应新环境等窘境。案例 5-1 中，白岩松被人举报后，经过内心斗争、搜集证据、多方协商的重重困难才得以入职。入职后，他本以为能够顺利领证和上岗，却又被要求参加培训，以及前往农村锻炼一年。面对入职时的各种挫折，白岩松并没有轻言放弃，相反他把这些经历当作锻炼的机会，不断调整自己，从而给平淡和艰苦的日子赋予了新的意义。而在农村锻炼后，他被分配到了冷门部门，这意味着他的职业生涯起点与同批入职人员相比并不算高。面对巨大的落差，他没有整天抱怨或消极怠工。设想，倘若他畏惧困难，在冷门部门碌碌无为，也没有拿得出手的成果，他是否还会获得后来宝贵的工作机遇呢？

比起直面困难，很多新员工会选择待在舒适区。他们通过给自己划定圈子，将熟识的和没有挑战性的工作任务归入其中。尽管这个舒适区提供了短时间的安心与保障，但是长时间留在舒适区会导致工作停滞不前，自己也会失去前进的动力。太安逸的生活会消磨人的斗志，倘若一味留恋于安逸，不愿战胜眼前的困难，便很难再跟上职业发展的节奏，从而逐渐被淘汰。

许多人渴望在人生旅途中找到捷径，如毕业生在踏入社会的前几年，可能期望马上功成名就，但是人生之路并不是一条笔直通往成功的道路，如果怀着畏难情绪、缺乏逆境商，则他们很容易缺乏工作信心，也无法激发工作热情和无限潜能。

3. 归因不当

诸如"新员工来了就走""新员工离职率居高不下"等情况在当今企业中屡见不鲜。事实上，新员工从组织闪退闪离，不可一味归因于组织，也应从自己身上找原因。新员工需要思考，自己对组织不满意、想要放弃工作，是否存在一些个人问题呢？例如，是否急于求成，刚进一家企业就想立马做出成绩，急于彰显自身的价值？是否面对新工作的压力时，产生了激烈的逆反和对抗心理，甚至出现了"破罐子破摔"的情况？是否怀有骑驴找马、边干边找的心态，反反复复换工作，还一直抱怨自己没有受到重用？是否在工作时心气浮躁、不踏实、不努力，导致不能有效履行岗位职责，从而难以实现自我提升，达成组织期望？

常思己过被视为一种植根于内心的教养。新员工入职遇到问题时，与其推卸责任、怨天尤人，不如秉持凡事从自己身上找原因的态度，不断挖掘自身的潜力，并进而将小我提升为与组织相融的中我和大我。

四、角色理论

角色最初是从拉丁语"Rotula"派生出来的。这一概念最早被学术著作提及是在齐美尔的《论表演哲学》中，在这篇文章中他提到了"角色扮演"。到了 20 世纪 30 年代，"角色"一词才被专门用来讨论角色问题。角色的定义如下：一定社会身份所要求的一般行为方式及其内在的态度和价值观基础。

（一）角色冲突

角色冲突是指个人不能同时满足对其有意义的多种角色的期望而扮演不同角色时所出现的矛盾心态。社会对于在社会结构之中占据一定位置的人如何行动和如何看待事物，总有一定的期望，这种期望就是角色期望。现实社会中，一个人可能拥有多种不同的社会身份，需要扮演不同的角色，从而引发角色间的冲突（如一个人在学校是学生，回家是儿子或女儿），这是由多种社会身份引起的。同时，不同的人或社会群体对特定社会身份持有不同的角色期望，个体需要按照不同的角色模式行动，但受时间或精力的限制。这种由外界社会对同一种社会身份的不同角色期望引起的角色冲突称为角色内冲突。

角色冲突的强度取决于两个因素。一是角色之间的共同性，角色冲突的强度与角色之间的共同性成反比，角色之间的共同性越大、冲突强度越小，角色之间的共同性越小、冲突强度越大；二是角色的限定性，角色的限定性越大，规定也就越严格，角色执行者就越难以偏离这些要求，因此角色冲突的强度与角色的限定性成正比，角色的限定性越大、冲突强度越大，角色的限定性越小、冲突强度越小。

在解决角色冲突时，先要明确各角色的重要性和不扮演某种角色的后果，然后按照最优选择的原则，根据情况分出各种角色的轻重缓急，优先扮演最为重要和能避免严重后果的角色。在解决角色内冲突时，则需要明确有关角色的一般模式，然后比较不同角色期望的差异，再本着行为与态度要接近一般模式的原则，优先扮演与一般模式差异较小的角色。

（二）角色创造

角色创造是指行为超出角色一般模式，拓展原有角色行为范围的过程。任何一个社会角色，除其明确限定的行为范围之外，还有非限定性的模糊领域。关于这一领域中的行为是不是也可以归为该角色，没有明确的规定。这样，对于一些不墨守成规、敢于进取、有独特性的人来说，他们的行为常常会冲破限定的角色行为范围，触及模糊领域，并通过自身的行为实践将这些行为与自身角色联系到一起，形成对某一角色的概念。这个复杂的过程就是角色创造。

不同的人在角色创造方面的容忍度不同。保守倾向的人往往对典型角色行为范围之外的角色创造缺乏容忍度；开放倾向的人能够适应不同的角色概念，具有较高的容忍度和应变能力。

（三）角色偏常

角色偏常是指一个人的行为和心理长时间偏离社会期望，形成与自己的社会身份不相适应的行为和心理结构。心理学家在通过实验研究探讨角色偏常原因的过程中发现，角色偏常是一个复杂的现象，它不仅表现为行为偏离社会期望，还包含个人行为动力系统中的多个要素的偏离。这些要素包括从外部接受的对待和评价、角色期望、自我概念、动机及行为模式等。当这些要素偏离了特定社会身份的一般模式时，人们的行为就会偏离社会期望。

有研究表明，个人行为动力系统的各个要素被视为协同、倾向统一的整体。该系统的内外动因和行为之间相互影响、相互适应，呈现出自相一致的特点。当一个人的行为动力系统处于良性循环时，内外动因及行为和行为效果之间相互促进，保持相互适应和自相一致的状态。这有助于个人形成积极的自我概念，并产生积极的行为动机和实际行为。实际行为的积极效果又会进一步为个人带来更好的社会待遇、评价和角色预期，使整个行为动力系统保持良好的循环状态。

五、实务操作

（一）认识职场

1. 维护入职合法权益

法律是维护入职合法权益的工具，能为新员工创造公平公正的职场环境，给予新员工最坚实的保护。新员工需要不断提高法律意识，知法用法，维护入职合法权益。入职前，要充分掌握劳动合同问题、工资问题、社会保险问题、加班问题、工伤问题、职场霸凌问题等相关法律知识。当真正遇到侵犯自身合法权益的行为时，要勇于说"不"。

为了防止入职合法权益受损，新员工可以从以下三个方面采取行动：第一，事先明确自身合法权益的内容及合法权益的维护方式；第二，在权益纠纷出现时，可以考虑借助舆论的力量；第三，提高证据意识，尽可能固定并收集证据，如录音等，以充分保障自己的合法权益。

2. 遵守职场礼仪

职场礼仪作为职场中进行人际交往需要遵循的客观规律，是用来表现律己、敬人的一整套行为准则。就个人层面而言，职场礼仪可以反映一个人的素养和修养；就交际层面而言，职场礼仪可以表现出人与人之间的尊重和友好；就传播层面而言，职场礼仪可以被视为一种有效的沟通技巧。对于新员工来说，如果不了解职场礼仪，实际表现不符合身边职场人士的角色期待，则会影响他们在其他人心中的第一印象，而这个第一印象很难改变。下面列举了几种常见的职场礼仪。

1）着装礼仪

职场着装方面有一个通行的 TPOR 原则，即个人的着装应该符合时间（Time）、地点（Place）、场合（Occasion）和角色（Role）的需要。在不同的场合下，需要穿着不同的服装来扮演不同的角色。例如，如果和客户会面，为了表示尊重，着装就需要正式一些。在客户着装休闲的情况下，我们可以选择商务休闲的服装；在客户选择商务休闲服装的情况下，我们则需要选择正式的成套西装；在客户选择成套西装时，我们可能得穿燕尾服。穿着比客户更加正式的服装可以表现出对客户的尊重。员工的着装不仅反映了个人的修养和见识，还代表了单位的形象和规范化程度。因此，职场着装需要与单位形象和从事的具体工作相匹配。此外，职场着装有一些禁忌，如过于鲜艳、过于杂乱、过于暴露、过于短小、过于紧身等。

2）握手礼仪

握手时需要着重注意以下几个方面。

一是握手的顺序。上司、女士、长辈主动伸出手，下属、男士、晚辈再相迎握手；被介绍之后，最好不要立即主动伸手；当职务高者、年长者用点头致意代替握手时，职务低者、年轻者也应随之点头致意等。

二是握手的方法。务必用右手握手，时间一般以 1～3 秒为宜。过紧地握手或只用手指部分漫不经心地接触对方的手，都是不礼貌的。

三是握手的其他细节。握手时双目应注视对方，微笑致意或问好；多人同时握手时，应按顺序进行，切忌交叉握手；不要拒绝对方主动伸出的手；当手上有水或不干净时，应谢绝握手，同时进行解释和致歉。

3）交谈礼仪

交谈是职场中的一门艺术，好的交谈礼仪能让职场交谈活动更顺利地进行。为了在与人交谈中给人留下好印象，应该保持微笑，不要有多余的肢体动作，如摇晃身体或摸头发等，这些动作容易让人感到不礼貌。同时，应该控制好自己的语速、语调及音量，保证交谈内容清晰明了。在交谈时要注意态度和语言的得体性，尽量使用礼貌用语。在距离上，要与对方保持适当的距离，不要过于接近对方。此外，要尊重对方，善于聆听，不随意打断对方的发言，给予对方充分的表达时间。在交谈中可以用点头、复述要点，表示自己在认真倾听。

4）社交平台礼仪

在互联网时代，邮件、微信等成了职场社交互动的重要平台。上述社交平台的具体礼仪可以从以下几个方面加以注意。

第一，及时反馈。何为及时？即邮件、微信等不错过重要消息，总是能及时回复。例如，需要及时推进的事情，不要让别人等着自己。又如，通知类的消息，要及时回应对方。总而言之，在接收到消息时，要学会站在对方的角度思考，从而做出及时且让人舒服的回应。

第二，在社交平台上展现对对方的尊重。例如，在与他人意见不合时，可以适时开放地讨论、碰撞，尊重积极的冲突、各自的意见和多元的人格。

第三，注意社交平台中的社交细节。例如，如果要在微信上体现职业化，最好使用自己的真人照片和姓名。又如，在工作聊天时，发错了或打错了不要轻易撤回，因为撤回后，对方心里就会琢磨撤回了什么内容，直接再发一条进行修改是比较妥当的做法。

第四，牢记社交平台不是自己的垃圾桶，新员工入职若遇见不如意的情况发生，不要随意在社交平台上发泄负面情绪。

3. 认清上司的类型

彼得·F. 德鲁克在《卓有成效的管理者》中写道："若能在上司的长处上下功夫，协助他做好想做的工作，便能使上司有效，下属也才能有效。"即上司想做什么，下属就竭尽全力做好，上司不想做什么，下属就不要吭声。事实上，进入组织可能遇到各种类型的上司，如果新员工能够对上司的脾气性格、处事风格、工作偏好等有明确的认识，根据上司的特点来扮演好下属的角色，尽可能地配合上司采取行动，那么双方的沟通和工作便会更为顺畅，也有助于新员工赢得上司的青睐。那么，面对不同风格的上司，新员工应当如何扮演好下属的角色，处理好与上司的关系？

DISC 分类法通过简洁地将上司进行大体分类，使分类管理上司关系成为可能。根据上司的性格特征，可以将上司分成 D（Dominance，支配）型、I（Influence，影响）型、S（Steadiness，稳健）型和 C（Compliance，服从）型四种类型。基于上司的性格特征，了解上司的价值主张、驱动力、工作偏好及对下属的偏好，有助于新员工因势利导，缓解角色冲突，避免角色偏常，同时进行适应性和应变性的角色创造，处理好与上司的关系。下面具体阐述上述四种类型上司的特点。

1）D 型上司——结果导向

D 型上司有极强的行动力，以结果为导向，类似孙悟空。D 型上司具备天生的领导能力，他们的价值取向就是要达成目标，他们的工作总是围绕着问题展开，倾向于专心致志地追求结果、大步向前，也期望能控制一切，具有独断专行的特点。D 型上司具体的行事特点如表 5-1 所示。

表 5-1　D 型上司具体的行事特点

D 型上司具体的行事特点
主动与他人握手，而且很用力
从来不怕目光直视对方，而且表情严厉，让人望而生畏
说话的口吻常常是命令式的
在谈话中经常打断别人
经常被人指出说话快、做事快、走路快、吃饭快
总是质疑他人
常常忘记说"请"，很少说"谢谢"，几乎不说"对不起"

2）I 型上司——乐观的社交者

I 型上司性格开朗，待人友善，类似猪八戒。他们更关注工作中的人际关系，倾向营造以人为本的轻松的工作氛围。I 型上司喜欢影响他人，强调交流互动，因此更喜欢扮演"社交者"的角色。通过得到同事、客户和下属的认可，I 型上司可以得到社会认同上的满足，这也是他们工作最大的驱动力。他们很看重讲信用的下属。但是，I 型上司的承压能力不够强，遇到困难时容易逃避和陷入混乱。I 型上司具体的行事特点如表 5-2 所示。

表 5-2　I 型上司具体的行事特点

I 型上司具体的行事特点
爱笑，而且是那种毫无掩饰的大笑
总是忍不住想向人显摆一些"重要资料"
喜欢与人高热度地握手，见面就熟
十分健谈，尤其喜欢煲电话粥
觉得大家说得都有道理，所以对每个建议都表示同意
穿着很时尚，至少关注时尚
讲话时有很多肢体语言
被人说天真

3）S 型上司——完美主义者

S 型上司是纯粹的理性人，他们追求完美，类似唐僧。他们全心全意地致力于工作，毫不掺杂情感因素。同时，他们注重程序和逻辑性，精于分析和思考，追求细节，十分重视下属在工作中所提供的完美说明和详细数据。在做决定前，他们会深思熟虑，并且一旦决定之后就不会轻易改变。S 型上司抗拒改变，他们喜欢稳定的环境，喜欢稳固的工作关系，对企业的忠诚度非常高。他们在工作中的最大优势就是持之以恒。此外，他们性格谦逊温和，稳定的情绪也是他们明显的特点。

相对来说，S 型上司是最关心下属感受的上司（虽然 I 型上司也很关心别人，但是其目的是使自己受欢迎），S 型上司具有更多的耐心和同情心，竭力避免冲突和对立，很少主动要求下属，也不擅长表达，是非常好的倾听者。在工作上，他们不独断，而是善于理解和支持他人的工作。S 型上司具体的行事特点如表 5-3 所示。

表 5-3　S 型上司具体的行事特点

S 型上司具体的行事特点
握手轻轻且友好
总是安静和善，面带微笑
能耐心地倾听他人说话，不时点头
办公室里会放着家人的照片
桌子上的东西井然有序，排列整齐
一般说话慢、行动慢
不轻易表态

4）C 型上司——配合支持他人

C 型上司是服从者，他们服从于组织和规则，通常尽忠职守、遵守规定、做事谨慎，类似沙僧。C 型领导者十分重视纪律和规程，对细节尤为注重。他们的做事标准极高，常常要求如同程序般精准，因此最容易发挥其优势的职业就是那些对规则和精确度要求较高的职业。C 型上司具体的行事特点如表 5-4 所示。

表 5-4　C 型上司具体的行事特点

C 型上司具体的行事特点
握手矜持且轻微
办公室非常整洁有序
说话很有逻辑性
很在意准时，一切必须按计划进行
不习惯与人进行目光交流
可能比较拘谨、谦虚，容易愁眉苦脸
爱纠正别人细微的错误

（二）成长意识

1. 主动成长

个体的成长是以自我力量为中心，从而合理应对外界对自我的多种角色期待。无论环境如何，个体都需要建立自我的主观能动性，先求得生存，并在此基础上不断走出自己的舒适区，拓展原有的角色行为范围，快速适应新的角色。此外，个体通过培养自己的先见力、发展自我的核心专长、修炼忍耐心，有助于形成积极的自我概念、实施积极的行为，从而获得更好的社会对待、评价和更积极的角色预期，实现自身行为动力系统的良性循环。

1）具备生存能力

一是独立自主的能力。如今，许多年轻人生活在优渥的环境中，却因为父母的过度溺爱而失去了自主发展的机会，从而养成了过分依赖他人的习惯。一旦走出家庭，面对社会，缺陷就会暴露无遗。陶行知说过："滴自己的汗，吃自己的饭。自己的事情自己干，靠人靠天靠祖上，不算是好汉。"独立是成功者不可或缺的品格。

二是自我控制的能力。每个人都有惰性，都有欲望，但一味地放纵自己，任由欲望支配行为是不理性的。在生存和成长的过程中，个体要先学会自我控制，当一个人具有了自我控制的能力时，才具备掌握自己人生的条件。

三是适应环境的能力。俗话说，适者生存，强者发展。个体在社会上只有先适应环境，特别是适应组织内部的特定环境，才能获得生存的权利与发展的机会。但是，年轻人，特别是独生子女对社会的适应能力往往不强。年轻人从学校步入社会，环境变化较大，往往会无所适从，从而成为开展工作的一种障碍。要敢于剔除掉自己的缺点和不足，只有这样的人生才能凸显生命的质感，镂刻出别样的景致。

四是整合资源的能力。对于新员工来说，整合资源的能力显得尤为重要。通过对现有的资源进行重新配置，凸显个人的核心竞争能力，实现每种资源的最佳利用效果，这就需要个体具备整合资源的能力。其实，新员工能获取的资源有很多，如信息、资金、人脉等，要学会将资源有效地整合到一起，助力职业发展。

2）主动离开舒适区

每个人都拥有自己的舒适区，从而习惯于待在自己的舒适区内。然而，如果想要突破目前的限制，个体必须勇于面对挑战，不断提升自己，只有这样，才能实现个人的全面发展。

就社交关系而言，人们的社交小圈子通常是由一群拥有共同点的人聚在一起组成的。从感情的角度来说，彼此是非常舒适的，但从信息获取的角度来说，这种交往往往会局限在一定的圈子里。与自己存在强关系的人通常会在信息、活动及人脉上与自己重合；相反，与自己存在弱关系的人通常处于关系网的外围，更有可能带来新的信息和机会。因此，弱关系可以成为联系另一个世界的桥梁，带来我们不知道的信息和机会。

拓展社交圈不仅需要媒介，还需要成为连接他人的桥梁。而帮助他人的一个好办法，就是将他们介绍给他们无法接触到的某个人或与他们分享某些经历。这需要我们跨越不同的社交圈，成为连接朋友的桥梁。这也需要我们能够主动离开舒适区。

3）培养先见力

先见力也称预见力，是指将注意力放在一般人从未正视过的地方，能察觉别人看不见的事物的洞见力。先见力和知识的多寡、视野的开阔度、所站角度的不同、境界的高低、所能取得的信息量大小，以及悟性、天赋等都是密切相关的。

日本学者大前研一在其所著的《专业主义》一书中对"先见力"进行了详尽的阐述。他认为培养此种能力最重要的就是破除陈旧思想，凡事抱有追根究底的态度，不断尝试错误。在这个不断剧烈变化的世界中，如何发挥自己的先见力呢？具体步骤如下。

第一，提早准备，抓住时机。个体需要精准地发现适合自身发展且具有良好发展机遇和空间的事业。要有远见，不能只顾眼前的利益，应该在变幻莫测的职场中洞察发展的趋势，按照这个趋势来规划职业生涯，这将使我们的人生充满意义和乐趣。当我们具备先见力时，在关键时刻，我们能够做出准确的决策。

第二，怀疑常识，勇于质疑。过去的经验或累积的知识常成为我们处理事情的参考，这是不变的常理。处在变动的时代，对于过去成功的经验，我们只能将其作为参考原则，不能一成不变全盘吸收，否则会趋向失败。个性中具有喜欢变化和不怕失败的特质，有好奇心和勇气，并勇于接受挑战及新事物的个体，更能适应变动。

第三，因势利导，开创蓝图。在职场中发现一种趋势后，我们需要思考未来的发展方向，预测这种趋势将如何演变，进而探索职场的未来走向。通过这种思维方式，我们可以更清晰地认识到，为了寻找蓝海机会，我们需要进行改革和创新。

在成长的过程中，个体在埋头干活的同时也需要抬头看路，先见力正是确定目标的关键。在确定目标之后，个体要在不断回顾与展望中，沉淀并发展自我的核心专长。

4）沉淀核心专长

个体想要实现自己的理想，就必须找到自己的核心专长。只有核心专长突出的人才具备与人合作的条件。案例 5-1 中的白岩松被分配到冷门部门后，他的笔就没停下来过。通过沉淀核心专长，他在不算高的职业起点上创造出了卓越成绩。综合而言，核心专长主要包括以下七个方面。

一是技术及学习能力。掌握相关领域的技术或拥有卓越的学习能力是推动工作顺利进行的关键。

二是读写表达能力。无论我们是企业职员还是科研院所的工作人员，抑或是党政机关的行政人员，良好的读写表达能力都是我们开展工作的必备利器。

三是语言沟通能力。在电话沟通和日常交往中，良好的语言沟通能力是必备的，否则可能会让人感到意思不明，甚至逻辑混乱。

四是创新能力。雇用无价值的人会让企业失去竞争力，企业需要始终坚持改进和创新以应对竞争压力。

五是变革能力。当今时代最大的不变就是变，良好的变革能力是众多岗位需要具备的核心素养。

六是组织能力。如果一个人能够具备良好的组织能力，他就能将个人的优势和组织的需要进行高效率的结合，从而促进组织目标的实现。

七是协调和合作能力。我们每个岗位实际上都是组织内部网络中的一个节点，良好的协调和合作能力不仅有助于我们与组织内部的人员有效合作，还能帮助我们拓宽组织外部网络。

对于职场人来说，拥有核心专长是至关重要的。这些专长可以是一种或多种，但都会成为个人事业成功的利器。然而，这些专长的养成需要通过长时间的积累和不断的自我学习。没有人天生具备卓越的工作能力，只有不断提升自己的工作技能，才能在事业中取得巨大的成就。

2. 被动成长

案例 5-1 中，白岩松没有因为入职受挫被打倒，而是能够控制糟糕的情绪、快速从消极状态中抽离，从而持续专注于工作，以不败于任何挫折的态度去改变所处环境。职场中遇到不如意十之八九，要学会接受处于低谷时的状态。梁实秋曾说："求人不如求己。"当外界的压力催促我们成长时，我们必须要靠自己的信念、智慧和力量来面对现实，接受挑战。遭遇逆境和批评时，我们要专注自我成长，保持积极的态度。不管怎样穷困潦倒，都要咬紧牙关挺住、坚持住，只有不放弃才会有希望，才会有转折，才会成功。或许，只要再多一点坚持，命运就会出现转机。

1）培养逆境商

"塞翁失马，焉知非福。"案例 5-1 中白岩松的早期入职经历告诉我们，入职时经历重重逆境，并不意味着没有机会改变——职业生涯之旅不仅要看谁跑得快，还要看谁跑得远。面对充满困难和压力的新环境时，如何对待手头的工作，能否端正态度做好点滴小事，能否抓住工作中稍纵即逝的机会，这些都事关我们能否在平凡的工作岗位上取得不俗的成绩，能否在组织中立足、生存下来。学会调适自我，积极发展自我，职场新员工亦能融入职场，逐步完成向成熟职场人士的转型，成为同龄人中的佼佼者。

试问，当工作出现困难时，自己会有怎样的反应？是责怪别人，而且一天都想着工作的苦恼，还是继续埋头工作，甚至因挑战而变得更加兴奋？如果是后者，则说明逆境商（AQ，Adversity Quotient）很高，极具成功的潜质。逆境商是保罗·斯托茨在综合当今世界数十位著名科学家的研究成果的基础上于 20 世纪 90 年代中期提出来的概念，他在其风靡世界的著作《逆境商：将障碍化为机会》中将逆境商界定为用以衡量人们消除或克服困难或逆境的能力，它由控制（Control）、归因（Ownership）、延伸（Reach）和忍耐（Endurance）构成。简言之，它是指人们在面对逆境或失败时的反应能力，是一种不败于任何逆境的生活态度和思考方式。

控制是指个体自己主观感受到的对逆境的控制能力。在面对逆境时，缺乏掌控感的个体常常感到无力，而拥有掌控感的个体则更容易相信自己，采取积极主动的措施来改善周围的环境。

归因是指个体所认为的导致失败或逆境的原因，以及愿意承担责任、改善后果的情况，可分为内部归因与外部归因。内部归因是指在逆境中把导致失败或逆境的原因归结为内部因素；外部归因是指把导致失败或逆境的原因归结为外部因素。

延伸是对逆境影响范围的评估与觉察。一般而言，逆境商越高，个体越把逆境视为特定事件，越觉得自己有能力处理，能够将逆境的消极影响降至最小。对于逆境商低的个体，逆境的消极影响则会不断扩大，直至影响其学习、生活和工作的方方面面。

忍耐是指认识到逆境的持久性及它对个体影响的持续时间。逆境商低的个体可能受到逆境带来的消极影响时间较长。就其主观体验而言，这种影响可能会被认为难以化解。逆境商高的个体则恰恰相反。

那么，新员工应如何培养自己的逆境商？

斯托茨认为，逆境不会产生不可逾越的障碍，每个困难都是一次挑战，每次挑战都是一次机遇，战胜困难就抓住了机遇。变化成为高逆境商者人生历程中最受欢迎的一部分，尽管面临似乎不可战胜的逆境，他们仍然努力解决问题，并始终坚持前进。在这个过程中，他们的技术日益提高、力量不断增强、自身不断进步，最终实现了突破。

无论是顺境还是逆境，个体都应保持积极的心态向前看，认真工作、持之以恒地努力，这是至关重要的。能够坦然面对挫折，是一个人成熟的标志之一。世界上一帆风顺的事情很少，在人生道路上遭遇挫折在所难免。坚韧是对抗挫折与逆境的强大武器。它能够促使人把挫败转变为动力，以此激发不屈不挠的精神去克服困难；坚韧能使人正确认识和应对他人的议论，自信地走自己的路；坚韧还能让人头脑清晰，采用创新性方法谋求成功，激发并挖掘自己的潜能，甚至开创奇迹。

2）修炼忍耐性

初入公司的一段时间内，不要太挑剔工作内容，任何工作通过思考和努力都能做得出彩并得到上司的赏识。同时，初入职场不能全部发力，要学会察言观色、学会藏拙。一开始发力过猛，会让别人对自己的期望值拔得过高，后期工作时但凡出一点错误，都会被人指指点点。

除了工作需要忍耐，交往也需要忍耐，升职也需要忍耐，职场中先要学会的就是一个"忍"字。案例 5-1 中的白岩松正因为忍受了他人的恶意举报，忍受了郊区的培训和农村一年的艰苦生活，忍受了在冷门部门的挫折与磨炼，才成长为后来家喻户晓的"央视名嘴"。那么，在"忍"字当头的职场中，如何提高忍耐力，使自己迈向成功呢？

第一，要有自己的目标，设立自己的目标并朝着目标前行，哪怕过程艰险，但总会逆境重生，在完成自己目标的过程中，忍耐力也会随之提高。第二，面对事情要坦然，将压力转化为动力。第三，善于对自己进行心理暗示，遇到不顺利的事不要把所有的情绪都爆发出来，学会忍耐，通过心理暗示，使自己的情绪得到控制，长期下来就会培养出良好的心态。第四，要懂得发泄情绪，消极情绪太多会导致人出现身心疲惫的情况，所以应利用好自己的休息时间，通过积极的方法来释放自己的消极情绪（如运动、听音乐等），只有这样才能保持身心健康。第五，要保持积极的心态，要想让自己随时保持积极的态度就要给自己补充正能量，只有自己信心满满，工作效率才会高，才会在遇到困难的时候勇敢应对。

3）正确对待批评

从某种角度来讲，新员工被批评是一件好事。首先，批评是一种表达关心的方式。传统观念中，"爱之深，恨之切"，如果我们受到了批评和指责，说明我们在工作和生活中已经具有一定的地位和价值，这是值得高兴的。常言道，"忠言逆耳利于行"，当我们被批评时，也意味着有人关心我们。如果有人能够当面指出我们的缺点和错误，我们应该感到庆幸，因为这会帮助我们结交到诤友。其次，批评是一种有益于我们提升的标准。我们可以把别人的批评看作自己工作和学习的反馈，就像"玉不琢，不成器"一样。如果我们一味地避免被批评，我们就无法发现自己的缺点和疏漏。最后，我们应该认识到，批评可以带来正能量。唐太宗李世民曾经说过："以铜为镜，可以正衣冠；以古为镜，可以知兴替；以人为镜，可以明得失。"正是因为唐太宗能够接纳不同的意见和批评，让大臣们有了直言进谏的勇气，才能实现"贞观之治"。因此，如果我们能够在工作和生活中接受批评和建议，我们就可以不断进步和成长。

那么被批评后，我们可以采取什么行动呢？在面对批评时，我们需要保持冷静，避免产生愤怒和不满情绪。为了避免消极情绪影响我们的思维和行为，我们可以通过深呼吸等方式来缓解压力和紧张感。同时，在思考自己出现错误的原因时，我们不应该只停留在怨气上，而是要寻找解决问题的办法，从源头上排除错误。反思和总结经验教训也是必要的，保证以后不再犯同样的错误。在错误出现时，我们要积极寻找补救措施，以提高应变能力并重塑自己形象。如果无法解决，我们也可以总结批评意见中的经验教训。最后，我们需要通过做其他事情来分散注意力，以便稳定情绪，恢复平衡。

（三）构建关系

初入职场之际是构建职场关系的契机，新员工可以在入职期间加强对职场各方面的了解，尤其需要注意处理与以下人员的关系，这是新员工能否顺利立足于职场的关键。

一是直属上司。职场中，直属上司往往是决定自己能否升职最重要的人。无论出于何种诉求，都要做好直属上司交办的事，尽快取得直属上司的信任，给他留下好印象，维护好与直属上司的关系。

二是主要领导。很多时候，领导越级考察下属，不一定通过具体的业务成绩，而是通过待人接物、交谈等，甚至是业余爱好中的细节，因此注意细节尤为重要。

三是下级。要尽可能善意地对待下级，不能有负向思维，尤其不能树敌，掌控好手里的人力资源。

四是单位名人。在某种程度上，单位名人的话语权会比其他同事大一些。如果说主要领导是实际的权力者，那么单位名人就是心理意义上的"权力者"。

五是退休前辈。退休前辈虽然不代表企业的未来，但是他们是企业发展的见证者，倾听他们对企业的理解，有助于了解企业深层次的运作逻辑，让新员工对企业有更深层次的认识。

六是职能人员。企业的运营风格和领导的思路风格，往往体现在日常琐事中，也体现在工作制度中。新员工应多熟悉公司人事、财务等制度及人员，避免做事过程中不小心越过制度边界。

七是服务人员。基础工作虽然与企业的发展高度关系不大，但体现了一家企业人文关怀的深度。善待服务人员，就是在践行企业最基础的价值观和责任感，也是做人最基本的礼貌和素养。

上述人员都是新员工构建职场关系时的重点关注对象。接下来重点阐述新员工处理与领导的关系、与同事的关系、与团队的关系的相关技巧。

1．处理与领导的关系

1）应对 DISC 上司

作为下属，应对不同类型的上司开展不同的沟通、应对策略，做到心中有数、对症下药，处理好与上司的关系。

（1）与 D 型上司进行沟通，一定要以工作为主，以结果为导向，沟通明确的计划和问题，赞赏上司的意见和想法，具体如表 5-5 所示。

表 5-5　与 D 型上司沟通的策略

要　　点	具 体 策 略
以结果为导向	以工作本身为主，在乎结果、成绩、效率、速度、成本
	配合上司简单、直接的性格，要明确，一针见血
	以公事为重，除非公事说完，否则不要说其他不相关的事
明确的计划和问题	要问明确的问题，给他两个以上的选项
	方案需要明确、有效率、有逻辑
	如果双方意见不合，就针对事实展开讨论
负面评价和肯定	因上司不容易接受负面的评价，需要明确事实、委婉建议
	上司很喜欢获得别人的肯定，因此要赞扬他的行动力和能力
额外需求	给他适当的空间，要让他感觉他不会被人利用
	与他谈判最好的结果是双赢
最常使用词语、句式	结果、成果、目标、效率、效益、百分比、条件、优势
	应该如何做？下一步的目标是什么？如何达成结果

（2）与 I 型上司进行沟通，一定要以工作中的人为主，营造友善、和谐的氛围，积极向上司汇报，赞同他的想法，支持他的梦想，尊重他的地位，具体如表 5-6 所示。

表 5-6　与 I 型上司沟通的策略

要　　点	具 体 策 略
以人为本的沟通	多谈工作中的人，少谈工作中的数据和事实
	记下沟通中的细节，因为他可能会忽略
	沟通时需要营造一种友善、和谐的氛围
稳固的地位感	积极向他汇报，并表现出充分的尊重，多征求他的意见
	提供 I 型上司重视的人的想法和意见
	要采取委婉的方式，不要让自己的意见威胁到他
使他更有动力	和他讨论新鲜、有趣的事情，生动地描述前景和未来
	支持他的梦想
额外需求	I 型上司需要地位和保持自己的地位感
	要使他觉觉到自己被重视

续表

要　点	具 体 策 略
最常使用的词语、句式	奖励、激励、多亏了您、和谐、奋进
	那就靠您了！多亏了您……我们可以做到

（3）与 S 型上司进行沟通，一定要有明确且利于理解的逻辑，遵循做事的计划和程序，聆听上司的想法，避免直接冲突，具体如表 5-7 所示。

表 5-7　与 S 型上司沟通的策略

要　点	具 体 策 略
程序第一	告诉他自己做事的逻辑是什么，问明确的问题
	多谈论工作的计划和程序，使他知道自己的工作进度
	告诉他自己做事的顺序、流程、时间和步骤
安全感	聆听他的话语，响应他的意见，使他感到自己受重视
	有不同意见时，要态度温和、有逻辑性，避免激烈的方式
需要的态度	留给他思考和决定的时间
	多肯定和感谢他的无私及他对团队的贡献
额外需求	温馨的相处方式，对他表示自己的友善和忠诚
	可以先建立良好的气氛，再说公事
最常使用的词语、句式	程序、数据、流程、步骤、顺序
	下一步是什么？工作是否顺利？需要支持

（4）与 C 型上司进行沟通，一定要遵循程序，汇报工作要简洁明了且有充分的数据支撑，要制定严格的时间计划表，具体如表 5-8 所示。

表 5-8　与 C 型上司沟通的策略

要　点	具 体 策 略
程序第一	直截了当，就事论事，避免分散注意力
	要给出明确的事实和详细的数据，如百分比、对比数据等
	给予其明确的计划表
	给予其明确的时间表
最常使用的词语、句式	数据、对比、同比增长、同比下降、百分比
	这是相关的资料和数据，我们需要做的是……
	根据这个数据，我们能够得出的结论是……

2）把握与领导的距离

（1）把握尊重的距离。新员工需要明白，在工作中与领导之间始终存在上下级关系，应该对领导保持充分的尊重。即使有一些新员工对领导的能力或管理水平不太满意，也要意识到领导之所以能够担任该职位，一定有着比员工更出色的地方。同时，当新员工与领导的关系变得亲密时，需要注意不要在不严肃的时刻失态，如在公共场合嘲笑领导或过分亲密而失去角色定位。与领导的交往需要谨慎，明确分寸，切忌过度亲近。

（2）把握圈子的距离。新员工有时会认为只有进入领导的圈子才会安全，并能接触到更多高端人脉，有更好的机会发展自己。但实际上，这种逻辑是错误的。员工个人的圈子与领导的圈子是不能混为一谈的，员工需要保持谨慎。因为在领导的圈子中，会存在许多领导的私人或机密事项，进入这个圈子就可能涉及这些事情，从而带来潜在的风险。

（3）把握利益的距离。在处理利益问题时，新员工应该与领导保持必要的距离。这种距离可以是慎重的合适距离，也可以是特定的有利于双方关系的距离。在处理利益问题时，很多细节不便于公开，因此员工需要时刻保持谨慎，特别是当关系到领导利益的时候，员工千万不能插手干预。一旦破坏了距离的底线，就有可能招致严重的后果。

3）处理与领导的关系的必备技巧和禁忌

只有掌握必备技巧，才能更好地处理与领导的关系。在处理与领导的关系时要投桃报李，满足领导的需求，拉近与领导的关系；一定要学会谦虚，不争功，多赞美，满足领导的自尊心；在日常工作中，一定要多请示、多汇报，不可自作主张，按照个人意愿处理领导安排的事情；在给领导提意见的时候，一定要把握好分寸，注意方式，既要让领导满意，又能让领导欣然接受自己的建议。

处理与领导的关系的必备技巧和禁忌如表 5-9 所示。

表 5-9　处理与领导的关系的必备技巧和禁忌

必 备 技 巧	禁　　忌
了解领导，做些其感兴趣的事	表达太过于直接
赞美而不奉承	提出意见时不注意方式
多请示、多汇报	把领导当朋友无话不说
办事不要自作主张	触及领导的禁忌话题
以尊重领导为原则	在领导面前抱怨工作
提出建议时要注意分寸	打探领导的私生活

2. 处理与同事的关系

1）虚心请教问题

作为新员工，要心怀敬畏，虚心向同事请教，尤其是要多请教组织内有知名度和话语权的老员工，学习他们的长处，帮助自我成长。在工作中，一定要谦虚，不争功。面对自己在工作中所犯的错误，要勇敢低头承认错误，端正态度，认真改正。

"低头的是稻穗，昂头的是稗子"。越成熟越饱满的稻穗，头垂得越低。只有那些稗子，才会显摆招摇，始终把头抬得很高。新员工在工作中要谦虚地低下头，认真积累，做饱满谦逊的"稻穗"，学习他人身上的闪光点，及时改正自身的不足。只有这样才能更快地提升自己的业务水平，避免自己在工作上出现错误。

在请教他人时，要做到适时请教，尽量自己先多分析、多思考。在新的工作中，新员工会面对很多未知，有不懂的可以问，但如果什么事情都去问就会影响到他人，因此尽量自己先把制度、流程、手上现有的资料熟练掌握，如果还有不懂的可以在别人方便的时候去询问。切忌一个问题问几遍，也忌讳总问一些资料中有答案的问题。

2）感恩他人帮助

俗话说"滴水之恩，当涌泉相报"，感恩是一种处世哲学，是职场中的大智慧。无论荣辱困苦，无论成败得失，只要有一颗感恩的心，生活就会洒满阳光。新员工要学会感恩，懂得知恩图报，这样内心也会变得平静和豁达，从而感到幸福快乐。

新员工初入职场，要怀着一颗感恩之心去踏实做人、做事。对于给予自己帮助的人要表示感谢，即使是点滴帮助也应致以诚挚的谢意。只有新员工懂得感恩，给予帮助的一方才能感受到新员工的真诚之心，提高对新员工人际关系层面的认可，愿意与新员工往来，也更愿意在未来继续伸出援手，从而构建彼此长远的良性关系。

3. 处理与团队的关系

初来乍到，新员工在团队中难免会有不适应的地方。能越快、越好地融入新环境，在关系构建上受到的阻力就越小，工作开展得就越顺利。新员工应如何扮演好团队负责人或团队成员的角色，快速、顺利地融入团队呢？

1）做好自己的本职工作

新员工入职，适应新环境需要时间，不要过于着急去融入团队，要先把自己的本职工作做好。自己的专业水平和职业能力才是在职场生存的第一步。任何时候都不要忘记自己的主要职责，在岗位上发挥价值，有了生存才能谈及去融入团队。作为职场新员工，要不说空话、多做实事，塑造勤奋肯干的职场形象，成为踏实可靠的员工。

2）寻找团队切入点，建立信任感

通常来说，团队中会有各种性格的人，在前期观察的基础上，可以选取比较外向热情或性格相合的同事先接触和熟悉，作为切入点，通过他们来了解公司和团队的基本状况，也可以通过自己与他人的共同兴趣爱好加速融入过程。平时多微笑，见面时主动问候打招呼；对前辈尊敬，对同辈友善；可以帮得上忙的，尽量自告奋勇；新的任务提前做好功课，在每一项工作中低调地展示自己……诸如此类的小事都是迅速提升他人好感和信任度的方法，有利于打消团队其他成员对于自己的疑虑。

3）克服交流障碍，参与集体活动

每个人在沟通和处理问题等方面都有所不同，新员工在参与团队初期交流时可能会稍感不适，甚至会因为与同事间微妙的竞合关系而产生小摩擦。此时，集体活动就是颇为有效的破冰手段。在一场和谐的集体活动中，新员工可以借助共同活动的契机，迅速自然地了解同事、表现自我、增进关系。

4）准确表达自我，建立共同体

了解是相互的，表达自己的想法有利于建立良好的人际关系，也能让团队成员更好地了解自己，尽快达成工作上的默契配合。新员工要掌握团队的交流风格，谨言慎行，在不同的场合、对不同的人，沟通方式都要有所调整。在说每一句话之前，都要先考虑一下是否妥当。例如，少用"你"和"我"，多使用"我们"。

5）把握好热情的分寸

新员工常常通过表现自己的热情来构建人际关系，但过度热情会存在溜须拍马的嫌疑。因此，新员工务必把握好尺度，即便再熟悉、再热情也要互相留有余地，既保护自己，又为对方留有后路。

六、思考题

1. 如何理解上司的 DISC 类型？如何处理与 DISC 类型上司的关系？

2. 新员工入职时需要具备哪些方面的成长意识？

3. 请结合实例，分析新员工应该如何处理各种关系才能顺利入职？

第六章　HR 视角的入职管理

本章目标

1. 帮助读者从 HR 视角厘清入职流程规范问题、入职关系破冰难题和入职培训形式重于实质问题。

2. 向读者介绍组织社会化理论的丰富内涵，引导读者结合理论理解和处理入职关系。

3. 读者通过对本章的学习，能够对 HR 如何协助新员工完成关系全方位搭建有新的认识和感悟。

本章要点

1. 入职流程的规范程度关乎新员工能否顺利入职，新员工与新环境间的互动直接影响新员工组织社会化的效果，入职培训关系着新员工的留任意愿与胜任程度。

2. 组织社会化理论有助于厘清新员工要学习什么、内化什么才能更好地适应所在组织，以及运用什么方式使新员工由外部人员变为内部人员。

3. HR 在协助新员工入职时，有必要通过入职引导实现新员工组织社会化、扮演入职关系搭建中间人的角色。

> "实际工作是重要的教育武器。"——陈云（1905.6.13—1995.4.10）

一、引导案例

案例 6-1

组织土壤中，绽个性之花

赵新、李傲和孙平三名刚毕业的大学生满怀憧憬地加入了国网浙江省电力公司。报到的第二天，三人便开始参加企业组织的培训，完成新员工入职的"三个一"工程。

第一件事：参观企业。在人力资源部门工作人员的带领下，赵新、李傲和孙平及其他新员工一起参观了企业。先参观的是企业的文化长廊，长廊包括微笑墙、亲情墙、愿景墙、照片墙和一些特色专栏，展示了国网员工的风采，解说员也详细介绍了国网的发展历史和未来的发展宏图。随后，解说员又带领新员工参观了企业的各个角落，并为他们介绍了企业最新推出的线上虚拟"文化家园"，形形色色的文化展示让赵新不禁发出了感慨：国网不愧是全球最大的公共事业企业，其文化底蕴果然非常深厚。但是，李傲和孙平对此则表现出不在乎的样子。

第一堂课：文化大讲堂。三人都领到了一本新员工手册，手册里详细介绍了企业的背景、愿景、使命、宗旨、员工行为规范等内容。此外，企业还邀请内部专家给新员工讲解国网的企业文化，让每位新员工熟悉国网企业基本价值理念在内质外形、经营管理、电网建设、安全生产、优质服务、队伍建设、社会责任等各项工作中的体现和要求。

第一次会：劳模分享会。紧接着，新员工又参加了第一次劳模分享会，由企业的劳模代表给新员工分享自己的成长历程。主讲的劳模是一位"70后"的老员工，分享主题围绕"奉献"展开，目的是带动新员工投身奉献。但这并没有充分激发出新员工的工作热情和激情。李傲和孙平两人更是有些反感，在底下窃窃私语："这是追求创新的时代，是我们'90后'绽放个性的年代。"赵新听到了他们的对话但没有发表看法，在他看来，虽然并不完全认同这位劳模的说法，但他对于劳模的先进事迹和奉献精神是十分佩服的。不仅如此，赵新也暗暗下定决心："总有一天，我也要站在讲台上给新员工分享我的成长经历！"

此外，为全面提升队伍素质和企业素质，加快推进企业发展方式转变，国网做出了构建集约化大培训体系的战略决策。成立国网技术学院后，国网每年会组织新员工到国网技术学院进行集中培训。在参加完企业的小培训之后，赵新、李傲和孙平三人并没有马上奔赴工作岗位，而是前往国网技术学院济南分校参加为期三个月的集中培训。

在正式培训之前，新员工要接受一个星期的军训，这让赵新三人感觉仿佛回到了校园生活。一个星期之后，2019年第二期新员工培训班军训汇报表演暨开班典礼在学院隆重举行，赵新、李傲和孙平三人也参加了方队表演，展示军训成果。随着开学典礼的完成，集体培训也正式拉开了序幕。会上，学院老师详细介绍了"三位一体"的多元培训体系。

考虑到新员工对企业的认知感和责任感不强，工作经验缺乏，岗位胜任力不足，不能很好地融入企业生产经营活动中，国网要求每位新员工都去一线基层培养、磨炼。对于刚毕业的大学生而言，这无疑是一种巨大的打击。在下基层的过程中，入职不到半年的李傲因难以忍受基层工作，离开了国网，而李傲的离开也给孙平、赵新带来了一定冲击。

敏锐的人力主管张和立马感觉到了这种不稳定的形势，意识到了问题的严重性，迅速安抚了新员工的情绪。同时，张和也及时向上级领导反映了新员工的情况，并逐级上报到省公司。这些问题已经成了多个地区的共性问题，引起了省公司领导的高度重视。在省公司的组织带领下，各地区及时采取了一系列有效措施：一是搭建"连心桥"，包括各级管理人员与员工开展一对一座谈、每周四下午企业领导到基层现场解答员工疑问、专门成立员工诉求服务中心等；二是创建心灵港湾，包括编印下发《员工心理健康自助成长指南》、为职工搭建咨询沟通平台、开展心理健康讲座、定期开展员工"心检"工作等；三是丰富业余生活，包括投资建设职工业余艺术团等企业文化阵地、成立八大职工文体协会、举办企业文化节、建设职工书屋和"读书吧"等；四是关爱员工健康，包括开展"健康快车"活动、健全两级医务室、邀请专家开展健康咨询活动、每年组织员工进行专业体检等。以赵新为代表的新员工是最直接的受益者，企业的关怀让其也感受到了家庭的温暖。

（资料来源：笔者根据相关资料整理。）

带着问题学习：

1．入职流程的具体步骤有哪些？

2．HR 在新员工入职时，如何利用组织社会化推动关系搭建，让新员工从组织外部人员变为内部人员？

3．HR 如何引导新员工与同事、直属上司、HR 搭建职场关系，让新员工觉得自己受到欢迎？

二、内涵特征

（一）入职流程

实用合理的入职流程会提升新员工对组织的好感，并进一步加深新员工与组织的关系。而烦琐低效的入职流程则会使新员工在办理入职手续时苦不堪言，诱发新员工对组织产生抵触情绪，威胁良好员工关系的建立。所以，HR 应该重视入职流程的合理规划，删繁就简，方便新员工快速入职，快速接手新工作。

通常情况下，新员工入职流程分为六大步骤，即入职准备、入职报到、入职手续、入职培训、转正评估、入职结束，如图 6-1 所示。

图 6-1 入职流程的步骤

1. 入职准备主要事项

首先，人力资源部门向合格者发送录用通知书。其次，确认新员工报到日期，通知新员工报到注意事项（如所需资料、体检及其他须知）。最后，通知人事助理新员工报到日期，同时人事助理需根据新员工入职通知单的内容完成相关工作，包括协调用人部门安排新员工的办公位，为新员工申领电脑、电话等设备，发放办公用品，开通邮箱和账号，并完成电脑设备的调试等工作。人事助理还需要为新员工办理员工工号，同时为其安排出入登记打卡等事项。

2. 入职报到主要事项

人力资源部门为新员工提供新员工报到工作单，以便办理入职手续。入职报到的主要事项具体如下：指导新员工填写应聘登记表，签订劳动合同、保密协议和岗位说明书；建立员工档案和考勤卡，介绍组织架构和同事，将新员工移交给用人部门，在 OA（Office Automation，办公自动化）网上发布加盟信息并更新员工通讯录，同时通知用人部门完成座位安排、带新员工熟悉工作环境，为新员工介绍岗位职责和工作流程并指定专人担任新员工辅导员等工作。

3. 入职手续主要事项

首先，指导员工填写员工履历表，以便建立员工档案。为了让新员工了解组织的情况，人力资源部门需要向其发放制度汇编，并要求其通过组织内部网络了解进一步情况。其次，按照新员工入职手续清单逐项办理入职手续，并确认该员工调入人事档案的时间。在这个过程中，人力资源部门需要向新员工介绍管理层，并带新员工到用人部门，将其介绍给部门经理。人力资源部门还需要通过电子邮件和组织内部刊物向全组织公告新员工的情况，并及时更新员工通讯录。最后，完成上述手续后，需要及时与新员工签订劳动合同。

4. 入职培训主要事项

组织新员工培训；相应职能专业技术培训；不定期举行由组织管理层进行的企业发展历程、企业文化、各部门职能与关系等方面的培训。

5. 转正评估主要事项

一般新员工的转正由用人部门和人力资源部门共同进行审批并办理相关手续。当新员工经过实习期，人力资源部门会安排转正评估。在这个过程中，员工会对自己在试用期内的工作进行自评，并接受直接经理的评估。最终，用人部门和人力资源部门会共同进行审批并办理相关手续，以确定是否让该员工转正。需要指出的是，直接经理的评估结果对于该员工是否转正具有决定性的作用。

6．入职结束主要事项

根据新员工报到工作单的要求，当各项工作已经全部落实并完成后，新员工需要在试用期结束时签署此工作单并交由人力资源部门存档。

总而言之，整个入职流程涵盖了新员工组织社会化的各阶段，包括预期社会化阶段、调适阶段和角色管理阶段。基于此，HR 能够让新员工顺利进入组织，帮助其明确自身角色；带动新员工建立人际关系，参与解决工作场所的冲突；考察新员工能否达到组织的期望、是否与组织充分适配。

（二）入职的影响因素

通常而言，新员工入职时的态度和行为可能受到以下因素的影响：一是职业成熟度，即新员工准备好做出明智的、适合的职业决定，并在面对现有的机会和限制时谨慎选择；二是个人-组织契合度，即新员工认为公司是否适合自己，如价值观是否匹配或适合；三是感知到的同事和领导的支持，即新员工感知到的同事和领导对自己的帮助和支持；四是组织社会化，即新员工从组织外部人员转变为内部人员的过程。

三、现实问题

（一）入职流程规范问题

实际中，虽然入职过程可能并不复杂，但稍有疏忽，也可能导致人才离职或引发法律风险。例如，明确和规范录用条件、入职资料审核和背景调查、入职报到程序及手续办理等环节都存在法律风险。因此，HR 应特别关注并预防这些风险。

值得一提的是，入职时人力资源工作的很多风险和纠纷往往发生在基础工作中。因此，HR 不能小看基础工作，要让入职流程达到处处规范。这就要求整个人力资源部门通力协作，做好细节的全面管控。总而言之，协助新员工规范地完成入职流程是 HR 的一门必修课。

（二）入职关系破冰难题

新员工入职后大都期许能迅速获得融洽关系，但现实往往相反。若新员工在工作、情感上无法与组织匹配，便会产生逃离的心理。社会化学者指出，新员工进入组织的初期是一个伴随着新的人际关系互动的高压力过程。早在 1987 年，赖歇尔等人就从人际关系视角提出新员工进入组织的初期是与组织内部人员（上级与同事）互动的过程，而互动的质量与频率都会对组织社会化结果产生直接影响。

与组织内部人员的关系建立是新员工组织社会化的主要推动力，而相比于组织的遥远性，新员工所在的工作群体单元则是社会化的主要场所。新员工期待融入新的组织群体，尤其是与工作中接触较多的人建立良好关系。然而，实际中新员工被他人接纳的需要却常常无法得到满足。

如果 HR 对新员工入职关系问题关注不够，就很容易导致新员工初来团队时得不到必要的支持，甚至出现老员工欺负新员工的情况，以至于新员工被迫独来独往，心中充斥着被孤立的负面感知，最终可能会选择沮丧离开。

（三）入职培训形式重于实质问题

HR 有时会遇到这样的情形：经过层层筛选简历，完成面试、签署合同、入职等一系列流程，新员工入职几天后，却突然提出离职。这样的无效招聘不仅增加了招聘成本，也增加了 HR 的工作量，让 HR 感到非常郁闷。那么，问题到底出在哪？事实上，如果新员工本身符合招聘标准，那么大概率是因为新员工入职体验不佳，尤其是入职培训这一重点环节出了问题。

新员工进入新的工作环境中，"水土不服"是常见问题。难以迅速适应新的环境和融入新的团队，进而导致工作状态不佳、心理压力增大、工作效率低下。因此，新员工是员工关怀中需要特别关注的群体，尤其是要加强新员工对新角色的认知及与企业文化的融合。

实际中，不少 HR 并未真正推行实质性的新员工培训。他们认为花时间来做新员工培训成本太高，而且不能立刻看见收益，培训只需要走个过场即可。但事实上，他们忽视了企业居高不下的人员流动率，以及由此导致的大幅提升的招聘成本。倘若能扎实推进新员工培训，便可以促使新员工快速产生归属感与认同感，同时快速掌握业务流程、部门分工、企业文化等，达到岗位胜任力要求，为组织带来诸多益处。

四、组织社会化理论

（一）组织社会化概念

社会化是指个体获得团体所认同的社会行为，从而适应团体生活的过程。个体从自然人向社会人转变是一个系统的过程，要求个体必须在社会认可的行为规范下发展自己的行为模式，以符合社会对其的期望，成为社会的一分子。

组织社会化是指新员工从进入组织到成为该组织既定成员过程中涉及社会和文化方面的所有学习。员工的组织社会化过程是一个不断学习的过程，在这个过程中，员工与团体或组织之间互相影响，从而了解组织的价值观，并获得相应的工作技能。对于组织来说，组织社会化的目的是确保员工理解和遵守共同的价值观和规范，促进员工适应组织并提高员工的组织承诺水平，以降低员工的离职率。

（二）组织社会化内容

组织社会化内容是指把组织社会化看作一个学习过程，旨在探讨员工要学习什么和内化什么才能更好地适应所在组织，并以此来衡量员工组织社会化的程度。在组织社会化过程中，组织需要传达内容给员工，以便他们获取相应的信息。组织的社会化评估不仅评估过程本身，还要评估内容领域。因此，组织可以根据员工在学习组织社会化内容方面的表现来评估其组织社会化的程度。这些内容通常包括技术、知识、能力、态度、价值观、人际关系等方面的变化和发展。

（三）组织社会化阶段

组织社会化阶段是指员工从组织外部人员转变为内部人员的渐进过程。不同的学者从不同的角度出发，提出了相应的三阶段模型，其中比较有代表性的是以下三种观点。

菲尔德曼认为组织社会化分为三个阶段：预期社会化阶段，新员工进入组织，而组织则给新员工设定现实期望，同时确定新员工与组织是否匹配；调适阶段，新员工开始工作，建立人际关系，明确角色，努力使个人绩效评估与组织绩效评估取得一致；角色管理阶段，新员工努力使个人业余爱好不与组织工作产生冲突，解决工作场所的冲突。

波特认为组织社会化分为三个阶段：员工开始工作前，组织向其说明明确的奖励与惩罚标准，明确对其的期望；调适阶段，新员工认可或不赞同组织的期望，进一步了解组织的奖励与惩罚标准；新员工改变自我形象，形成新的人际关系，接受新的价值观，学习新的行为标准。

沙因指出组织社会化分为三个阶段：第一阶段新员工寻找有关组织与工作的准确的信息，了解组织的环境，因获得的信息不准确，导致对工作形成偏见；第二阶段新员工接受组织现实，尝试改变，组织的环境适合新员工个人发展的需求，组织对新员工进行个人绩效的考核；第三阶段新员工能够适应组织、对组织与工作做出承诺，组织对新员工表示认可。

（四）组织社会化策略

组织社会化策略是指组织为协助新员工适应组织，减少不确定性和焦虑感，获取作为组织成员所必需的知识、态度和行为，使新员工由外部人员转为内部人员的方法和策略。

沙因提出了六种社会化策略：集体-个别策略、正式-非正式策略、有序-随机策略、固定-变动策略、连续-分离策略、授权-剥夺策略。

（1）集体-个别策略：让新员工形成群体，共同体验同样的事情，而不是为每位新员工提供不同的体验。

（2）正式-非正式策略：在一定时间内把新员工与正式员工隔离开来，而不是把新员工与更有经验的正式员工整合在一起。

（3）有序-随机策略：提供固定次序的社会化步骤，保证新员工往预定的组织角色或工作角色转变，而不是将新员工置身于模糊的或不断变化的随机事件之中。

（4）固定-变动策略：提供固定时间表来推动新员工社会化，这是一个完整的过程，而不是一个没有时间表的社会化过程。

（5）连续-分离策略：利用有经验的员工来指导和帮助新员工社会化，如采用师徒制，而不是不树立特定的角色榜样。

（6）授权-剥夺策略：充分尊重新员工的个性，而不是试图消除这些个性。

（五）员工主动组织社会化行为

在进入组织的过程中，新员工通过搜集信息、与企业内部人员构建关系网络等方式来适应组织规范和文化。在角色转换过程中，新员工试图主动了解情况以更快适应组织和工作，这种行为被称为主动组织社会化行为。通过自己的努力，他们了解环境、寻找信息源和信息，寻求自己在组织中的支持，提升各种能力和技能。除了受到环境和组织策略的影响外，新员工的组织社会化过程还受他们自身主动性的影响。

五、实务操作

（一）HR 入职引导目标

入职引导是 HR 协助新员工实现组织社会化的重要环节。通过入职引导，新员工能按照组织既定规则行事，了解组织的价值观，并且实现态度、价值观、人际关系、知识能力等方面的适应和进阶。案例 6-1 中，入职不到半年的李傲因难以忍受基层工作，选择了辞职，好在敏锐的人力主管立马意识到了问题的严峻性，安抚了新员工的情绪，优化了入职引导工作。由此可见，站在 HR 的角度，入职管理工作的终点不是人员到岗，而是如何让新员工成功地留下来。一般而言，HR 需要在对新员工进行入职引导时达成以下四个目标。

第一，改善新员工体验。入职流程中，HR 对新员工的关怀明显影响着新员工的体验，因此从第一个步骤到最后一个步骤，都需要围绕新员工进行设计。新员工初来乍到，一切对他们来说都是陌生的、新奇的，如果没有得到 HR 的引导和帮助，他们内心的感受与周围的氛围不相融，便难以融入新环境。而入职流程的精心设计能呈现出仪式感、尊重与关怀。案例 6-1 中，国网浙江省电力公司为新员工设计了入职的"三个一"工程，以参观企业、开展文化大讲堂、举办劳模分享会的多元形式，帮助新员工了解企业的愿景、使命、宗旨、员工行为规范等，也激励带动他们对标身边劳模，全力投身于企业的未来建设。

第二，加速新员工融入。当新员工进入一家企业时，很多内容都需要学习——企业的正式员工如何思考？如何开展工作？如何进行沟通？诸如此类的问题，对新员工来说都是全新的挑战。而这种角色和思维的转变，需要有相应的支持体系，帮助新员工了解企业业务、文化等。HR 通过设计科学的入职流程，可以协助新员工更好地调整自己的行动，从而加速融入企业并顺利开展工作。

第三，预警用人风险。之所以对新员工设计试用期，主要原因之一就是评估员工与企业是否匹配。面试作为 HR 进行前期评估的一种手段，期间 HR 对员工的了解是相对有限的。只有把员工放入具体的工作场景中，才能进一步评估员工与企业之间的匹配度，从而决定是否形成正式的员工关系。案例 6-1 中，赵新、李傲和孙平三人接连参加了企业的小培训、国网技术学院济南分校的集中培训、基层一线的培养，是人力资源部门考虑到新员工对企业的认知不足、工作责任感和工作经验缺乏、岗位胜任力欠佳，而设计的一种评估考验形式，有助于观察新员工的能力、个性、精神品质等。

第四，确保政策合规。新员工入职流程需要保证员工加入企业的合规性，符合劳动法及相关法律条款，也要保证员工提交的材料符合要求。

（二）HR 协助搭建入职关系

试想，当新员工觉得自己不过是组织中普通的一员，他们便会像普通员工那样行事；相反，如果新员工一开始就觉得备受同事与领导的欢迎、重视，搭建起了良好的职场关系，就更有可能奋发有为，积极为组织创造价值。

作为 HR，有必要从新员工入职开始，就充当新员工职场关系的牵引者。例如，对与新员工未来工作岗位相关的人员进行详细介绍，同时号召老员工主动与新员工沟通，鼓励新员工主动与老员工互动，做到让新员工既识路又识人。同时，HR 作为引导新员工进入企业的带路人，自身也有义务照顾新员工的主观感受，将新员工介绍给用人部门以后，需要主动与新员工进行沟通，并时常关注新员工的工作与生活情况，帮助新员工解决问题。

1. 与同事——"携手并肩的同仁"

新员工在入职阶段和同事相互了解是非常必要的。HR 此时应当协助新员工与同事组建齐头并进的"统一战线"，建立良好的工作伙伴关系。

HR 可以选择较为正式的方式让新老员工相互认识。例如，HR 可以先让新员工了解岗位在组织中的位置，再带着新员工去与工作来往较多的部门同事问好、碰面。HR 也可以选择更有趣、更便捷的方式，可以是线下的，也可以是线上的，例如，举办简单但热烈的欢迎会，备好咖啡和茶点，使老员工和新员工通过聊天认识彼此。这些都会让新员工觉得组织的人都很热情，自己的到来也深受大家欢迎。

除了上述的关系搭建方式，HR 还能在细节中倾注精力、彰显关怀。例如，在吃饭、下班时间，老员工可能结伴而行，新员工却被冷落在一旁、不知所措。倘若 HR 能自己或叫上老员工，与新员工一起吃饭或结伴下班，聊聊新员工对工作的想法，适当关怀，能够有效减少新员工不必要的情绪波动。又如，可以给喜欢打篮球的新员工介绍打篮球的同伴，使新老员工因为共同兴趣联结在一起，促进新员工完成从外部人员到内部人员的转变。

2. 与直属上司——"县官不如现管"

《孙子》中提到"上下同欲者胜"，入职时构建下属与上级领导的和谐人际关系，具有一定的必要性和迫切性。新员工与直属上司的关系联结至关重要，而"一对一交流"在很大程度上为新员工提供了时间、空间来与直属上司建立联系，为最关键的工作关系奠定了坚实基础。作为HR，此时需要做的就是为新员工和直属上司创造沟通、接触的机会。

此外，HR可以充当新员工与直属上司关系间的协调者、建议者。例如，为新员工提供适宜的工作节奏和内容是直属上司的日常工作之一，此时，HR应对直属上司安排的工作提前或及时了解，当直属上司安排的工作不合理时，HR应当及时提出建议。

另外，很多企业会设置老员工带新员工的成长机制，但很多时候都沦为了形式主义。在该机制中，HR需要注意一些问题：一是老员工的人选问题，应当选择愿意带新员工成长、融入团队，以及具备强烈的分享意愿和团队精神的老员工，而不一定是业务水平非常顶尖的老员工；二是激励问题，因为带新员工属于普通员工职责范围之外的工作，为了激励老员工去帮助新员工成长，必须实施一些激励措施；三是流程问题，HR需要设置标准化的老带新流程，避免老员工只凭自身经验教导新员工，从而实现更高效、更规范地带教。

3. 与HR——"关系协调的巧匠"

案例6-1中，基层艰苦的工作让部分新员工离职，同时也动摇了其他新员工扎根公司的意愿，好在敏锐的人力主管立马察觉到形势的严峻，既及时安抚了新员工的情绪，又向上级领导反映了问题并进行了有效整改，最终成功化解危机。

对待新员工，HR不仅需要在发现问题时"救急"，日常也常常需要扮演"知心姐姐"的角色。在员工刚入职时，HR需要让他们了解各种信息，如各部门的布局、最常用电话、使用电子邮件的指南、如何使用办公设备等。另外，还有一些更加详细的信息，包括茶水间和洗手间的位置、企业周边环境的交通路线及是否有外卖服务等。这些信息将帮助新员工更好地适应工作，并让他们感受到HR的关怀和热心。

同时，在入职时HR需要关心新员工的想法，倾听他们的声音，帮助他们协调解决工作中所遇到的难题。HR可以与新员工坐在一起，平等、敞开心扉地交流。HR可以向新员工询问如下问题：你对自己的工作有何看法？这符合你进入企业时的期望吗？有什么事情让你觉得意外吗，如果有，是什么呢？你得到了所有你需要的工作工具和信息吗？你和上司的关系如何？新员工入职培训对你有帮助吗？如果让你来组织入职培训，你会采取哪些措施？在新员工讲出心里话之后，HR有必要积极回应，全面分析后采取应对策略，后续给予新员工足够的信任和支持，使他们顺利度过入职期。

（三）实用化入职培训设计

案例 6-1 中，新员工通过入职的"三个一"工程，在人力资源部门工作人员的带领下参观了企业，也通过新员工手册了解了企业的背景、愿景、使命等，还聆听了劳模分享的精彩故事，凸显了 HR 在入职管理中的重要作用。此外，基层一线的培养、磨炼经历，不仅能够增强新员工的认知感、责任感，还能让新员工逐步积累工作经验、提升岗位胜任力。由此可见，由 HR 主导的系统化、全流程的入职培训，为新员工了解组织价值观、获得工作所需技能提供了途径，从而使新员工更好地适应和融入新环境。新员工实用化入职培训体系有利于实现人尽其才、人尽其用、适才适岗的目标。

事实上，新员工入职培训也是 HR 可以重点发挥的、职责范围内的事情。在新员工入职培训中，HR 应传达出如下信号：你选择加入企业是非常明智的决定，同时你的加入为企业带来了不少荣耀，这也是企业引以为豪的地方。

实用化是 HR 设计入职培训时的关键点。在企业工作多年的老员工可能已经忘了如何当一名新员工，一些他们认为是微不足道的事，在新员工看来可能是十分棘手的事。所以，要从新员工的视角去考虑实用性，有助于 HR 设计入职培训时融入重要细节。同时，HR 将入职培训进行分解和细化，可以让新员工充分消化。而在培训期间、培训之后，HR 也要及时寻求新员工的反馈，获得改进意见，不断优化现有设计。

实际中，HR 可以从组织与岗位基本认知、职业生涯规划等方面开展入职培训。

1. 组织与岗位基本认知

入职就好比登上新的"舞台"，新员工需要知道有多少人将和他一起表演、做到什么程度才达到了演出水平、什么时候能够到更大的"舞台"上去表演等。因此，对所处"舞台"的认知至关重要，具体包括以下几个方面。

1）理解企业所处的宏观环境

宏观环境主要包括所在行业的发展趋势、密切相关的国家政策法规、企业在产业链中所处位置等。

2）理解企业的经营目标

企业的经营目标分为两个层面。一是远期目标，可以通过企业战略规划，企业的愿景、使命、价值观等进行理解。二是近期目标，通常体现为年度经营的财务指标，包括年度销售额、利润额、利润率等数据。如果能在一定程度上理解企业的决策动机、理解所处部门的目标导向，新员工就能更深刻地理解所在岗位的努力方向。

3）理解企业的核心能力

理解企业的核心能力，需要着重回答下面几个问题：企业的客户是谁？企业的竞争对手是谁？企业靠什么存活在市场上，并能够持续发展的？企业与竞争对手的竞争策略分别是什么？

4）理解企业的盈利模式

企业的盈利模式是指企业如何赚钱并存活在市场上的，彰显了企业独特的生存之道。首先，新员工要知道企业的主营业务是什么；其次，要深入了解主营业务是如何赚钱的，可以通过绘制业务流程图，迅速了解企业的收入从哪里来、获取收入的关键点在哪里。

5）理解企业的组织架构

组织架构的本质是为了实现企业经营目标而进行的内部分工与协作的结构体现，同时也是权责利的体现。通过企业的组织架构，新员工可以了解管理层的管理风格和经营思路。同时，从组织架构上还可以看到企业的核心人物、核心资源在哪里。

6）理解部门定位

通过主营业务流程图，可以找到部门在流程图中的定位。HR 要帮助新员工分清部门工作的主次，知道什么是重点工作。

7）理解岗位职责

HR 需要做好新员工的岗位定位。如果新员工是招聘主管，就应该把工作重心放在关键岗位的分析与招聘上。如果新员工是培训主管，制订年度培训计划的时候就不能做个大而全、蜻蜓点水式的培训计划，而应该把培训资源向关键岗位倾斜。只有这样系统化、差别化地思考问题，才能将有限的资源投入到最能为企业获取收益的地方，体现自己在企业发展中的价值。

同时，HR 要组织好岗前培训，让员工掌握工作中所需注意的规则、业务线的基本操作要求等，形成对工作的初步认知，尽快上岗。

总之，新员工往往只拥有入职前通过媒体获得的信息及面试中获得的信息，对所在组织和工作岗位的了解相对较少。如果 HR 能帮助他们更多地了解企业文化、业务、未来发展方向、竞争策略和目标、管理制度等信息，能增强他们的荣誉感，也能帮助他们明确自己努力的方向、强化主动组织社会化的意愿。

2. 职业生涯规划

新员工经过面试筛选的重重考验，进入企业时往往对自己充满自信。倘若入职后发现自身掌握的知识技能与实际工作不匹配时，就容易产生强烈的落差感，出现角色不当、角色迷失、角色错位的现象。角色不当主要表现为不知道自己是谁，不服从管理，爱使性子、撂挑子；角色迷失主要表现为事不关己、高高挂起、公私不分、工作情绪恶化等；角色错位主要表现为工作角色与家庭角色、职业角色与生活角色混淆不清。当员工无法正确认识自我角色时，将会对员工关系、工作业绩造成负面影响。

初入职场的员工对自我的职业认识有一个探索的过程。此时，HR 的职责便是大力支持新员工制定职业生涯规划，主动提供职业生涯规划建议，给员工提供必要的教育、培训、轮岗等发展机会，从而减少其内心的不确定性和焦虑，为新员工开辟更加宽阔的上升通道和发展途径，提高新员工的组织社会化程度。

　　事实上，为了帮助新员工进行职业生涯规划，HR 可以从招聘接触阶段开始做起。通过仔细研究求职者的背景和履历，HR 可以为他们提供本公司职业发展方面的必要信息，以便他们明确自身的位置与发力方向，使其看到职业生涯规划中的希望和前景，从而获得更好的职业发展。

六、思考题

1. 如何通过组织社会化让新员工从外部人员变为内部人员？
2. HR 可以通过哪些方式，帮助新员工破解入职关系难题？
3. 请简述 HR 如何设计实用化的入职培训。

第七章 组织视角的入职管理

本章目标

1. 向读者介绍企业的用工形式，树立合法用工的理念。
2. 帮助读者了解雇用关系中的效率、公平和话语权，以及企业师徒关系。
3. 带领读者了解新员工尤其是新生代员工入职关怀的注意点。

本章要点

1. 关注企业合法用工问题，解读全日制用工、非全日制用工、劳务派遣用工的内涵与特点，帮助组织推进用工合法化，全面防范劳动用工风险。

2. 新员工初入企业的体验尤为重要，建立具有针对性的新员工入职关怀机制，有助于提升新员工的幸福感和归属感。

3. 新生代员工作为当今企业的新生力量，他们的成长环境、行为模式和思维方式具有独特性，组织需要设计与其相适应的入职"新举措"。

> "领导者的工作，就是每天把全世界各地最优秀的人才延揽过来。他们必须热爱自己的员工，拥抱自己的员工，激励自己的员工。"——杰克·韦尔奇（Jack Welch，1935.11.19—2020.3.2）

一、引导案例

案例 7-1

新员工入职 180 天培训计划

华为技术有限公司（以下简称华为）创立于 1987 年，截至 2023 年 4 月，华为总共拥有20.7万名员工，他们遍及170多个国家和地区。仅在2020年和2021年，华为共招聘了2.6万名应届生，社招员工群体也非常庞大。因此，华为非常重视新员工入职培训，将新员工培训周期分为八个阶段，共180天。

第一阶段：新员工入职，让他知道自己要做什么（第1~7天）。

为了让新员工在7天内快速融入企业，华为要求管理者做到下面七点。

（1）给新员工安排好座位及办公桌，并给他介绍周围的同事。

（2）开一场欢迎会或聚餐介绍部门里的每个人相互认识。

（3）让直属上司与其进行单独沟通，让其了解公司文化、发展战略等，并了解新员工的专业能力、家庭背景、职业生涯规划与兴趣爱好。

（4）让HR告诉新员工他的工作职责和自身的发展空间及价值。

（5）让直属上司明确安排新员工第一周的工作任务，包括每天要做什么、怎么做、与任务相关的其他部门负责人是谁。

（6）对于日常工作中的问题，要及时发现、及时纠正，但不做批评；要给予及时肯定和表扬；检查每天的工作。

（7）让工作1年以上的老员工，尽可能多地和新员工接触，一起吃午饭，多聊天，不要在第一周谈论过多的工作目标及给予工作压力。

第二阶段：新员工过渡，让他知道如何能做好（第8~30天）。

转变往往是痛苦的，但又是必需的，管理者需要用较短的时间帮助新员工完成角色过渡，主要采用以下五种方法。

（1）带领新员工熟悉公司环境和各部门，让他知道怎么写规范的公司邮件、怎么发传真、电脑出现问题找谁、如何接内部电话等。

（2）最好将新员工安排在老员工附近，方便老员工进行指导。

（3）及时观察其情绪状态，做好及时调整，通过询问发现其是否存在压力。

（4）适时把自己的经验教给他，让其在实战中学习。

（5）对其成长和进步及时表示肯定和赞扬，并提出更高的期望。

第三阶段：让新员工接受挑战性任务（第31~60天）。

华为主张管理者在适当时候给予新员工适当压力，施压方式主要如下。

（1）知道新员工的长处及掌握的技能，对其讲清工作的要求及考核的指标要求。

（2）多开展团队活动，观察新员工的优点和能力，扬长避短。

（3）新员工犯错误时给其改正的机会，观察其处于逆境时的心态和行为，评估其培养价值。

（4）如果新员工实在无法胜任当前岗位，看看其是否适合其他部门，多给其机会，避免一刀切。

第四阶段：表扬与鼓励，建立互信关系（第61~90天）。

华为认为，管理者表扬与鼓励员工时，要遵循三个原则：及时性、多样性和开放性。

（1）表扬与鼓励的及时性：当新员工完成挑战性任务，或者有进步的地方，应及时给予表扬与奖励。

（2）表扬与鼓励的多样性：给予多种形式的表扬与鼓励，要多给他惊喜，多创造不同的惊喜感。

（3）表扬与鼓励的开放性：向公司其他员工展示新员工的成绩，并让新员工分享成功的经验。

第五阶段：让新员工融入团队主动完成工作（第91~120天）。

在这一阶段，新员工需要融入团队，开展团队合作，管理者的主要做法具体如下。

（1）鼓励新员工积极踊跃参与团队的会议并在会议中发言，在他们发言之后做出表扬和鼓励。

（2）对于激励机制、团队建设、任务流程、成长的经验要多进行会议商讨、分享。

（3）与新员工探讨任务处理的方法与建议，当新员工提出好的建议时要肯定他们。

（4）如果新员工与老员工发生矛盾，要及时处理。

第六阶段：赋予新员工使命，适度授权（第121~179天）。

度过了前4个月，管理者的工作重心也要转为以下几点。

（1）帮助新员工重新定位，让其重新认识工作的价值、意义、责任、使命、高度，找到自己的目标和方向。

（2）时刻关注新员工，当其有负面情绪时，要及时调整，要对新员工的各个方面敏感；当其问到负面、幼稚的问题时，要转换方式，从正面、积极的一面去解答他的问题。

（3）让新员工感受到企业的使命，放大公司愿景和文化价值、放大战略决策和领导意图等，聚焦凝聚人心和文化落地、聚焦方向正确和高效沟通、聚焦绩效提升和职业素质。

（4）当公司有什么重大的事情或振奋人心的消息时，要与大家分享，并且要随时随地激励新员工。

（5）开始适度放权让新员工自行完成工作，发现工作的价值，放权不宜一步到位。

第七阶段：总结、制订发展计划（第180天）。

新员工入职满6个月，管理者要帮其做一次正式评估，并制订发展计划，以及进行一次完整的绩效面谈，主要包括以下内容。

（1）每个季度保证至少1~2次1个小时以上的正式绩效面谈，面谈之前做好充分调查，谈话做到有理、有据、有法。

（2）绩效面谈要明确目的，让员工自评，自评内容包括做了哪些事情、有哪些成果、为成果做了哪些努力、哪些方面做得不足、哪些方面和其他同事有差距。

（3）领导评估包括成果、能力、日常表现。要做到先肯定成果，再说不足，在谈不足的时候要有真实的例子做支持。

（4）协助新员工制定目标和措施，让他做出承诺，监督检查目标的进度，协助他达成既定目标。

（5）为新员工争取发展提升的机会，多与他探讨未来的发展，至少每3~6个月给其评估一次。

（6）给予新员工参加培训的机会，鼓励他平时多学习、多看书，协助新员工制订出成长计划，并分阶段检查。

第八阶段：全方位关注员工成长（每一天）。一般度过了前90天，新员工就会转正成为正式员工，随之而来的是新的挑战，当然这也意味着新员工真正成为华为的一分子。管理者需要做到以下三点。

（1）关注员工的生活，当他们受打击、生病、失恋、遭遇生活变故、心理产生迷茫时多支持、多沟通、多关心、多帮助。

（2）记住部门每个员工的生日，并在生日当天集体庆祝；记录部门大事记和员工的每次突破，针对每次的进步给予表扬、奖励。

（3）每月举办一次各种形式的团队活动，增加团队的凝聚力，关键点：坦诚、赏识、感情、诚信。

带着问题学习：

1. 实际中，企业可以采取哪些用工形式？
2. 组织在新员工入职时，如何针对性地给予关怀，建立好双方的关系？
3. 组织应该如何引导新生代员工处理好与人、与事、与己、与时的关系？

二、内涵特征

（一）入职管理的定义

入职管理是指组织通过让新员工了解工作岗位的职责与要求，提供相关资源，从而确保员工能够尽快适应工作岗位的过程。入职管理旨在帮助新员工尽快融入企业。

（二）企业的用工形式

为确保企业合法用工，需要做好企业规章制度和劳动合同等方面的完善工作，并进行必要的合法性审查和改进。根据《中华人民共和国劳动合同法》的规定，企业的用工形式包括全日制用工、非全日制用工、劳务派遣用工三种。

1. 全日制用工

全日制用工是规定了劳动时间（每天工作时间）、劳动期限（劳动合同期限）的用工形式，也是最常见的用工形式。全日制用工具有稳定性和持久性的特点。对于企业而言，这种形式有助于培养人才、激发员工积极性、形成内部凝聚力，从而促进企业长远发展。对于员工而言，这种形式具有可靠性和稳定性，有助于他们发挥个人能力、实现个人能力的提升。另外，这种用工形式为其提供了具有保障性的工作环境。

2．非全日制用工

非全日制用工是指以小时计酬为主，劳动者在同一用人单位一般平均每日工作时间不超过 4 个小时，每周工作时间累计不超过 24 个小时的用工形式。

近年来，以小时工为主要形式的非全日制用工发展较快。《中华人民共和国劳动合同法》从法律层面上对非全日制用工做出了与全日制用工不同的特别规范：一是对非全日制用工做出上述定义；二是规定从事非全日制用工的劳动者可以与一个或一个以上用人单位订立劳动合同，但是后订立的劳动合同不得影响先订立劳动合同的履行，而全日制用工劳动者只能与一个用人单位订立劳动合同；三是规定非全日制用工双方当事人可以订立口头协议，而全日制用工双方当事人应当订立书面劳动合同；四是规定非全日制用工双方当事人不得约定试用期，而全日制用工除以完成一定工作任务为期限的劳动合同和三个月以下固定期限劳动合同外，其他劳动合同可以依法约定试用期。

3．劳务派遣用工

劳务派遣用工是指劳务派遣单位与被派遣劳动者建立劳动关系，并将劳动者派遣到用人单位，被派遣劳动者在用人单位的指挥、监督下从事劳动的新型用工形式。劳务派遣用工具有如下特征。

一是劳动者的雇用和使用相分离。这是劳务派遣用工最本质的特征。在一般劳动关系中，用人单位直接雇用和使用劳动者，并向劳动者支付报酬；而在劳务派遣用工中，劳动者虽然与劳务派遣单位建立劳动关系，但实际使用劳动者的却是用人单位。

二是劳务派遣用工中具有三个主体。劳务派遣用工中雇用与使用劳动者的主体相分离，因此在劳务派遣用工中存在三个主体：劳务派遣单位、劳动者、实际用人单位。三个主体的权利和义务由法律规定。一般而言，各国劳动法都规定劳务派遣单位与用人单位对劳动者单独或连带承担一般劳动关系中的雇主义务。

三是劳务派遣用工中存在一组合同。其中一个是劳务派遣单位与被派遣劳动者之间的劳动合同，另一个是劳务派遣单位与用人单位之间的劳务派遣合同。

4．几种用工形式的主要区别

首先是工时方面的区别。全日制用工与劳务派遣用工基本相同，平均每日工作时间不超过 8 个小时，每周工作时间不超过 40 个小时，非全日制用工平均每日工作时间不超过 4 个小时，每周不超过 24 个小时。

其次是合同订立形式方面的区别。全日制用工与劳务派遣用工都应当订立书面合同，非全日制用工可以订立口头协议。

最后是试用期方面的区别。全日制用工与劳务派遣用工除以完成一定工作任务为期限的劳动合同和 3 个月以下固定期限劳动合同外，其他劳动合同可以依法约定试用期；非全日制用工双方当事人不得约定试用期。

三、现实问题

（一）关怀的针对性

新员工在工作初期，尤其是在报到第一天的体验极为关键。因为第一印象对于个体观念的形成有重要影响，一旦个体形成了一定的认知偏见，后续改变将十分艰难。因此，如果新员工没有在入职时感受到组织充分的关怀，组织便可能失去辛苦招来的新员工，甚至组织内部可能产生动摇军心、引发离职"连锁反应"的风险。

员工入职关怀是组织践行以人为本观念的体现，也是影响新员工态度、行为和绩效的关键因素。伴随着信息技术和数字技术的发展，新的经济形态随之而来，由此带来了生产模式和用工形式的变化，用工形式越来越灵活多样。因此，合理的入职关怀机制有助于减轻新员工工作初期的焦虑与无助，提升新员工的组织归属感和工作积极性。

然而，很多组织对于新员工入职关怀的理解不够全面准确。一些组织管理者认为新员工入职关怀等同于新员工培训与福利，也有一些组织管理者将新、老员工的关怀力度与形式完全等同，缺少对新员工关怀特殊性的深度剖析。此外，面对新员工的流失，有些公司容易出现业务部门埋怨 HR 招人不行、HR 责怪业务部门不会带人的情况。而这背后所反映出来的问题是组织内部对新员工入职关怀工作缺乏针对性，也缺乏共识，同时入职关怀工作未由各责任主体共同承担。

（二）组织开放有限

一是组织的思维开放有限。组织中，与组织创新、组织变革及新员工引进相配套的开放性思维还较为有限，具体表现为等级观念比较重、"部门墙"较为明显、新鲜事物的接受程度有限等。

二是组织的管理开放有限。组织中，很多管理环节规则不清，环节与环节之间衔接不够紧密，欢迎新员工到来工作之外的其他环节准备不足，入职管理缺乏温度，也缺乏对员工未来发展的引领。

三是组织的文化开放有限。在组织文化建设过程中，组织中普遍存在"唯老板意志"的文化，新员工往往没有话语权，个性表达被抑制，缺少包容新员工、鼓励新员工参与建设的文化。

（三）新生代员工入职

当今，新生代员工已经成为企业的新生力量。他们的成长经历了经济全球化、政治多样化和文化多元化，数字经济、共享经济、平台经济的发展使他们形成了与以往员工不一样的行为模式和思维特征。随着时代的发展，企业传统的入职管理模式已无法满足新生代员工的需要，新生代员工入职管理问题也开始被企业重视。

一方面，新生代员工具有时代造就的优点。例如，他们具有与生俱来的互联网特性，知识更新快，善于创新，乐于接受新事物；他们独立自信、有主见，职业中有很强的兴趣导向性；渴望成功，有着对生活的热爱；怀有对自由的向往……

另一方面，新生代员工的缺点也可能成为入职过程中的障碍。相较于年长的员工，新生代员工没有经历过大的社会革命，同时生活条件优越，多为独生子女，基本都接受了高等教育，因此他们有很强的个性，也往往存在不服从管理、心理承受能力不足、职业韧性差、专注力差、职业忠诚度低、缺乏团队协作意识等缺点。新生代员工在为企业注入新鲜血液的同时，存在着经常跳槽、辞职等情况。

四、主要理论

（一）雇用关系中的效率、公平和话语权

约翰 W. 巴德在《劳动关系：寻求平衡》一书中提到雇用关系的三个目标：效率、公平和话语权。效率是指有效地、利润最大化地使用劳动力以促进经济繁荣；公平是指在经济报酬分配、雇用政策管理及员工安全提供方面的公平合理；话语权是指雇员实际影响组织决策的能力。

效率是衡量经济效益和企业绩效的标准，公平是测量待遇是否公正的标准，话语权则是测量员工参与度的标准。实现效率可以体现在促进灵活性和生产力的组织政策上；实现公平则可以体现在体面的工资和福利政策上，或者规定只能以合法、绩效相关的理由解雇员工的政策上；员工通过工会实现的自主权和代表权，则凸显了对话语权的追求。

有时，这三个目标的方向是一致的。例如，公平的待遇和员工话语权的提高可以增加员工对组织的承诺，进而降低员工离职率，最终提高效率。但是，这三个目标有时也会发生冲突。例如，公平的待遇可能降低灵活性，进而降低效率。而员工的话语权可能使决策制定变得更烦琐，进而导致效率降低。此外，为了更好地实现公平，工会可能会集中权力，因而无法满足个体员工的需求和话语权。因此，雇用关系必须在这三个目标之间寻求平衡，以确保达到最佳效果。

（二）企业师徒关系

企业师徒关系一直在学界和实践界备受关注，作为培育和开发合格员工的重要制度，其价值不容忽视。在企业师徒关系中，导师和徒弟之间建立了一种独特的情感纽带和人际交换关系，导师往往能持续为徒弟提供指导、学习和成长机会。资历深厚的导师将其知识、工作技能、信心和理想传授给资历较浅的徒弟，这一过程对于徒弟的技能学习、自我效能感提升和完成工作任务都有着至关重要的影响。

拉金斯和斯卡杜拉认为，企业师徒关系包含导师给徒弟提供职业指导、心理支持及角色示范三个维度。具体来说，导师给徒弟提供职业指导有助于提升徒弟的工作技能和能力；心理支持可以提高徒弟的自我效能感和岗位胜任力感知，提高徒弟对未来的预期，缓解徒弟对工作的不适；提供角色示范有助于徒弟基于模仿和学习，获得对自身任务更清晰的认知。可见，作为徒弟组织社会化的重要组成部分，企业师徒关系为徒弟实现从组织外部人员到组织内部人员的转变赋能，协助徒弟在工作任务与职责方面实现从"不懂"到"懂"、从"不会"到"会"的跨越。

五、实务操作

（一）新员工入职"心投入"

案例 7-1 中，华为新员工入职 180 天培训计划充分体现了"心投入"。整个过程涵盖了让新员工知道自己要做什么、让新员工知道如何能做好、让新员工接受挑战性任务、表扬鼓励并建立互信关系、让新员工融入团队主动完成工作、赋予新员工使命并适度授权、总结和制订发展计划、全方位关注员工成长。周密的入职培训计划在一定程度上诠释了为什么华为能留住新员工的心。

对于组织而言，进行新员工入职管理要始终把握好关系的本质：一是共同性，共同性能让彼此走到一起；二是对等性，关系中的对等有利于彼此交往；三是平衡差异，能否处理好关系中的差异将直接影响关系质量；四是深入程度，不同程度的深入决定了关系的性质。只有处理好入职管理中关系的本质问题，才能实现雇用关系中效率、公平和话语权的相对平衡。

1．团队融入，关系调适

埃隆•马斯克说："企业的成功大部分情况下都是一群优秀的人汇聚到一起做成了一个伟大的产品。无论这群人多么有才，他们必须同心协力专注在一个正确的产品方向上，才能造就巨大的成功。"唯有持续把新员工成功镶嵌到组织发展的蓝图中，才能造就卓尔不群的工作团队。如果从新员工入职第一天开始，组织管理者就开始提供帮助，让新员工对企业、对工作、对同事有良好的了解，平稳地融入团队，那么新员工很快就能在新环境中投入工作，并为企业带来效益。实际中，组织可以从以下几个方面入手，使新员工快速融入团队。

首先，精心设计入职仪式。例如，在德勤，新员工入职时会被安排参与公司设计的桌面游戏，以有趣的方式学习公司的运作流程、文化和价值观。类似上述充满巧思的入职仪式，既能让新员工体会到公司对他们的欢迎，又能让新员工了解新公司的整体风格。

其次，展现对新员工的充分重视与尊重。例如，在新员工到来时，组织管理者如果能主动在门口迎接，并以轻松高兴的语气叫出他的名字，可能一下子会让新员工感到轻松、亲切。当新员工被带到工作场所时，整齐、干净、舒适的工位也会让他感到兴奋。

再次，创造新员工与团队成员建立关系的机会。高质量的团队活动为新员工融入团队提供了理想的机会，这是一种比新员工培训更温情、更深入和更柔软的迎新方法。如果能以轻松舒适的氛围，触及平时办公场合谈不到或不好谈论的话题，有助于奠定部门交流的基础，打开新员工的心扉，同时也能帮助新员工了解其他部门的职能，提升团队归属感。

最后，搭建团队高度协作关系。协作是指在目标实施过程中，部门与部门之间、个人与个人之间的协调与配合。协作应该是多方面的、广泛的，通常包括资源、技术、配合、信息等方面的协作。高度协作包含两个核心：一是认同彼此，二是深度参与感。新员工要想成长为优秀职场人，必须融入团队，培养起强大的协作能力，把自己要做的事与别人要做的事，当作"我们的事"来考量和执行。

2. 角色过渡，引导纠偏

新员工从事新工作，难免会不适应新角色，找不到方向。此时正是组织帮助新员工适应和过渡、发挥引导纠偏作用的重要时机。

首先，组织需要提供了解公司背景、公司文化、公司近些年的战略部署等的渠道，帮助新员工进行定位，让新员工认识工作的价值、工作的责任、自己在公司的定位、自己相对欠缺的知识技能及自己的相对优势等，找到自己的目标和方向并尽快做出适应性调整。

其次，组织需要为新员工提供难度系数相宜的工作，帮助新员工实现角色过渡。对于新员工来说，起始工作太简单，容易看轻这份工作的重量，产生懈怠和被低估价值的感觉；而起始工作太难，新员工在一开始就受挫，会变得不自信、心生畏惧。因此，组织应该按照新员工的经验、能力、资历，安排其既能胜任又有足够提升空间的工作。这样，新员工才能扎扎实实地落地生根并茁壮成长。

最后，组织需要为新员工配备引路的导师，指引新员工快速胜任工作。事实上，企业师徒关系越来越受到企业的推崇，但要想企业师徒关系真正发挥作用，却并不容易。那应该怎么做呢？第一，导师在精不在多，并不是所有老员工都适合担任导师一职。只有那些经验丰富且乐于助人的员工，才是给徒弟提供职业指导、心理支持及角色示范的最佳人选。

第二，设计导师激励机制，不能让导师义务劳动，甚至是背负员工流失的考核压力。第三，关注导师自身的职业成长，别让导师成为负能量的源头。

3．双向了解，赋予使命

新员工融入组织，并非简单形式上的个体加入，而应当是真正意义上的价值、理念和行动的融合。

理解组织全局是培养新员工使命的关键。阐述组织的愿景、使命、价值观、战略等，都是令新员工理解企业全局的方式，可以让新员工认清自己在企业发展中扮演的角色，以及组织的未来发展与自己的高度相关性，最终使新员工在意识上、行为上真正融入组织。通过入职培训，新员工可以快速了解组织，新员工熟悉组织的运作状况后，未来也会更倾向于从组织的角度思考和行事。

彼得·F. 德鲁克在《卓有成效的管理者》一书中提道："组织的目的是使平凡的人做出不平凡的事。"只有赋予新员工使命，强调个人担当，才能激发新员工的工作潜力和干劲，使一群平凡人依托于组织平台做出不平凡的事，实现组织发展和个人发展的双赢。实际中，对新员工要讲清成果，赋予新员工任务与使命；讲清考核指标及要求，树立衡量标准；讲清后果，适当给予压力。

4．定期评估，强调鼓励

职场是一个看业绩说话的地方，正如比尔·盖茨所言："学校里，你考第几已不是那么重要，但进入社会却不然。不管你去到哪里，都要分等排名。"

新员工刚入职时，尤其需要组织的评价。组织管理者不妨定时跟进、深度评估，最好每个季度保证至少两次 1 个小时以上的正式绩效面谈。绩效面谈要做到目的明确，富有指向性。面谈前要充分调查，谈话时有理、有据、有节。面谈时要引导新员工自评，如自己做了哪些事情、有哪些成果、为成果做了哪些努力、哪些方面做得不够好等，同时对新员工进行多维评价，包括成果、能力、日常表现等。做到先肯定成果再说不足，及时、多形式地赞扬新员工的成长和进步，谈不足的时候也要有事实支撑。此外，面谈需要着眼未来，协助新员工制定目标，并让新员工做出承诺，为其争取未来发展提升的机会。除了通过正式绩效面谈，组织管理者也可以与新员工的直属上司沟通，了解新员工的融入状况和工作能力，发现问题时让直属上司及时沟通和开导。

组织对新员工进行工作评价时，应多几分鼓励、赞美、表扬，少一些责骂、怒斥、冷漠。实践证明，赞美好比职场关系的润滑剂，赞美总是比批评更容易让人接受。

5．全程关爱，细节感人

富有人情味、充满人性关怀的组织是吸引人的。在组织中建立起有温度、有厚度的关系，有助于员工在互动中成长。只有用情感联结起来的团队才更有生命力、创造力，也更加能成就彼此。

组织的新员工入职关怀计划可以从以下几方面进行。

首先，为新员工准备难忘的第一天。组织可以在新员工入职的第一天，为其安排好必备的办公用品、干净整洁的办公桌，同时让 HR 带领其熟悉公司的各部门、餐厅、卫生间等地点。新员工所在的团队可以设计一场隆重的欢迎仪式，帮助新员工快速认识团队成员。同时，组织可以专门安排老员工与新员工共进第一顿午餐、让新员工第一天准时下班等，也能提升新员工对组织的第一印象。

其次，在新员工成长发展的过程中，庆祝一些里程碑时刻。例如，当新员工完成第一笔订单或攻克第一个技术难关时，组织可以通过赠送蛋糕、送上勉励之言等方式，让新员工感受到自己的劳动成果得到了足够的认可和尊重。

最后，实时关注新员工的生活，及时给予组织关怀。在其经历日常生病、遭遇生活变故、身心迷茫、工作遭遇困境时，组织应该提供无微不至的关心及实质性的帮助。

（二）新生代员工入职"新举措"

1. 与人的关系

一般来说，新生代员工习惯以自我为中心，团队合作意识不强，追求个性远大于共性，同时他们不迷信权威，等级意识淡薄，不愿受约束，容易违反组织的规章制度。

因此，组织要营造包容开放的氛围，让新生代员工感受到被接纳、被理解；引导他们以平等礼貌、真诚合作的态度与他人相处，遵守规则、尊重他人。同时，组织与其进行沟通时，避免对他们进行一本正经的说教，尽量不绕弯子而是将指令明确化。

2. 与事的关系

在工作任务面前，新生代员工在展现出强大的学习能力的同时，表现出较弱的抗压能力，也缺乏延迟满足的能力，导致他们处理工作容易半途而废，遇到职业问题后容易裸辞，工作敬业度和组织忠诚度往往不高。

因此，组织在进行工作设计时要充分考虑到新生代员工的特点，提升其完成工作任务的动力和耐力、优化其工作的效率和效果。在新生代员工眼中，工作具有多重意义——它既是实现财务自由的途径，又是持续学习的平台，还是成就感的来源，多元化、系统化、个性化的工作设计，能够充分提高他们对自身工作的热忱、对组织的认可。针对他们抗压能力较弱、容易半途而废的特点，组织可以注重目标设定、过程跟踪、结果考核的全流程搭建，同时建立企业师徒关系，由导师全方位引导其认真踏实做事，形成科学闭环管理。

3. 与己的关系

职场中，新生代员工往往自尊心强、渴望被认可，同时内心敏感，容易情绪化。

组织面对渴望受到关注、尊重、肯定的新生代员工，如果能够营造不忽视、不排挤、不轻易批评、共同参与决策的环境，将有助于满足新生代员工的基本心理需求，同时可以通过充分表扬、认可去提升他们的自信心和自豪感。而针对他们情绪不稳定的特点，组织需要加强常态化的心理关怀，让他们感受到组织的温暖，及时排解负面情绪，获得幸福感。

4．与时的关系

新生代员工关注职业发展，渴望实现自身价值，但是面对不断更迭变化的时代，"迷茫"成了他们的关键词。新生代员工处于信息爆炸的时代，海量的信息使他们过早地了解了社会、过早地发展了思维，导致职业观念早熟但不够成熟。

因此，组织应该帮助新生代员工做好职业生涯规划，助力他们做好时间规划，成就梦想。组织可以设置适当的挑战性任务，同时体现竞争性，达到充分激励的作用。同时，组织在日常工作中应及时给予新生代员工真诚的认可、提出建设性反馈，引导他们定期复盘。

六、思考题

1．简述组织常见的几种用工形式及它们的主要区别。
2．组织如何提供新员工入职关怀，从而管理好员工关系？
3．请结合新生代员工的特点，谈谈组织应如何助力其顺利入职。

任职篇

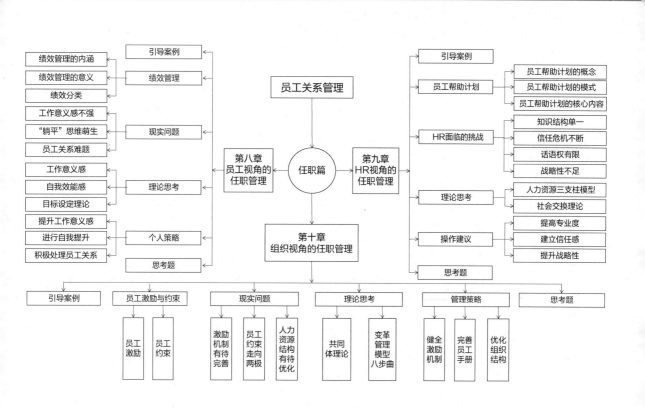

第八章 员工视角的任职管理

本章目标

1. 引导读者了解员工层面的任职管理内容。
2. 帮助读者理解任职过程中的绩效管理及相关策略。
3. 帮助读者分析职场中的员工关系难题及解决方法。

本章要点

1. 从绩效管理及绩效分类入手，带领读者了解员工层面任职管理的相关概念和内涵，学习工作意义感、自我效能感和目标设定理论的相关概念。

2. 结合工作意义感不强、"躺平"思维萌生和员工关系难题等现实问题，陈述员工任职期间可能会面临的真实困境。

3. 对应现实问题，为读者更好地处理员工关系提供思路和个人策略，引导读者主动提升工作意义感、进行自我提升、积极处理员工关系。

> "乞丐并不会妒忌百万富翁，但是他肯定会妒忌收入更高的乞丐。"——伯特兰·阿瑟·威廉·罗素（Bertrand Arthur William Russell，1872.5.18—1970.2.2）

一、引导案例

案例 8-1

销售冠军缘何苦恼

2022 年年末，距离张园园入职海丰公司正好满一年。年终考核的结果显示，海丰公司 2022 年的销售额为 1000 万元人民币，而张园园一个人的业绩就有 800 万元人民币。回首过去一年的辛苦，张园园觉得心里的一块大石头终于落地，自己的能力终于得到了验证与认可。

然而，张园园万万没想到的是，自己还未仔细品尝绩效突出的果实，便碰到了各种关系冲突……

由于绩效非常突出，张园园成了公司的销售冠军，每个月都会被表彰，销售部的经理对她又爱又恨。一方面，张园园很能干，个人绩效高，也推动了部门绩效的提升。另一方面，张园园刚入职一年，就如此出色，而自己已经在公司 5 年了，却迟迟没有得到升职，张园园的到来无疑威胁到了他的地位。于是，在工作中，经理经常有意无意地给张园园"穿小鞋"。而本部门的其他同事虽然都是销售，但是绩效远不如张园园，因此公司的资源大多都向张园园倾斜，单子也都先给张园园派。虽然同事们表面和气，但是背地里都在抱怨。

同时，张园园还面临着与其他部门同事的矛盾，最大的矛盾发生在她与财务部同事之间。张园园由于长时间在外出差跑业务，有大量单据需要报销，但是由于她非财务出身，对报销的流程又不是很熟悉，交上去的报销单经常被财务部退回重办。次数多了，张园园觉得非常委屈：自己在外面辛辛苦苦跑业务挣业绩，公司里发的工资也有她的辛苦在里面，但是在报销上却被"刁难"。她隐隐觉得，财务部的同事是公司里为数不多可以看到自己具体薪酬的人，难道是知道了自己的薪酬比其他人高得多，因此产生了不平衡感，而故意刁难自己？

此外，张园园通过自己的努力和勤奋，入职不久就开发了一些大客户。大客户的业务通常都需要公司的大老板出面与之协调、沟通。大老板与张园园之间是跨级的，公司制度规定，员工均对自己的直属上司汇报。但是，有时候业务紧急，为了提高效率，大老板不得不直接跟张园园沟通。张园园时常面临着两级领导同一时段安排工作的局面。

在外跑业务的时候，张园园非常擅长与客户、供应商打交道，自认为自己的情商和为人处世都是极好的。但是，作为公司绩效最好的员工，面对公司里的各种关系，她却发起了愁，不知如何平衡才好。

（资料来源：笔者根据相关资料整理。）

案例 8-2

全能少女的励志人生

"别人 3 岁还在哭闹时，我已经在小坡上练习了。"

当谷爱凌第一次接触滑雪时，只有 3 岁。她的母亲谷燕十分热爱滑雪，在谷爱凌

3 岁时就带她走进了广阔无垠的滑雪场，发现女儿对滑雪充满了热情与兴趣，谷燕便开始引导女儿在滑雪这条路上进行探索。8 岁的时候，谷爱凌对母亲说，自己想要参加奥运会。谷燕就全力支持着女儿的一切决定，长途驱车送女儿练习滑雪、为女儿选择教练、陪伴女儿比赛……自从定下了参加奥运会的目标后，谷爱凌便专注在滑雪事业上，虽然天赋过人，比一般人学得都快，但是她依然刻苦训练，并且不断挑战着更高难度的动作和更高的目标。

"我要代表中国参加北京冬奥会。"

北京获得 2022 年冬奥会举办权时，11 岁的谷爱凌如此坚定地说道。如果说参加奥运会是每一个运动员的梦想，那么代表祖国参加在家乡举办的冬奥会便是谷爱凌的梦想。2019 年 6 月，谷爱凌放弃美国国籍，加入中国国籍，成为一名真正的中国运动员。15 岁的她，便有了超乎常人的强大内心。

"我不是要打败别人，我是要展示最好的自己。"

这是谷爱凌在北京冬奥会上夺得冠军后最常说的一句话。在最后一跳前，谷爱凌暂时排名第三，她打电话给母亲谷燕，询问意见。谷燕建议女儿选择更稳妥的动作，这样或许能冲刺一枚银牌。谷爱凌则向母亲表达了自己的追求，希望能够展现出最完美的自我，这是她想要接受的一项挑战。于是，谷爱凌放手一搏，最终完成了一个高难度的转体 1620° 的动作，而这个动作是谷爱凌从未在正式比赛中尝试过的动作。

"斯坦福大学是我梦想的学校。这个愿望就和我夺取冬奥会金牌的愿望一样强烈。"

除了拿冬奥会冠军，谷爱凌还有一个人生目标，那就是考上斯坦福大学。与其他专业运动员不同的是，谷爱凌在冬奥会前，还是一名全职高中生。在很长的一段时间内，她只能利用周末和节假日的时间去练习滑雪，并且为了节省时间，她还经常在不同的活动中调整时间安排，如在缆车上吃午饭、在去雪场的路上做作业。最终，谷爱凌提前一年就完成了高中课程，并以 1580 分的成绩（满分 1600 分）成功考入斯坦福大学。

"我一直反复声明我对美国和美国队十分感激。他们竭尽所能地支持我，所以我永远感谢他们。我对中国队也一样。"

拿下冠军后，谷爱凌经常面对记者们的刁钻提问，有些记者甚至会直接问谷爱凌关于自己身份的问题，问她是否还是美国公民。谷爱凌说："体育应该是一种可以团结人们的途径。它不应该和国籍产生必然的联系。我们相聚在这里，挑战人类的极限。我能赢得比赛是因为我的对手，是她们让我成为现在这样的一名滑雪运动员，所以我要向她们表达我的感激。我们在这里都是做同一件事——共同推动体育事业的发展，尤其是女子滑雪。"

她用自己的大格局、大视野，巧妙地化解了一次次的采访难题。

（资料来源：笔者根据相关资料整理。）

带着问题学习：

1. 案例 8-1 中的张园园遭遇了哪些关系难题？

2. 案例 8-2 中的谷爱凌设定了哪些人生目标？这些人生目标是怎么实现的？

3. 两个案例中的人物在面对关系难题时是怎么做的？有什么不同？

二、绩效管理

（一）绩效管理的内涵

绩效是指个人成绩与成效的结合。其中，"绩"即成绩，体现为目标或愿景的实现，主要关注结果所得的多少；"效"即成效，是投入产出的效率，除了关注结果所得，还关注所得与所耗的配比过程是否适当。

总体来说，绩效是组织或特定主体在一定时期内的投入产出情况及对利益相关方的贡献程度。对于企业来说，绩效的内容广泛，不仅包括销售额、利润、成本等各项经营性财务指标，还包括内部流程有效性、客户满意度评估、企业文化认可度、员工培训与成长等多方面的指标内容。员工个人绩效是对企业绩效的有效分解，主要是对员工个人的业绩成果、职责履行程度、成长情况、文化及价值观、行为态度等进行综合考核。

绩效管理是企业创建的激励管理方法，目的在于帮助员工完成其工作任务，让领导和员工在工作方面的追求具有一致性，以此来使企业的利益最大化。一方面，绩效管理是企业战略的具体实施工具，以不断地增强企业在市场中的竞争优势；另一方面，绩效管理是由各级管理者和员工共同参与的循环过程，旨在不断提高个人、部门和组织的绩效水平，以推动组织目标的达成。

（二）绩效管理的意义

对于现代企业来说，绩效管理是其管理的关键，高效的绩效管理可让员工的工作状态与业务能力、领导的组织效率都得到提升，还可推动企业的发展等。其具有以下几个方面的意义。

1. 管理意义

绩效管理可以推动企业高层做出管理员工的科学性的决策。例如，对于那些在工作中表现出色、为企业创造了巨大价值的员工，可以通过考核来给予升职加薪等奖励；而对于那些工作懒散、出错频率高且给企业利益带来损失的员工，则可以进行识别、培训，甚至考虑解雇。

2．战略意义

企业、部门和员工的目标能够被有机地融合在绩效管理中，从而高效实现企业的发展目标。在战略管理体系中，它是一种不可或缺的管理工具，能够精准地向员工传达核心战略目标的具体执行细节，从而使员工了解核心战略目标的实现情况。

3．沟通意义

绩效管理是进行交流的载体与途径，其可让员工了解企业和领导的期许，让员工对工作事项的重要程度进行把控，同时借助反馈来进行有针对性的调整，通过辅导来建立持续沟通机制。

4．开发意义

通过提供反馈与辅导，绩效管理可以帮助员工识别自身的优势和劣势，并对问题存在的原因进行深入分析，从而有针对性地进行改善。除此之外，绩效管理能够帮助员工及时了解企业目标，并与个人的绩效目标对比后进行调整，这有利于充分挖掘员工的潜能，促进其能力的全面提升。

（三）绩效分类

1．任务绩效

任务绩效旨在直接评估员工所承担工作的结果，其与工作产出密切相关。它是以一定的职业标准为基础，由一系列相互联系的指标组成的，其与具体职务的工作内容密切相关，同时也与个体的能力、任务完成的熟练程度及工作知识的深度息息相关。

换句话说，任务绩效是对员工为企业所做出的贡献及给企业所带来的价值的综合评估。任务绩效是绩效考评的基石，任务绩效的好坏直接影响着整个绩效体系的效果。对于任务绩效的评估，常常需要综合考虑质量、数量、时效、成本及他人的反应等多个方面的指标，以便进行全面的考量和评估。

2．关系绩效

关系绩效的提出源于对组织公民行为（Organizational Citizenship Behavior）等相关概念的延伸，并在与任务绩效的对比中得以体现。它既不同于一般意义上的组织绩效，又有别于员工个人绩效。关系绩效并非直接的生产和服务活动，而是由组织的社会、心理背景所构成的行为，它有助于推动任务绩效的提升，从而增强整个组织的有效性。例如，自愿承担超出自身职责范围的工作，协助同事，并与其合作完成工作。

在工作场景中，关系绩效扮演着至关重要的角色。员工除了要了解个别工作任务的要求，还要对自己的仪表、言谈和举止等方面有更高的标准。上司对下属的绩效考评不但会受到工作任务完成的数量和质量的影响，而且会受到社会性因素的影响。员工的关系绩效行为所表现的有利于企业绩效的行为，如自发的行为、坚定的承诺和积极的态度，能够对整个群体和组织的绩效产生积极的影响。

总体来说，绩效与员工关系是无法分开来谈的。没有任务绩效的员工很难有话语权，但只有任务绩效而没有关系绩效的员工则会发现自己在组织中难以处理好复杂的关系。换句话来说，工作做得好是基础，而实力强到一定的程度一定会面临关系问题，要想得到长久的发展，员工一定要注意好任务绩效与关系绩效的平衡。

三、现实问题

（一）工作意义感不强

对于员工来说，个人绩效的优劣与其薪酬、升职、职业发展甚至生存都息息相关。然而，制定一个绩效目标可能很简单，但提出有价值的绩效目标往往不容易。难以提出有价值的绩效目标在某种程度上反映出员工的工作意义感不强。工作意义感不仅是一项工作特征，还是员工的价值观和信念感，是一种心理状态和体验，较强的工作意义感有利于员工达成更高的绩效目标、实现自我价值。

一般来说，造成员工工作意义感不强的原因可能有以下几个。

1. 员工对自己的工作目标认识不清，不知道该做什么

员工缺乏对自身工作目标、职责和权限的明确认知，缺乏明确的工作方向和优先级，对于哪些工作需要紧急处理、哪些工作可以推迟完成不够清晰，同时也缺乏对工作任务完成时间的了解，只要领导不督促，便不主动推进。这些都会导致工作中出现"拖延症"现象，降低工作效率。根据目标设定理论，清晰的工作目标是至关重要的，它直接关系到工作目标的实现和效果。与清晰的工作目标相比，模糊的工作目标难以实现较高的绩效水平。当员工没有清晰的工作目标时，也很难找到自己努力的方向。

这样的结果就是当领导跟员工要工作结果时，员工才急急忙忙地做完上交，导致工作质量没有保证。最终的成果与领导的期望相去甚远，领导对此感到不满，员工也感到沮丧，且对问题到底出在哪里一无所知。长此以往，员工便难以感受到工作的意义。

2. 员工明白自己的工作任务，却不知道如何展开

很多企业的内部培训机制不够完善，员工进入公司后缺乏工作经验和技能，业务生疏，大多时候都需要老员工来带。老员工虽然工作经验丰富，也熟悉并掌握了企业大多数的工作流程，但是在带新员工的方式上和传递的内容上参差不齐，缺乏系统性，新员工难以在

短时间内掌握、消化。有些企业虽然有系统性的新员工培训，却往往流于表面和形式，重知识传达，轻实际操作，培训结束后也缺少对新员工掌握程度的检验。在这种情况下，员工即便知道自己要做什么，也不知道从哪里开始、无从下手，继而难以全心全意地投入工作、难以认可自己的工作。

3. 员工不能正确认识工作的价值

很多员工的工作都只停留在浅层次，认为凡事只要做得差不多就好，虽然完成了上级布置的任务，但是没有对完成得如何、是否还可以做得更好进行深入的思考，制定的绩效目标层次不够高。

这一现象广泛存在，很多企业都面临着此类难题。员工在完成任务之后，往往不愿意再去做其他事情了。这是为什么呢？因为员工对自己的工作岗位不够认同，未能意识到工作为自己、部门和企业所带来的价值。倘若感觉不到自己工作的价值，员工就很容易产生消极的情绪，仅仅是为了完成任务而工作，在工作中缺乏自主意识和责任感，难以获得工作意义感。

（二）"躺平"思维萌生

近年来，出现了一系列"颓废型"文化现象，其中包括"躺平"、"低欲望"、"丧文化"和"佛系"等，这些文化现象已经超越了一般的青年文化范畴，成为一种泛社会文化现象。

"躺平"在职场中大致可以分为两种类型："无奈式躺平"和"回归式躺平"。前一种情况源于个体在组织中曾怀揣着梦想，但最终发现无法实现，或因能力所限，或因眼界被自身的圈层所限制，导致进步空间受限，最终心如死灰，无可奈何地"躺平"；后一种情况是当个人在职场中面临着巨大的竞争和压力时，他们采取主动顺从和迎合的策略，以一种相对巧妙的"躺平"策略来实现相对轻松的社会生活。

不可否认的是，"躺平"文化确实有一定的益处，这或许是一种可以消除内心浮躁和对抗压力的有效方式。但是，"躺平"也会加速消极情绪的传播，滋生员工自身的倦怠感。实际上，"躺平"与"低欲望""丧文化"是紧密相连的，"躺平"的员工会不由自主地降低自己的升职和物质欲望，在工作中倾向于安于现状，在遇到困难时，不想迎难而上，遇到机遇时，也总是畏畏缩缩、担心失败。

"内卷"与"躺平"之间的选择不是非此即彼的关系。在现代职场中，员工可以有很多种选择，困难的是要找到最适合自己的位置，并且将思维调整到最佳状态。

（三）员工关系难题

员工关系是指员工在职场工作中产生的各种关系，主要表现为在职场交往中与他人的亲密或疏离。人际关系是员工关系的基础，身在职场，人际关系可能会影响到个人的职业生涯发展。员工关系处理不好，就会处于被动状态。对于初涉职场的新人来说，员工关系和工作能力都是非常重要的，这两者是相辅相成的。员工在提升自身能力的同时，也要维护好职场中的各种关系。

职场中常见的员工关系难题大致可以分为以下几种。

1. 与同事的关系难题

对于员工来说，与同事的相处时间很长。同事之间必定会存在竞争，良性的竞争是个人和企业发展的推动力。但是，在利益的驱使下，正常的竞争也会有走偏的时候，变成表面和气下的钩心斗角。

钩心斗角的本质原因在于利益冲突，如升职、加薪、深造、获取资源等。正如案例 8-1 中的张园园，作为组织中任务绩效成绩最突出的员工，她获得了比其他同事更多的资源和领导的赏识，但是不可避免地，她也会面临与同事的关系难题，如无意中侵犯到身边同事的利益，遭遇与同事的关系难题。

2. 与企业领导的关系难题

在职场中，每位员工都可能会遇到案例 8-1 中张园园所面临的问题：公司的大领导直接越过她的直属上司，参与其工作，甚至直接给其安排工作。这个时候，员工可能会面临两难的选择。

当企业大领导跨级管理时，会出现信息断裂或信息不对称的情况，严重的时候可能会导致工作无法开展、项目崩溃、员工内部矛盾重重。而如果在一些关键信息上出现了跨级沟通，会导致多方信息不同步，这里面埋下的隐患积累到一定程度，可能导致严重的后果。

对于员工来说，领导的跨级管理会使自己缺乏方向，摸不着头脑。如果一个员工要听两个领导的命令，他就会迷茫，不知道到底该听命于谁，从而陷入被动的局面，难以平衡。

3. 与直属上司的关系难题

案例 8-3

扁鹊的职场难题

扁鹊是历史上技艺高超的大夫，在觐见蔡桓公的时候，发现蔡桓公有隐性疾病，如果不医治可能会使病情加重，扁鹊便提出了这个问题。蔡桓公却说他没有病，认为扁鹊是想通过给没有病的人治病来显示自己的本领。

第二次，扁鹊觐见蔡桓公，说"您的病在肌肉里，如果不及时医治，病情将会加重"，蔡桓公仍不理睬，并且非常不悦。

又经过十天，扁鹊再度拜见蔡桓公，说"您的疾病正在肠胃中滋生，若不及时治疗，病情会继续加重"。然而，蔡桓公仍然置之不理。

> 又过了几日，扁鹊远远地看到蔡桓公的身影，却并未上前，而是迅速转身跑掉。
> 原来，蔡桓公的病情已经深入骨髓，无法医治，因此扁鹊不再请求为他治病。
> 果然，不久之后，蔡桓公身体疼痛，不治而死。
>
> （资料来源：韩非著《扁鹊见蔡桓公》。）

从案例 8-3 来看，扁鹊面临的是一个医学问题。跳出案例来看，扁鹊面临的也是一个员工关系难题：作为员工的扁鹊知道了一个潜在风险，可是他的直属上司蔡桓公却不以为然。如果不指出风险，可能会因为失职而被处罚；而指出风险，则会使直属上司不悦，被问题牵连，从而被边缘化。

对于很多员工来说，断送自己前程的有时不是无能，而是才华。事实上，很好地完成自己的职责，也是一件很危险的事。有些员工拥有见微知著的能力，能够在问题发生前就预料到问题，比别人有更多展示自己的机会。但是，在自己能力出众的时候，切勿急于求成，误以为自己有了直言不讳的资本，忘了直属上司。蔡桓公虽一直不采纳扁鹊的意见，但是也并未因此处罚扁鹊。如果换作其他脾气暴躁的领导，扁鹊可能就会面临严厉的处罚。

因此，在职场中，员工要"知时"，懂得在恰当的时间提出问题；更要"知人"，懂得用合适的方式与直属上司相处、处理好与直属上司之间的关系。如果被直属上司视作威胁，员工将会时常处于一种不利的情境中。

四、理论思考

（一）工作意义感

工作意义感主要包括员工对其工作的看法和认知，如工作对他们来说意味着什么、重要程度如何等，是员工的一种主观感受，反映了他们对自己的工作是否具有积极意义。

维克多·弗兰克尔在其畅销书《追寻生命的意义》中，首次提出了"意义"这一概念，这也是生命意义研究的开端。此后，生命意义成为哲学、心理学和社会学等学科领域共同关注的问题之一。工作意义感是对"生命意义"这一概念的延伸。

随后，积极心理学的兴起为工作意义感的研究带来了体验视角的解读，施蒂格等人将工作意义感分为三个维度：强烈的友善动机；工作创造意义；积极意义。

影响员工工作意义感的因素有以下几个方面。

1. 个人因素

个体对工作意义感的反映存在一定的差异。个体的工作意义感受其人格特征的正向影响，其中包括责任心、开放性和外向性，而神经质则对其产生负面影响。人格特征中的情绪稳定性对工作意义感有一定的预测作用。

当个人的价值观与组织的价值观相契合时，工作意义感的重要性也会得到充分的体现。此外，个体对自己在组织中的角色定位也会影响其工作意义感。当一个人对工作的投入程度提高，难以从工作中分离出来，认为自己是组织中的一员，将工作视为自己的使命时，更能体验工作意义感。

2. 来自组织的支持

好的工作体验能够激发员工的工作意义感。例如，公平的薪酬、好的工作保障、干净整洁的工作环境、及时的工作指导或培训都能够给员工带来好的工作体验。在数字经济背景下，企业更应从社会环境、企业内部环境及员工心理等多角度综合考虑对员工的支持。

此外，良好的领导风格也会对员工的工作意义感产生积极影响，如领导者帮助员工更好地理解工作要求、分解工作目标、传递组织愿景、促进员工发展，当员工的工作需求都能得到满足时，其对工作将会有更强烈的归属感与联系感。

3. 能力与工作要求的匹配

员工对工作的看法和对工作意义的感知，受其是否具备胜任工作要求、掌握相应的工作技能、完成工作任务及实现工作目标的能力的影响。一般来说，能力与工作要求匹配度越高的员工，越可能得到更多的职业发展机会，工作意义感会更为强烈。

（二）自我效能感

在 20 世纪 70 年代，阿尔伯特·班杜拉首次提出了自我效能感（Self-Efficacy），它是指个体对自身完成任务能力的一种信念。

自我效能感是一种信念，它反映了人们对自我行为能力认知的特定水平，是一种个体在某一领域从事某种活动的主观预期或动机倾向，或个体相信自己能达到一定目标并具有实现目标的可能性的程度。

在职场竞争中，高自我效能感的员工往往会有更强烈的胜任感，相信自己能够做好当前的工作，因而会有更积极的工作态度、工作行为，也更容易产生更高的工作绩效；而低自我效能感的员工往往认为自己无法胜任工作，对工作抱有消极回避的想法，工作积极性也会大打折扣。

在艰难的情境下，高自我效能感的员工将加倍努力应对挑战；低自我效能感的员工较容易减少努力甚至直接放弃。此外，高自我效能感的员工在消极反馈面前反而表现得更为努力；低自我效能感的员工在面临消极反馈时，努力程度将会有所下降。

（三）目标设定理论

目标设定理论（Goal Setting Theory）是由美国学者洛克于 1967 年提出的。该理论主张，目标本身具有激励作用，它能够将人的需求转化为动机，引导人们朝着特定的方向努力，并将自己的行为结果与预设的目标进行对照，及时进行调整和修正，从而实现目标。目标激励是一种将需求转化为动机并由动机支配行动以实现目标的过程，其目的在于激发人们的内在动机，从而推动他们朝着目标前进。

根据目标设定理论，当个体面对具有挑战性的具体目标时，其绩效水平将达到最好的状态。当个体设定的目标具有更高的挑战性时，其绩效水平在一定范围内也会相应提高。合理地设置工作目标，对员工来说是非常重要的。

一方面，目标需要有一定的清晰度。明确的目标比模糊或总体目标能实现更高的绩效水平。员工需要设置清晰且具体的目标，来更好地引导自己努力的方向。另一方面，目标要有一定的挑战性，同时又可以通过努力达到。正如班杜拉所说，达成难度较低的目标不足以激发人们的热情和付出；达成难度适当的目标可以保持高度的努力，让人获得满足感；而超过个人能力的目标则会导致失望和非效能感的产生，从而降低动力。

在企业中，目标设定和绩效考核常用的方法及工具有关键绩效指标法（Key Performance Indicator，KPI）、目标与关键成果法（Objectives and Key Results，OKR）和平衡计分卡（Balanced Score Card，BSC）等。

相比较之下，KPI 是一种自上而下的目标设定方法，强调考核指标的关键性和量化，通常由公司高层制定出公司的发展战略，再由绩效管理工作组通过科学的方法对 KPI 的目标进行制定和层层分解，最终下达到各个部门。

OKR 不仅强调确定目标，还强调加强沟通，是一种自下而上的目标设定方法，员工能够在公司目标分解的基础上对任务和目标进行细化，并且能够对其进行适当的调整。OKR 重视员工的体验，能够充分发挥员工的主观能动性。

BSC 则从财务、客户、内部运营、学习与成长四个角度出发，将组织的战略转化为可操作的衡量指标和目标值，以更全面的方式平衡各种因素之间的关系。

五、个人策略

（一）提升工作意义感

1. 明确自身的绩效目标

绩效目标的确定与分解是公司目标、期望和要求传递的过程，也是牵引工作前进的关键。明确自身的绩效目标，能够使员工对自身的工作要求和内容有更清晰的认知和定位，即明确自己要做什么、要达到什么结果。

由目标设定理论可知，好的绩效目标应是可衡量的。员工对绩效目标的认知越清晰，目标设定得越合理，对工作的掌控感和联系感就会越强，就更容易产生工作意义感。

从案例 8-2 中可以看出，谷爱凌的人生目标是非常清晰的：代表中国参加冬奥会、考上斯坦福大学。定下了这些目标后，谷爱凌合理地安排着自己的时间，滑雪、参赛、学习、考试，每个环节、每个步骤都是为了实现最后的目标而努力，每次小的成功都为最后总目标的实现奠定了坚实的基础。

在组织中，明确绩效目标是提升绩效水平的基础，也是非常重要的环节。没有清晰的绩效目标，就仿佛没有导航的车辆，很容易失去方向。一个清晰的、具有挑战性的目标，会提升员工的工作意义感，激励员工不断提升自我、突破自我。

2．了解绩效考核制度

只明确绩效目标，对于提升绩效水平还是不够的，还需要员工主动去了解公司的绩效考核制度。每个组织、部门、团队都有其特定的考核制度和方式。例如，对员工工作的质量和数量的要求有哪些？评估的内容有哪些？考核的方式有哪些？等等。

案例 8-1 中的张园园之所以能在短时间内成为公司的销售冠军、成为绩效最高的员工，与她充分了解公司的绩效考核制度是分不开的。案例 8-2 中的谷爱凌在成长为奥运冠军之前，也经历了无数次枯燥的滑雪和身体素质训练，以及对奥运会等大赛的赛程和竞赛规则的学习。

了解绩效考核制度，员工的工作也能够有章可循，知道从哪里开展工作、如何开展工作。在绩效考核制度的引导下，员工能够更准确地达成工作要求与目标，在一次次工作的顺利完成中积累自信，提升对工作的认可和工作意义感。

3．主动寻求绩效反馈

员工所掌握的信息、所站的立场，以及所关注的重点可能大不相同。这是因为员工往往很难跳出自己的认知，站在他人的角度去理解问题。如果员工一味地从自己的角度出发去行动，就会时不时觉得处处都在碰壁。

在绩效管理的流程中，绩效反馈是至关重要的环节之一。绩效反馈有助于帮助员工明确自己的工作哪部分做得好、哪部分做得不好，从而增加自己良好的行为、减少消极的行为，提高工作效率和自身工作的积极性，并从中提升工作意义感。

（二）进行自我提升

员工无不希望获得认可和升职。然而，在组织中，很多员工将工作职责视为一项必须完成的任务，而非与职业发展息息相关的任务，这导致了许多员工缺乏自我提升的意识，即使有升职的意愿，也总是表现平庸。

作为员工，仅仅达到绩效的基本要求，是无法在组织中脱颖而出的。那么，如何在绩效达标的同时追求卓越、进行自我提升呢？

1．借助好组织这个平台

对于个体而言，当自身能力不足时要抓住机会寻求能力的提升；对于组织而言，组织的管理模式要随着员工的成长而不断调整。如果个体的成长跟不上组织的发展速度，则会被组织淘汰；如果组织管理模式的发展跟不上员工前进的步伐，则会导致员工离职。

员工与组织之间存在着一种基于互惠原则的交换关系，员工通过辛勤工作与忠诚交换组织的工作酬劳与回报。员工的成长离不开组织平台的支持，离开组织平台员工目标的实现只是一句空话。组织为员工提供机会使其得到物质和精神上的满足，能够为其拼搏奋斗注入持续的力量，唤醒其积极向上的工作情绪及行为，进而增强其自我效能感。因此，员工若要追求绩效水平的提升，实现自我价值，就要借助好组织这个平台。

2．勇于挑战自我

事实上，每个员工都拥有自己的舒适区，而且天然有着待在舒适区里的惰性。长此以往，每个人都会待在自己的舒适区里，止步不前。但如果想要超越现在的成绩，就不应该画地自限，而要敢于迎接挑战。目标设定理论认为，恰当地设定挑战性目标有助于个体在学习过程中保持较高的努力水平，并从中获得更多的满足感。具有挑战性的目标可能会让员工感觉到不舒服，可能会使员工经历失败，但是也有可能激发员工的潜能，使其挑战自我，从而实现成长和突破。

正如案例 8-2 中的谷爱凌，在参加 2022 年北京冬奥会之前已经积累了多项赛事的奖项，但是她不满足于已有的成绩，一直不断突破自我，在北京冬奥会上，勇于挑战自己从未在正式比赛中尝试过的高难度动作，最终拿下了金牌，向世界展示了最好的自己。

总体来说，员工的潜力在其职业生涯中不是一成不变的，要想寻求发展，需要充分地利用和重塑自己的潜能，不断积累工作经验，提升能力，努力追求更高的目标，解决更大、更复杂的问题。

3．提前规划升职

员工在达到基本的绩效标准后，需要考虑自身的成长与发展，提前规划升职。但大多数员工对于升职只知其表不明其内涵，以及不知道如何才能开展有效的升职管理。有的员工在工作过程中业绩突出，却得不到晋升；有的员工干的活最多，纰漏却也出得最多，甚至影响到其他同事；还有的员工虽然业绩平平，但心比天高，居功自傲，最后一无所获。

根据工作意义感可知，能力与工作要求匹配度越高的员工，越可能得到更多的职业发展机会。要想在职场中得到提升与发展，就需要员工提前规划，积极准备。例如，主动了解升职的形式和策略，用心留意组织内关于升职的消息，研究领导的喜好和岗位需求，处理好员工关系。要懂得进行自我评估，认清自己，综合分析自己的优势和劣势，沉淀核心专长，同时还要懂得恰当地自我推销，把自己的优势转化为他人的需求。

（三）积极处理员工关系

员工关系与人们的心理活动与心理反应都有关联。在员工关系中，无论是亲近、友好、和谐，还是疏远、敌对、冲突，都影响着员工的绩效与幸福度。员工关系融洽，人与人之间互相信任、互相体谅、互相支持，会使沟通障碍少、管理成本低、团队士气高、组织氛围好；员工关系糟糕，人与人之间互相猜疑、互相提防、互相扯皮，不仅会影响员工的工作效率与团队协作，还会损害组织利益。所以，在职场上，构建积极、友好、和谐的员工关系是非常重要的。

1. 与同事的相处之道

与同事相处是一门学问，所有人都要不断学习和实践，才能够游刃有余，最终建立和谐的同事关系。

1）保持适当的距离

有句话说得好，距离产生美。人与人之间的距离并非越近越好。在工作场所与同事相处时，若距离过远，可能会被认为缺乏社交能力，难以融入群体；反之，若距离过近，容易引起他人的闲言碎语，被误认为在搞小团体。

在办公室中，建立良好的同事关系需要恰当掌握交往的度，过于亲密或过于疏远都是不恰当的关系。在与同事相处的过程中，需要保持一种既能让对方感到舒适又能让他们感到安全的距离，避免谈论职场中的敏感话题，给对方足够的尊重，以此换取更多的支持和帮助。

2）学会合作共享

随着社会分工的不断精细化，每个人都需要借助他人的智慧，才有可能在人生的道路上获得更大的成功。一个人要想获得成功，就需要学会合作。通过合作，大家可以取长补短，同时合作也可以将多人的力量拧成一股合力，使集体的综合实力更强，形成 1+1＞2 的效果。

同时，每个人都要学会分享，大家一起同甘共苦，有福同享，有难同当。如果一个人不懂得与他人分享，必定不能获得大成就。当员工在职场中因其独特的表现而获得认可时，切勿独享殊荣，否则这份荣誉将会给职场关系带来潜在的风险。员工应当掌握与同事分享的技巧，并学会向他人表达感激之情。

3）得意时不忘形

因为工作出色或业绩突出，获得老板的重视或得到升职时，切勿在官方通告下来前在办公室炫耀。哪怕是私下与关系好的同事诉说，也难免会一传十、十传百，招来嫉妒。

每个人都会经历人生的低谷、遇到不如意的事情，在职场中也是如此，总有人得意、有人失意。如果不分时间、场合地谈论自己的成功，很容易在无意中伤害到"失意"的人，使他们怀恨在心。得意时忘形可能会引起身边人的反感。因此，在得意时，仍然要保持谦虚谨慎，多为他人考虑。

2."夹缝"生存，巧在平衡

职场中时常会出现"夹缝"：可能是由部门性质导致的，如承上启下、协调内外、沟通四方的办公室；可能是由工作性质决定的，如被领导 A 提拔，作为心腹安插在领导 B 那里；可能是由组织架构导致的，如多头领导等。

在案例 8-1 中，张园园就时常处于这样一种"夹缝"状态，在组织架构上，她需要向直属上司汇报、请示；而在工作内容上，她又时常需要直接与公司大老板打交道，接受大老板的直接安排，时常面临着两级领导、不知如何平衡的局面。

在职场中，无论是上司与上司之间的关系、下属与下属之间的互动，还是上司与下属之间的关系，都难免会出现矛盾难以解决的情形。在危机四伏的"夹缝"中生存，要做到收放自如实属不易。此时，员工应该理性、平和地看待，学好平衡的艺术。

1）正确看待

组织中有那么多人，作为其中一名普通员工，被上司故意针对的可能性是很低的。很多时候，"夹缝"难题很可能是由于自身工作能力不足而产生的错觉。当面对上司或同事的刁难时，员工需要思考：是否由于自己对工作内容把握不够？完成效果不好？还是由于工作交接过程中出现了误会？

抑或是，像案例 8-1 中的张园园一样，同时面临两级上司的管理。这个时候，员工很容易感觉自己处于一个两难的"夹缝"之中。正确的做法是，在做事之前，先弄清楚，这件事到底由谁负责，谁有绝对的话语权和最终决定权，以及直接汇报人是谁等。正确地看待"夹缝"境遇，弄清楚这些问题，自然就有了正确的执行方向。

2）敢于担当

敢于担当就是在"夹缝"中要主动，不要畏首畏尾。只有勇于承担责任的人才值得信赖，也只有这样的人才懂得不断提高自己，为组织带来效益。所以，在面对工作中的事情，尤其是"夹缝"难题时，员工要有一种敢于担当的精神，敢于面对困难、承担责任，将机会把握在自己手中。同时，敢于担当，要具有一定的前瞻性，一方面要看得远，不要局限于眼前的"夹缝"；另一方面要知道他人的需求是什么，把自己的优势变成他人的需求。

3）战略思维

处理员工关系要有一定的战略思维和大局观，开放地看待问题，不要局限于眼前的利益与一时之气。要学会"让"的艺术，不仅要懂得"争而得之"的道理，还要懂得"让而得之"的道理。"让"是为了顾全大区，消解矛盾，顺利推进工作。

在对待报销的问题上，案例 8-1 中的张园园作为一名销售人员，应当遵守公司的报销规定和流程，并对其予以尊重和遵循。财务部门是专门负责报销工作的部门，在报销的规定和流程上更专业、更有话语权。因此，张园园应该积极主动地向财务部的相关人员请教，虚心听取其建议，从而确保能够在有限的时间内顺利完成报销。这样可以在实际中与其他同事取长补短，提高自己的工作能力，也可以加强与其他部门工作人员的沟通协作，得到其他人的支持，为日后的发展打下良好的基础。

六、思考题

1. 结合案例，谈谈案例 8-1 中的张园园在职场中都面临怎样的关系难题？
2. 结合工作意义感和目标设定理论分析，如何提升个人绩效水平？
3. 请简要回答，处理好与同事的关系在员工任职过程中的重要作用。

第九章 HR 视角的任职管理

本章目标

1. 引导读者了解 HR 层面的任职管理内容。
2. 帮助读者理解员工帮助计划的核心内容。
3. 帮助读者分析 HR 在职场中面临的挑战与应对策略。

本章要点

1. 从员工帮助计划入手，带领读者了解 HR 视角任职管理的相关概念和内涵，学习人力资源三支柱模型和社会交换理论。

2. 结合知识结构单一、信任危机不断、话语权有限和战略性不足等 HR 面临的挑战，讲述 HR 任职期间可能会面临的真实困境。

3. 对应现实问题，为从事 HR 工作的读者提供职场关系处理的思路和个人策略，引导读者主动提高专业度、建立信任感、提升战略性。

> "管理者的任务不是去改变人，而是运用每一个人的才干。"——彼得·F. 德鲁克（Peter F. Drucker，1909.11.19—2005.11.11）

一、引导案例

案例 9-1

W 家装公司人力资源管理困境

员工帮助计划是 W 家装公司员工关系管理中一项非常重要的内容，主要包括新员工入职关怀、员工业绩关怀、节假日关怀、员工心理健康关怀、员工家庭或情感问题的疏导等内容。其中，员工面谈是一个重要途径，HR 不仅会在固定时间（如试用期、转正、年终考核时等），还会针对不同的问题（如绩效、企业文化、员工个人需求等）与员工进行一对一的面谈，以了解员工的真实反馈，帮助员工解决个人问题、改进工作。

初期，新员工会将 HR 视为自己的朋友，将自己的真实诉求，甚至是部门内部的负面信息或八卦告诉 HR。站在他们的角度来看，在遇到问题时，他们很希望有人倾听，并帮助他们解决。然而，HR 无法百分之百地解决问题。虽然经过这样的流程，员工在工作中的诉求可能得到一定程度的满足，但是也可能会产生一定的问题，如 HR 帮助员工反馈了诉求，却无法解决诉求，甚至会使部门经理对该员工进行重新评估，加重员工的思想负担。

另外，员工反馈的内容如果是偏向于内部的八卦或不和谐的情况，HR 为了帮助员工改进工作，会选择隐藏此部分内容，部门经理无法获取所有的信息。因此，HR 可能会面临员工和部门经理的双重信任危机：员工私下讨论，发现 HR 很难解决大家的问题，在后期就不愿意将真实想法告诉 HR，HR 就无法得到真实的反馈；部门经理有自己的一套管理方法，认为自己部门的内部管理不需要 HR 来干预，对 HR 产生不信任感。公司领导在做决策和考虑员工问题的时候，通常是从领导角度出发的，而 HR 不仅要考虑领导还要考虑员工，同时也需要考虑员工所在部门的需求。因此，在向领导汇报时，HR 也不会百分之百地将信息反馈给领导。领导想了解公司的实际情况时，有时也会避开 HR。

根据 W 家装公司的绩效考核标准和制度，公司的派单量与员工的业绩挂钩，即对于业绩突出的员工，公司会给他更多的派单（客户源）。HR 在考核的时候，会对员工承诺，如果下个月他的绩效好，会向公司申请给他更多的派单。然而，该员工第二个月业绩确实上涨的时候，HR 跟公司领导反馈了这一情况，领导也同意增加派单，但是实际派单还需要由部门经理批准。部门经理嘴上答应，但实际就是不给该员工派单。该员工只能再找到 HR，询问为何没有得到自己应得的派单，HR 进而又与部门经理沟通，部门经理依然嘴上应许，结果还是没有改变。

该公司的绩效考核制度中有规定，如果个别员工绩效非常差，考虑公司成本等问题，需要对其进行裁员。裁掉谁是由人力资源部门来决定的。但是当 HR 与公司领导反馈、沟通，确定裁员名单后，部门经理知道了此事，就跑到领导那里保证，一定会帮助这几个员工提高绩效。领导看在部门经理的面子上最终取消了裁员。这样的事件频频发生，是否裁员的问题总是有部门经理的干涉，领导又摇摆不定，始终无法由人力资源部门主权。

最后，由于该公司主要要求人力资源部门履行基础职能，而不要求其参与公司战略层的工作，导致人力资源部门与业务部门脱节，转型困难。

（资料来源：笔者根据相关资料整理。）

✍ 带着问题学习：

1．案例 9-1 中的 HR 面临哪些关系难题？
2．员工帮助计划包括哪些核心内容？
3．要想解决当前的关系难题，HR 需要做哪些努力？

二、员工帮助计划

（一）员工帮助计划的概念

最初源自美国的员工帮助计划（Employee Assistance Program，EAP），旨在缓解员工因过度饮酒和使用不良药物而产生的心理障碍，后来该计划又应用于其他行业领域，如医疗护理、教育培训等。随着对员工帮助范围的不断拓展，其所涵盖的内容也变得更加广泛和多样化。目前，EAP 已成为一项综合性服务项目，它与员工的发展计划紧密结合，涵盖了心理健康、裁员危机、压力管理及职业生涯发展等多个方面。

EAP 不仅是一种员工福利，还是一种管理者福利。它不仅能帮助管理者解决组织中的问题，还能提高企业绩效。在行为科学的基础上，员工心理援助专家能够为员工和企业提供具有战略性的心理咨询、问题确认和解决方案，从而营造高效、健康的工作环境。

EAP 提供了全方位的员工辅导和组织环境分析，明晰了员工关系中的盲点，消除了可能影响员工绩效的各种因素，进而增强了组织的凝聚力，提升了组织形象。EAP 可以发现员工关心的问题并给出解决方案，这不仅会影响员工的工作表现，还会影响组织机构整体业绩目标的达成。

（二）员工帮助计划的模式

1．内部模式

内部模式是指在企业内部设立专门的部门，由人力资源、心理咨询和其他专业背景的专职人员参与 EAP 服务工作。该部门既可置于人力资源部门和工会中，又可脱离各部门单独开展工作。该模式具有针对性和适应性强、能够充分掌握员工情况、及时提供服务等优势。内部模式总体上适合规模相对较大、较成熟的公司。

2.外部模式

外部模式是指企业利用外部专业 EAP 机构向员工提供帮助，企业同外部专业 EAP 机构签订合同，委派专人与其进行联络、协调，同时企业也可根据自己的需要选择相关的服务内容。该模式的好处是所有 EAP 服务都是由经验丰富的专业人员提供的，具有专业性强、保密性好等优点。

3.组合模式

组合模式是内部模式和外部模式的结合，即由内部 EAP 人员承担一部分责任，签约的外部专业 EAP 机构承担其他责任。该模式的优点是内外联合，能实现优势最大化，以达到收益最大化。

（三）员工帮助计划的核心内容

1.员工压力管理

目前，压力过大已成为影响员工心理健康的一个重要原因，如果压力过大，员工易丧失工作热情，甚至会影响工作效率。因此，采用预防性压力管理、压力咨询等 EAP 服务策略能够有效减轻员工因压力过大而产生的负面影响。

具体来说，首先，HR 可以通过初级预防措施来减轻并消除员工的外界压力，以便为员工创造支持性的健康环境。其次，HR 可以采取中级预防措施，即通过设置压力管理课程、传授减压技巧等措施来缓解员工的压力。为增强预防效果，HR 也需关注曾遭受压力的员工的康复情况，为实现高级预防开展有针对性的专业压力辅导。

2.绩效沟通心理服务

EAP 能够使原本可能艰难的绩效沟通变得顺利和轻松。EAP 可以帮助管理者掌握相应的绩效沟通技巧，有效改善管理者的管理风格，提高管理成效。此外，EAP 可以针对员工所遭遇的各种问题提供协助，帮助 HR 了解员工问题。

3.员工心理健康管理

EAP 的目的是向员工提供职业心理健康评价，它运用职业心理健康的评价方法来综合评价员工心理健康的现状和深入探讨问题存在的原因。企业可以通过海报、健康知识讲座等形式开展职业心理健康宣传活动，帮助员工树立正确的心理健康观念，鼓励遭遇困扰的员工主动求助。

此外，EAP 注重对员工的工作场所进行优化，改善其办公环境，从而改善工作体验。同时，EAP 还注重营造有利于员工身心健康发展的软环境。企业可以通过实施组织架构变革、提供领导力培训、加强团队建设等一系列措施，在企业内部建立支持性的工作环境，以消除员工潜在的心理问题诱因。

三、HR 面临的挑战

（一）知识结构单一

现如今，仅仅知晓人力资源管理的专业知识已经不能满足企业对一名合格的 HR 的要求和期望。企业需要的 HR 不仅是一个领域的专家，还是多领域的通才。人是复杂的生物，是身、心、灵集于一体的复杂体，同时具有个性、群体性和社会性的特点。要想管理好组织中的人，HR 不仅需要精通专业知识，了解业务、管理、法务和财务等知识，知晓心理学、教育学、人际伦理等内容，还要将这些方面的内容融会贯通、综合运用。

然而，很多企业的 HR 存在着知识结构单一的问题。具体来说，专业的 HR 大多都懂得人力资源管理的基础概念、方法和流程，如八大模块（概论、规划、岗位、招聘、绩效、薪酬、培训、员工关系）的相关理论，但难以将这些内容进行有机组合和综合运用。

此外，作为组织中的桥梁，HR 需要连接员工、领导、其他部门、利益相关者、资源和市场等，但许多 HR 困于日常行政类的工作，缺少对企业业务、管理模式的了解，必要的法务和财务知识不足，难以配合其他部门工作、服务于公司的战略发展。

（二）信任危机不断

HR 总是被戏谑"干人事的不干'人事'"，这可能是因为无论是领导还是员工，都或多或少地不信任他们。

TeamBlind（一个关于工作场所的匿名社群）近年来对 18 家高科技企业超过 11000 名员工开展了一项调查研究，结果发现，大多数被调研的企业员工并不信任他们的人力资源部门。即便是几家极具价值的企业，如谷歌、微软、苹果和亚马逊，不信任人力资源部门的企业员工也高达 70%。另外，领导也不信任 HR，如领导直接干预人事安排，使 HR 的职权变成摆设，同时"二把手"管理人事，"一把手"却越过"二把手"直接插手人事安排的情况在企业中也时常发生。

信任是员工关系中的基础内容之一。在组织中，信任的本质是组织成员之间的一种关系属性。当员工或领导对 HR 缺乏信任时，就会产生一系列的负面影响。例如，HR 难以获得员工的真实反馈，无法了解员工在工作中所遇到的问题和真实诉求，难以有效发挥人力资源部门的作用；日益减少的反馈与沟通会掩盖真正的问题，从而导致问题恶化直至难以解决；不被领导信任或夹在两级领导中间，HR 不仅难以把本职工作做好，还会面临领导与员工、领导与领导的关系难题，这也将影响 HR 在企业中的信任度。

（三）话语权有限

人才是企业发展的第一资源和核心要素。当谈及人力资源部门时，许多公司的负责人都认同人力资源部门是公司最重要的部门之一，在公司的发展过程中扮演着重要角色。然而，在实际的职场环境中，人力资源部门真的拥有如此高的地位和话语权吗？

虽然很多企业在人力资源部门上的投入逐渐增多，但是 HR 的工作本质上没有发生变化。有些企业对人力资源部门的定位较低，职能设置单一，主要是日常管理，HR 对企业经营目标、发展战略和业务的参与较少，这样 HR 的话语权就较小。HR 虽然是企业不可缺少的角色，但是各企业对 HR 专业度的要求不尽相同。缺少专业度的 HR 往往主要负责日常管理，被烦琐的日常事务推着走，无法用专业的、有效的、先进的工具进行人力资源管理。此外，很多 HR 的工作与业务严重脱节，缺乏业务思维，对竞争对手的了解和对商业市场趋势的敏感度有限，无法协助企业从人力和组织的角度进行发展战略的制定，无法通过人力资源为业务赋能。

HR 的话语权取决于 HR 能否为企业创造价值。例如，能否给予前端部门和团队关于产品发展或营销的建议，对其业绩产生积极的影响；能否成为部门的业务合作伙伴，付出身心服务于业务和部门的发展。如果自身的专业度不够，对自己的定位不清，无法为公司创造价值，HR 就会缺少话语权。

（四）战略性不足

在当今时代，随着知识经济的兴起、技术更新速度的加快和创新周期的缩短，企业间的竞争不再只是简单的商业和资本的竞争，人力资源的价值成为衡量企业整体竞争力的新标准，人力资源部门对于企业的成功也变得越来越重要。相应地，企业的人力资源管理也在遭受着前所未有的冲击，如经济全球化、工作方式多样化、组织的快速发展和变革等，传统的人力资源管理也正面临着新的挑战，需要进行相应的调整和转型。然而，多数企业的 HR 都面临着战略性不足的困境。

首先，HR 对自身的定位单一，把过多的时间和精力放在日常事务性工作上，被大量重复性的工作束缚，缺少主人翁意识和对公司战略的思考，难以为企业提供战略层面的支持、为企业创造长远的价值。其次，HR 的业务知识薄弱，难以预测业务趋势并及时做出反应，不能为业务部门服务。再次，HR 对重要的利益相关者了解不足，无法识别外部客户、投资者等并提供有效服务。最后，HR 无法识别外部商业环境和市场机遇，难以支撑并推动企业变革，无法帮助企业推行新的实践和政策。

四、理论思考

（一）人力资源三支柱模型

1．人力资源三支柱模型的提出

1996 年，托马斯·斯图沃特发表了一篇题为《炸掉你的人力资源部》的文章，引发了人力资源领域对于传统人力资源管理模式是否应该进行改革的激烈讨论。

直到 2014 年，拉姆·查兰提出"拆分人力资源部"，这期间人们对人力资源部职能的争论从未停歇。戴维·尤里奇认为，人力资源部不应该被废除，而是应该跳出现有的业务模式，创造真正的价值。人力资源部不应该只涉及日常招聘、薪酬和绩效等工作，应更多地关注企业的战略与人力资源部如何为企业的发展做出贡献。他提出，HR 应扮演的四个角色——战略伙伴角色、行政专家角色、员工支持者角色和组织变革角色，这些角色构成了人力资源三支柱模型的基础。

人力资源三支柱模型将人力资源部的职能分为三个部分：人力资源业务合作伙伴（Human Resource Business Partner，HRBP）、人力资源共享服务中心（Human Resource Shared Service Center，HRSSC）和人力资源专家（Human Resource Center of Expertise，HRCOE）。

HRBP 是贴近业务一线的 HR，一般由人力资源各个模块的经理、主管或高级专员组成，能够为个体、组织和领导提供业务解决方案。同时，企业能够通过 HRBP，将人力资源知识转化为生产力，为企业文化的落地、价值观的传播提供制度和组织保障。

HRSSC 是人力资源标准服务的提供者，主要由人力资源各模块的高级专员或专员组成，依靠信息技术手段为组织提供标准化流程服务，帮助 HRBP 和 HRCOE 从事务性工作中解脱出来。

HRCOE 一般由人力资源领域的专家、企业高管或外部顾问组成，他们拥有精深的专业技能及对企业业务、市场等宏观领域的洞察和把握，能够对组织核心人力资源的人员配置、薪酬体系、组织发展和人才培养等方面进行全面规划，以确保效益最大化和可持续性。

人力资源三支柱模式把选择、培养、使用、保留、输出中每一个智能流程链条都拆分为三个人力资源支柱，改善了职能模块之间协同不足的情况。三个人力资源支柱各部分之间的定位和分工是明确的，同时也是联系在一起的、是系统的。

2．人力资源三支柱模式的应用价值

通过搭建人力资源三支柱模型，企业能够提高人力资源部的工作效能和工作效率。

设置 HRBP 岗位，使 HR 能够更好地扎根于公司的业务，与其他部门进行良好的沟通与合作，为其他部门提供定制化、专业化服务。设置 HRSSC 岗位，处理人力资源各大模块的相关工作，利用信息化系统实时解答员工对于基础事务的疑问，能够提高人力资源管理效率，减少因员工出现低级错误带来的损失。此外，HRSSC 还能够帮助企业实现人力资源

数字化转型，将 HR 从事务性工作中解脱出来，更好地投入到与企业战略相关的人力资源问题上。设置 HRCOE 岗位，合理利用 HRCOE 的能力，能够第一时间给予 HRBP 和 HRSSC 必要的支持，帮助其解决难以克服的困难。同时，HRCOE 能够利用自身的优势，为 HRBP 和 HRSSC 提供企业人力资源战略、流程、政策和规划方面的咨询。

总体来说，人力资源三支柱模型是对企业人力资源组织和机制的再造，能够有效地提高企业人力资源部的工作效能和工作效率。

（二）社会交换理论

1. 社会交换理论的提出

在 20 世纪 60 年代，社会交换理论（Social Exchange Theory）在美国兴起，并在全球范围内广泛传播，它强调了人类行为中心理因素的重要性，主张人类的所有行为都受到某种交换活动的支配，这种交换活动能够带来奖励和报酬。

美国社会学家乔治·霍曼斯是社会交换理论的代表人物之一，他提出人类的所有行为都可以被视为一种交换，而在交换中所建立的社会关系也是一种相互交换的关系。

美国社会学家彼得·布劳通过对社会交换理论的定义、条件、特征、原则、过程等进行系统分析，深入探讨了社会交换的不平等性和异质性，从而推动了社会交换理论从微观到宏观的转型。他将社会交换理解为一种"以个人和他人之间的关系作为基础"的交往活动或互动形式。他主张，尽管人类的大部分行为源于对社会交换的考虑，但并非所有的行为都遵循着交换考虑的指引，因为社会交换只是人类行为的一个组成部分。

事实上，社会交换不仅包含了人类的经济活动和社会活动中所发生的一切现象，还包含了人与人之间的相互关系。因此，从某种程度上说，社会交换只存在于人们之间的相互作用和交流中。行为要转化为交换行为必须满足以下两个前提条件：

（1）只有与他人互动，才能达到行为的目标；

（2）为了达到目标，个体必须采用有效的措施。

2. 社会交换理论的延伸

社会交换理论可以进一步延伸为员工与组织的社会交换、人际社会交换和互惠原则的社会交换三种类型。

1）员工与组织的社会交换

探究社会交换理论中员工与组织之间的关系，必须明确组织的激励机制及员工为组织所做出的贡献。为了让员工为组织做出一定的贡献，必须确保组织能够激发员工的内在动力和外在行为，从而让员工投入时间和精力，展现出更多的角色内行为和角色外行为。

对于组织而言，只有做到合理的规划与安排，才能让组织相应的支出得到应有的回报，进而确保组织的生存。在不同类型的诱因下，员工对企业绩效的评价存在着差异。当员工的个人贡献被诱因所超越时，其满意度将得到提高；当诱因小于个人贡献时，则会降低。因此，为了确保员工在组织中发挥最大的作用，组织应当提供与员工贡献同等水平的物质或精神激励，以激发员工的积极性和创造力。

2）人际社会交换

人际社会交换是指员工与员工之间的交换。在社会交换的过程中，越来越多的组织对员工提出了严格的要求，并采取了相应的措施进行监督。这是因为交换是为了实现各自的目的而发生的，在交换过程中，双方都有自己的利益追求和目标。

行动者通过相互关系和互动获得自己所需的回报。在此过程中，一旦发现回报者未能提供相应的回报，行动者可能会中止行动。

3）互惠原则的社会交换

互惠原则是建立在"每个人都是值得信赖的人，而且都会对他人的行为做出相应的回报"前提下的。互惠原则认为，人有利他主义动机。根据该原则，回报者的回报将取决于行动者的表现和价值，他们会向行动者提供相应的回报。

互惠原则又分为同质互惠和异质互惠。同质互惠是指双方互换的物品价值相等，内容也接近。异质互惠是指双方互换的物品价值相等，但内容有差别。基于互惠原则，要想让员工把更多的时间和精力投入到工作中来，组织要尽可能地满足员工的需要，对其物质或精神层面进行激励，只有这样才能激励员工做出更多有利于组织发展的行为。

五、操作建议

（一）提高专业度

HR的话语权取决于其解决实际问题的能力，也就是自身能创造多少价值。真正的话语权绝对不是取决于职位，而是取决于专业度和业务思维。专业度不足的HR往往主要负责日常管理，被事推着走，难以在组织内掌握话语权。由人力资源三支柱模型可知，专业HR需要跳出现有的业务模式，了解行业发展趋势，还要会用专业的方法论和信息技术等工具更有效地进行人力资源管理，为企业战略做出贡献。

具体来说，HR需要丰富、完善自己的知识结构，不断更新人力资源管理的相关知识，精进基础技能。HR并不是一个知识体系固定的职业，相反，最近几年BP、外聘培训成了新的潮流。因此，作为一名HR，定期更新自己的知识体系是十分必要的。具体方式包括阅读专业的期刊和行业新闻，参加行业研讨会、圆桌会等。

HR需要了解行业发展趋势，关注就业市场和企业利益相关者不断变化的需求。在工作中，切勿将人力资源管理的各大模块当作自己工作的全部内容，要定期关注市场上大中型企业的招聘信息，依照岗位描述对照自己的能力，看自己是否有需要提升的内容。

同时，HR 需要主动了解企业的业务、主动参与价值创造的活动。归根结底，HR 的存在是服务于企业，协助企业从人力资源的角度去制定业务发展战略，即赋能。在此基础上，HR 还要关注员工、股东、客户、供应商等利益相关者的需求。这些利益相关者能够影响企业的利益和发展，深入了解其需求能够帮助企业更好地做出决策。

此外，HR 需要发展辅助技能，提高工作效率，增加对企业的实质性贡献。信息技术的高速发展对传统观念与模式下的人力资源管理系统的分析、设计与实施都提出了新的挑战。建立一套灵活、高效的信息管理系统，利用现代信息技术实现人力资源数字化管理，已成为提升企业人力资源管理水平的必要途径。因此，借助互联网和计算机技术，HR 能够更加高效、精准地获取与员工管理相关的信息，这对于企业的正确经营决策具有至关重要的意义。

对于 HR 来说，提高自身专业度，有效实现人力资源部门各模块之间的协同和系统发展，增加自身对企业的实质性贡献，提高工作效率，是提升话语权的重要途径。

（二）建立信任感

员工信任是 HR 实现价值的源泉，没有信任，HR 就难以发挥其价值。根据社会交换理论可知，让员工为企业做出贡献的前提是企业对员工有足够的诱因。只有当员工的物质和精神需求被满足时，才会做出更多有利于企业发展的行为。因此，建立员工信任是一个需要人力资源部门和企业长期投入的过程。

首先，规范考核和激励体系，建立标准化制度，用明确的标准衡量问题，做到公平、公正、公开，为员工提供必要的人力资源管理与运作的信息，以减少员工的疑虑，提升其信任感。

其次，建立有效的沟通渠道，增加主动的沟通，提升沟通能力。HR 应积极主动地了解员工的诉求，并给予员工自由公开表达的权利，通过倾听、及时恰当的回复，切实解决员工的问题。

再次，全面解释 HR 的角色，让员工更加了解 HR 及 HR 的业务。例如，大多数员工并不会定期地与 HR 进行主动沟通，HR 可以主动接触员工，为员工提供咨询服务和切实的解决方案，提升员工的信任感。

最后，HR 需要予以员工更加积极的响应。当员工对 HR 的求助一次次石沉大海时，他们会觉得自己是孤立无援的，HR 无法解决他们的问题。因此，HR 需要提高对员工的响应速度，同时提高员工对自身回复的翻译度，确保回应切实地满足了员工的诉求。

（三）提升战略性

在当前这个充满变革的时代，要想获得和保持长期的市场竞争优势，解决因环境变化而产生的一系列人力资源挑战性问题，就要转变 HR 的角色定位，提升人力资源管理的战略性，使其为企业、员工及客户等利益相关者创造真正的价值。

1. 根植于业务发展的需求

很多企业在提升战略性方面有一定的误解，认为加大在人力资源管理上的投资力度，如重构人力资源部门、制定新的人力资源管理政策等，就是在提升战略性。然而，HR 脱离了实际业务，脱离了企业实际的商务模式，即使提升战略性也不可能收获理想的效果。

企业真正的业务是面向外部的，与其所处的商业环境和主要利益相关者（如客户、合作者和投资者）等息息相关。因此，HR 要想提升自身的战略性，一定要根植于企业业务发展的需求，与业务层形成互动，把自己当成业务员去实践，培养聚焦业务目标的思维方式，倾听业务层的需求，了解外部商业趋势和外部利益相关者，识别机遇，着眼于为企业创造价值，而并非仅关注人力资源部门本身。

2. 从事务性工作中跳出来

人力资源部门是企业的基础部门，HR 时常会被大量重复性、事务性的工作束缚，这在一定程度上局限了 HR 的成长与转型。由人力资源三支柱模型可知，人力资源部门不应只涉及日常的招聘、薪酬和绩效等基础工作，还应更多地关注企业的战略和人力资源如何为企业发展创造价值。

如今，很多事务性的人力资源工作可以通过集中化、标准化、数字化的方式来完成，或者可以通过外包的方式进行处理，既省时又高效。例如，设置 HRSSC 岗位，为企业提供规范化的流程服务，借助信息技术手段实现标准化，帮助 HR 从事务性工作中解脱出来。这样，HR 才能有更多的时间了解业务和企业的战略目标，将人力资源管理的目标与企业战略目标相融合，推动企业战略落地实施，为企业创造长期的价值，同时提高自身的竞争力。

3. 做企业变革的推动者

近年来，由于技术的飞速发展和全球化的驱动，企业面临着越来越动荡和具有挑战性的商业环境，以及组织建设和人才争夺的挑战，需要通过变革来提高自身的竞争优势，获得长远的发展。变革需要得到响应和支持，根据人力资源三支柱模型可知，当 HR 能够推动企业变革时，企业将会获得更多优势。

首先，HR 要有主人翁意识，积极参与企业战略的制定，主动理解领导层的战略思路，利用自己的专业特长为企业提供帮助，使企业能够坦然应对外部环境变化及变革带来的压力，对变革持开放、积极、主动的态度。

其次，为推动变革，HR 需要使主要的利益相关者参与到变革中来，如主动寻求他们对变革的意见，使他们了解企业战略，参与关键决策，从而提高企业内人员的变革参与程度。

最后，设置 HRBP 岗位，及时观察变革给各个部门带来的影响，为其提供切实的咨询服务，帮助其平稳地度过变革过渡期；设置 HRCOE 岗位，对市场和企业业务进行洞察和解析，为企业提供专业的建议和必要的支持，推动企业战略的落地。

六、思考题

1．HR 应如何提升在组织里的话语权？

2．请简要总结人力资源三支柱模型在企业人力资源管理中的应用价值。

3．在案例 9-1 中，HR 的信任危机是什么？应如何解决？

第十章 组织视角的任职管理

本章目标

1. 引导读者了解组织层面的任职管理内容。
2. 帮助读者理解组织主动进行员工激励与员工约束的必要性。
3. 帮助企业管理者分析组织管理中的现实问题及管理策略。

本章要点

1. 从员工激励与员工约束的概念、原则与有效方式入手，带领读者了解组织层面任职管理的相关概念和内涵，学习共同体理论和变革管理模型八步曲。

2. 结合激励机制有待完善、员工约束走向两极和人力资源结构有待优化等现实问题，讲述企业管理者可能会面临的真实职场问题。

3. 对应现实问题，为企业管理者更好地激励、约束员工，优化人力资源结构提供思路和管理策略，引导企业管理者健全激励机制、完善员工手册、优化组织结构。

> "宁可放弃一百万元利润的生意，也绝不放弃一个对企业发展有用的人才。"——何享健（1942—）

一、引导案例

案例 10-1

美的集团的管理境界

何享健是一位为人低调但不失战略眼光和睿智思维的企业家。他一直秉持着"人才至上"的管理原则，十分重视员工激励，宁可放弃一百万元的生意，也绝不放弃一个对企业发展有用的人才。

1992年，他毅然决定推进美的集团进行股份制改革，实施员工持股制，从而使员工与企业建立起命运的共同体。随后，他积极推动实施管理层回购计划，2001年完成了公司高层经理人股权收购，进一步完善了现代企业制度。

美的集团在员工薪酬机制方面实行了一项双轨过渡政策，即采用年功工资和能力工资并行的方式，旨在通过破格提拔有能力的专业人员来实现目标，对其委以重任、给予高薪。美的集团将人才资源视为企业最宝贵的财富，并将此理念贯彻到具体的管理实践中。

美的集团除了注重物质和股权激励，还强调对员工的心理激励。美的集团投入巨资，开展了"人才科技月"等活动，对那些做出卓越贡献的个人进行奖励，以充分肯定员工的劳动成果，并有效地激励员工最大限度地发挥才能。

此外，美的集团不仅注重员工激励，还高度重视员工的约束和考核。每年，美的集团都会与职业经理人签署一份绩效考评书，以确保他们能够达成预期目标，否则他们将被迫离职。

作为中国的家电企业巨头，美的集团原本是何享健的家族企业，但是其在发展过程中，一步步实现了"去家族化"管理。2012年，何享健卸任美的集团董事长。他有三个子女，但是没有选择将企业传给自己的子女或家族中的人，而是将美的集团的管理权交到了方洪波手中。除此之外，何享健在退休之前，还进行了大量的人事调动安排，为方洪波顺利接手集团奠定了坚实的基础，推动美的集团进入了一个全新的职业经理人时代。

根据方洪波所提出的组织架构，美的集团的管理层被划分为四个层级，分别为总经理、总监、副总裁及董事长。在这四个层级中，总经理是最高一级。在组织架构的变革中，美的集团管理层实现了全方位的年轻化，呈现出一种全新的面貌。

在这样的组织架构下，前端平台人员享有更广泛的自主权和自我评估能力，而后端也越来越尊重他们的提案和决策，从而使整个系统得以高效运转。在方洪波的战略构想中，组织变革的方向是打破传统模式，让每个人都有机会单独承担责任，而不是一味地依赖领导。

（资料来源：笔者根据相关资料整理。）

✒️ **带着问题学习：**

1. 在案例10-1中，美的集团有哪些员工激励方式与员工约束方式？
2. 何享健为何把一手创办的家族企业传给了非家族成员方洪波？
3. 方洪波上任后都做了哪些组织架构变革？

二、员工激励与约束

（一）员工激励

1. 员工激励的概念

员工激励是指采用多种有效手段，对员工的各种需求进行不同程度的满足，以激发员工的动机和欲望，从而使员工形成特定目标，并在追求该目标的过程中保持高昂的情绪和积极的状态，以充分挖掘潜力，全力实现特定目标的过程。

2. 员工激励的原则

在制定和实施员工激励机制时必须遵守一定的原则，具体如下。

（1）目标结合原则。在制定激励机制的过程中，确立明确的目标是至关重要的一环。只有将组织目标和员工需求结合在一起，才能达到最佳效果。

（2）物质激励和精神激励相结合的原则。具体而言，就是在重视物质激励的同时，也重视将精神激励贯穿于企业管理全过程，使其成为企业发展战略实施过程中的重要组成部分。

（3）引导性原则。如果激励对象没有明确的行为意向和动机，就无法激发其积极性。只有将外部激励措施转化为激励对象内在的自我激励意愿，才能获得有效的激励效果。因此，在激励过程中，引导性原则被视为一种内在的要求，以确保激励的有效性。

（4）合理性原则。在制定机制措施时，应考虑到目标本身的价值大小，以确定适宜的激励程度；另外，应当确保奖惩措施的公正性。

（5）明确性原则。首先，确定需要采取哪些措施及必须采取哪些措施；其次，实施物质奖励和精神奖励时需要直观地表达它们的指标和奖惩方式。

（6）时效性原则。在抓住激励时机的过程中，"雪中送炭"和"雨后送伞"所带来的效果是不同的。通过及时的激励，员工的热情可以达到顶峰，从而激发创造力。

（7）正激励与负激励相结合的原则。在员工遵循组织目标时采取适当的激励手段以促进其完成工作任务或实现目标；对于员工违反组织目标的非预期行为，应当予以惩戒。积极和消极的刺激都是必要且有效的，它们不仅会对当事人产生影响，还会以一种间接的方式对周围的人产生影响。

3. 员工激励的有效方式

1）物质激励

在激励机制中，物质激励是一种至关重要的方式，其形式多种多样，包括但不限于奖金、福利、股权、带薪休假及舒适的办公环境等。不同的企业应根据自身情况提供合适的物质激励。物质激励可以采用一次性和多次激励、公开和非公开激励、现金和非现金激励相结合的方式。物质激励也可以采用长期激励与短期激励相结合的方式，如建立员工持股计划、实行股票期权等。此外，将非现金奖励与现金激励相融合，可获得意想不到的成效。

2）精神激励

精神激励可以在更高的层面上激发员工的工作热情，这种激励方式具有更深层次的效果，并且能够持续更长的时间。企业要想发展就必须重视员工的需要，因此企业应当注重对员工进行精神激励，用精神激励来激发员工的内在动力，使其深刻认识到工作的重要性，从而激发他们自我实现和获得自尊的内在渴望。在精神激励方面，有多种方法可供选择，其中典型的包括目标激励、荣誉激励、参与激励等。

3）情感激励

情感是人的基本需求之一，人的所有认知和行为都是在特定的情感驱动下完成的，因此管理者应该从情感层面上满足员工的需求，给予他们关怀和爱护，以激发他们的积极性和创造力。情感激励是一种有效的管理方式，它可以提高工作效率、促进组织目标的实现。情感激励的方法包括对员工进行关怀和帮助，积极与员工进行沟通，对员工表现出信任和赞美，以及表现出对员工的尊重和关怀。

在企业管理中采用情感激励，可以使管理者从心理上接受并支持员工，通过注入情感因素，如关心、爱护等，激发员工的内在动力，实现产出的目的。

4）企业文化激励

作为一种独特的精神纽带，企业文化能够激发员工的使命感、自豪感和归属感，从而成为一种黏合剂。在市场经济条件下，企业要想获得持续的竞争优势就需要重视企业文化建设，并将其贯穿于企业的经营活动之中。只有将企业文化融入每位员工的个人价值观中，才能使他们将企业目标视为自己的奋斗目标。

在企业管理中，企业文化扮演着至关重要的角色。因此，为了最大限度地发挥企业文化的激励效应，必须将激励机制的构建和完善与企业文化建设相融合，以实现最佳的激励效果。

（二）员工约束

1. 员工约束的概念

员工约束是指通过多种有效手段，对员工的行为和态度进行不同程度的限定，使其明确自己的权利和义务，按照企业的规章制度行事，从而使其行为始终在预定的轨道上运行的过程。

2. 员工约束的原则

1）合法性原则

员工约束必须以合法性为前提，同时企业要根据实际情况，制定切实可行的制度来加以规范。企业规章制度的制定必须符合国家法律法规的规定，不得违反，不能制定违背社会道德标准、损害员工利益的规章制度。例如，在劳动合同期间禁止员工结婚生育、试用期员工离职不发放工资，以及在员工入职前缴纳保证金等规定侵犯了员工的合法权益和公民的基本权益，不应被视为员工约束的内容。

2）适合性原则

制定员工约束的内容时，企业必须充分考虑员工的意见和建议，而不能仅依据高层的意愿进行决策。为了确保制定的方案具有广泛的参与度，企业可以采用民主程序来激发员工的积极性，同时要注意发挥工会的作用，维护好新员工的权益，提升员工就业质量、服务员工需求，增强灵活用工治理能力，构建和谐的员工关系。企业可以借助并创新企业工会组织、职工代表大会等渠道，精选员工代表参与企业内部规章制度的制定，以确保其有效实施。在制定约束内容后，企业必须对所有员工进行公示，并组织学习和贯彻实施，只有这样才能使其具有现实意义。

3）合理性原则

对于员工约束，企业必须遵循公正、合理、科学的原则，不仅要考虑员工的权益，还要兼顾企业的利益；在考虑员工的劳动行为规范和约束的同时，也需要思考如何激发员工的劳动热情和积极性。

3. 员工约束的有效方式

1）绩效约束

绩效约束是实施员工约束的有效方式之一，能够从企业整体利益出发，对员工的行为方式进行统一与约束，让员工承担一定的责任，从而有效避免员工"干与不干、干多干少、干好干坏都一样"的现象产生。

PDCA 循环（也被称为"戴明循环"）是绩效约束的重要方式，主要由以下 4 个环节构成：P（Plan，计划），主要是制定管理目标和方针，以及具体的活动规划；D（Do，实施），主要是通过具体的活动去实现上述计划；C（Check，检查），主要是对实施的情况进行分析，总结实施过程中的不足之处；A（Action，调整），主要是肯定成功的经验，总结失败的教训，在下一个循环过程中解决问题。企业通过 PDCA 循环对员工的绩效进行管理和约束，能够实现连续性的业务管理循环，帮助员工不断总结经验教训，最终达到提升业绩的目的。

2）升职/降职约束

为了确保员工的公平升职，企业必须建立一套吸引和选拔人才的机制，并将其贯彻落实，将企业选拔人才视为一项长期的工程。企业应在内部营造能者居之的升职氛围，让有才能的人、有实际工作业绩的人得到升职，减少甚至杜绝靠摆资历、熬年头、论资排辈升职的情况产生。

此外，企业要建立员工"能上能下"机制，即便是升职的员工，也不会一直"稳坐钓鱼台"，如果工作态度不积极、工作绩效差或出现重大工作失误，仍然有降职的可能性，以此来有效约束员工。

3）建立员工手册

不同岗位的员工有不同的岗位职责。建立员工手册可以对员工的行为进行规范，明确员工的权利和义务，以及企业的纪律和规范，促使员工合法合规行事。同时，员工手册是企业文化的重要载体，可以传达和弘扬企业文化，引导员工积极地融入企业文化中，提高员工的凝聚力和归属感。此外，员工手册也可以明确企业的培训和升职机制，使员工更加了解企业的制度，提高工作质量和效率。

4）运用数字化手段进行约束

随着科技的发展，部分企业已能够通过数字化手段对员工进行约束，具体手段包括但不限于以下几种。

（1）系统监控：通过安装监控软件或系统，实时监控员工的操作行为，包括上网、邮件、文件的访问和使用情况等，确保员工遵守企业的规章制度和安全要求。

（2）数据管理：通过数据分析和挖掘技术，对员工的工作表现和行为进行分析与评估，发现员工存在的问题和不合规行为，以便及时采取措施加以规范。

（3）员工培训：通过在线课程、视频等培训方式，引导员工遵循企业的规章制度和标准化流程，提高员工的责任感，保证员工对工作内容和要求的了解。

但是，在运用数字化手段进行员工约束时，企业需要注意以下几点。

（1）尊重员工的隐私权：在使用数字化手段约束员工行为时，应尊重员工的隐私权，不得过度监控或泄露员工个人信息。

（2）公平公正：约束员工行为要公平公正，不能针对个别员工进行特别处理，应遵守企业的规章制度和法律法规。

（3）信息保护：在约束员工行为时，应注意对企业机密和敏感信息，以及员工个人隐私的保护，不得泄露或滥用。

（4）透明公开：约束员工行为的方式、目的、内容和标准应明确公开，员工应清楚知道被约束的内容和标准，避免产生误解和不满。

（5）合理合法：约束员工行为需要合理合法，不能违反相关法律法规或侵犯员工的合法权益。

三、现实问题

（一）激励机制有待完善

员工激励是建立员工关系的必要环节，也是处理员工关系的重要方式。员工能力的充分体现需要有具备激励机制的环境，反之如果个体得不到重视，可能就会随波逐流，其能力就无法有效地发挥，员工关系也就无法有效地建立。

当前，人才竞争是企业竞争的重中之重。然而，有些企业拥有丰富的人力资源，却无法发挥员工的工作积极性，大力培养的员工留不下来，无法通过人力资源创造更多的价值，导致企业管理不善、员工工作效率低下，从而陷入经营困境。

该问题的核心在于缺乏切实有效的激励机制，无法激发员工的工作积极性，从而导致员工的劳动效率和工作努力程度普遍不高，进而引发企业出现优秀人才流失的现象。人才流失严重，最终降低了企业的核心竞争力。企业激励机制存在不足的原因通常有以下几个。

（1）平均主义盛行。企业在引入激励机制的时候虽然采用了许多激励措施，但是忽略了员工的内在需求，对待不同岗位的员工采用同样的激励措施，一视同仁。这样的激励机制虽有一时之功效，却无法有效地建立起良性竞争的员工关系，难以使员工长久维持争先的状态。

（2）物质追求至上。市场经济体制下，金钱对员工的激励作用固然明显，但是也不能忽略员工的精神诉求。员工与企业之间的关系不仅包括经济关系，还包括非经济关系。以奖金、补贴等物质激励要求员工加班加点地工作，完成超额的工作量，忽略了员工的真实诉求，未必会产生激励效果。

（3）忽视过程激励。升职通道有限、成长通道狭窄会严重影响员工的积极性。对于优秀员工而言，升职不仅是对其能力的肯定，还是对其在某一特定阶段工作所获得成果的物质和精神双重回报，是其荣耀所在。然而，一次的升职并不能保证员工的终身发展，因此企业应该采用科学的考核评价方式，公正合理地考虑员工的"晋退"，全面考虑过程激励因素，激发员工的积极性。

（二）员工约束走向两极

企业和员工的发展都离不开员工激励和员工约束机制。员工激励和员工约束在实现目标的过程中各自发挥着独特的作用，二者相辅相成，缺一不可。只有员工激励与员工约束平衡，才能发挥更大的作用，激发员工的积极性。

在员工约束方面，也需要有一定的平衡。依靠合法的、适合的、合理的约束机制，企业能够引导员工的行为处于助力企业健康发展的轨道之中，告诉员工应该前进的方向和应该采取的行为方式。然而，在现实生活中，企业对员工的约束还存在两极分化的现象，即毫无约束、仅靠激励，或者约束过度、无视激励，这都不利于员工的成长和企业的长久发展。

具体来说，一支能打胜仗的队伍，一定是军纪严明、具有战斗力的队伍。一家优秀的企业也是这样的，没有规矩，不成方圆。

对员工约束不足，仅靠激励，容易造成员工缺乏责任意识和岗位意识，对企业规章制度了解不足，缺乏对企业利益和目标的认识，难以用合规的方式进行工作。

对员工约束过度，凌驾于员工的真实需求和利益之上，甚至无视法律法规，会严重挫伤员工的积极性。此外，过度的约束也会降低员工的工作热情和创造能力，不利于员工的职业发展，甚至会造成员工离职，出现"好的人才留不住"的现象。

（三）人力资源结构有待优化

企业人力资源结构方面的问题主要表现为人力资源配置不合理、人才短缺、人才开发不足、人才梯队结构不合理、后备力量不足等，给企业的人才培养造成了较大的影响。

有些企业没有建立完善的人才培养机制与体系，导致人才培养工作无法落到实处。还有些企业在人才培养和管理方面存在缺陷，导致人才大量流失，同时在升职、发展和薪酬待遇方面存在不足，这使它们对高素质人才的吸引力相对较弱。

另外，有些企业对于员工培养工作不够重视，缺乏有效的培训机制，不利于提升员工素质。有些企业在核心人才的培养和储备方面存在不足，尤其是在高素质人才的培养和管理方面存在明显短板，导致人才培养和管理范围相对狭窄，容易出现"青黄不接"的情况，难以为企业提供有力的人才保障。

此外，还有些企业缺乏对员工关系的重视，在优化人力资源结构的同时，忽视对员工关系的调整。例如，人力资源管理过于强调精英层的建设，对其他层次的员工不够重视，精英员工与普通员工之间的资源分配不均、权责利不明等。

四、理论思考

（一）共同体理论

自亚里士多德时代起，共同体就被视为西方传统思想中不可或缺的重要组成部分。随着全球化的不断推进和通信、交通的日益便利，人与人之间，以及群体与群体之间的联系和交往已经逐渐打破了传统的血缘和地域限制，涌现出一系列新兴的共同体，如科学共同体、学习共同体和职业共同体等。作为一种新的社会形态，共同体是在社会发展过程中逐步形成并发展起来的。共同体经历了由自然形成的"原始共同体"向具有现代意义的"当代共同体"的演变。

　　"共同体"的英文为 Community，是由拉丁文前缀"Com"（"一起""共同"之意）和伊特鲁亚语单词"Munis"（"承担"之意）组成的。这个词最初用来表示一种群体意识。一般观点认为，将共同体从社会的概念中分离出来作为一个基本的社会学概念，最早可以追溯到 1887 年由滕尼斯发表的《共同体与社会》（Gemeinschaft und Gesellschaft）。Gemeinschaft 在德文中的原意是共同生活，而滕尼斯则用它来表示一种建立在自然情感一致基础上的紧密联系、排他的社会联系或共同生活方式，这种社会联系或共同生活方式形成了一种亲密、守望相助、充满人情味的生活共同体。

　　关于共同体和组织关系的问题，有人认为可以把共同体作为一个广义的概念来看待，如组织、社区、国家甚至人类社会整体都可单独视为共同体。张春江认为，共同体是一个组织，但是它又不同于作为"功能体"而存在的普通意义上的组织。所谓共同体，就是由家族、地域、志趣及其他自然因素的综合作用产生的，旨在满足会员需要的团体。其中，成员欲望的满足远比组织自身的发展更为重要。

　　有些学者认为，共同体与其他社会结构，如社会、社区、组织等是不同的，它代表着不同的社会联结方式和人际关系，从而发挥着独特的社会功能。一个具有明确边界的社区、组织或其他类型的群体，未必能够展现出共同的精神。

（二）变革管理模型八步曲

　　面对瞬息万变的市场，企业唯有不断创新和变革，才能在复杂的商业环境中始终居于不败之地。而协助企业成功实施各类变革项目，也成为管理人员的一项必备技能。美国学者、领导变革之父约翰·科特认为，只有深入探究组织对变革的抗拒原因，才能制定相应的措施以克服这种惰性。

　　科特提出了一个包含八个步骤的变革管理模型，以协助管理者有效应对转型变革的挑战（见图 10-1）。

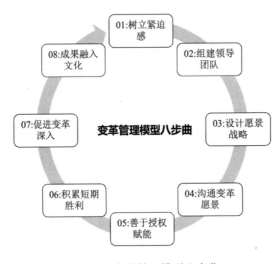

图 10-1　变革管理模型八步曲

1）树立紧迫感

在改革过程中，人们往往会把自己的成功看作一种荣誉，而不是对失败的总结。在此情形下，任何形式的改革举措皆难以奏效，唯有唤起危机意识，树立紧迫感，才能达到改革的目的。如何树立紧迫感？

有两种可供选择的方案：一是走出去；二是找出差距。所谓走出去，就是踏出舒适区，深入市场，与客户和供应商交流，倾听他们的真实想法，洞察市场正在发生的变革。所谓找出差距，则需要进行各种比较，包括与竞争对手、客户期望和巅峰时期的自己进行比较，这样可以产生足够大的心理落差，从而激发人们的斗志。

2）组建领导团队

领导团队所需之人可归为四类，即具备权力、才华、品德和实力的人才。具备权力的人往往扮演着至关重要的角色，他们能够消除阻碍变革的各种障碍。具备才华的人，能够提供多样化的信息和专业建议，从而做出明智的决策。具备品德的人以其良好的信誉和口碑，能够对怀疑和观望的人群产生积极影响。具备实力的人是指能为组织创造价值的人才。这些人才都能促进改革，特别是那些极富经验的领导，能够有效地推进改革进程。

将人聚集在一起，并不代表形成了一个完整的团队。从这个意义上讲，团队并不是一个简单的组织形式或群体形态。为了确保变革的成功，必须建立起一种相互信任的关系，这种关系是团队形成的关键之一。大家要追求同一个目标，只有这样才能发挥团队的作用。

3）设计愿景战略

愿景是一幅展现未来的画卷，清晰地说明了个体应该为怎样的未来而不断努力。一个组织没有愿景就像人没有灵魂一样，很难在这个竞争激烈的社会中生存下来。

很多人认为，企业的发展需要有长远眼光和战略思维，然而实际情形错综复杂。在过去十年中，许多企业虽然具备远见卓识，但似乎缺乏实际效益。因为他们的员工知道的愿景不是明确的，而是模糊的。这引发了一个至关重要的问题：什么样的愿景才能真正发挥作用？

第一，愿景要包含人的要素。员工是实现企业愿景的主要推动力和实施者，将与员工相关的内容纳入企业愿景，有助于激发员工的工作热情、增强员工的归属感和认同感，使员工能自发为了实现企业愿景而努力。

第二，愿景应该是可想象的、容易解释的。让愿景变得有效的一个方式就是在五分钟内能够说清楚愿景跟他们的关系。

第三，愿景应该是值得做的、可行的。有效的愿景，除了描绘长期蓝图，还要设定里程碑，也就是阶段性目标。

第四，愿景需要足够聚焦，还要有一定的灵活性。聚焦可以告诉人们该做什么、不该做什么，灵活性是指能够跟上环境的变化。

4）沟通变革愿景

只有被企业绝大多数人理解和认同的愿景，才能释放出巨大的能量。从沟通角度来看，企业应该围绕三个控制点，采取有力行动。

第一个控制点是沟通内容，简单、形象化的内容更容易传播；第二个控制点是沟通方式，最高效的沟通方式是重复再重复；第三个控制点是以身作则，行动是愿景落地最有力的证明。

5）善于授权赋能

怎么扫除组织障碍？一般来说，需要以授权为目标做三个动作，分别是调结构、转制度、练本领。

首先，调结构，要进行组织结构调整。组织结构的实质在于权力的分配，其中涵盖了决策权、人权及签署权。通过权力的重新分配，企业可以实现更高效的运作。

其次，转制度，要对制度进行改革。要建立起一套科学的管理制度和运行机制，尤其是要重视人力资源制度的建设，使员工的积极性得到充分发挥。

最后，练本领，要锤炼技能。在这个过程中，企业变革的领导者要不断地学习，提高自身素质。对于新的目标、职位和业务，企业变革的领导者需要具备全新的能力和技能，帮助管理者和员工获得新的知识和技能。

6）积累短期成功

短期成功的效果是巨大的，它会让所有人相信，为愿景付出是值得的、有效的，从而激励更多的人参与其中。

那么，如何在短期内获得成功呢？对短期成功进行系统规划，以成果为核心，贯彻"五有"计划：有目标、有充足的时间、有积极的行动、有专人负责、有严格的检查。企业通过实施强有力的管理措施，以保证所采取的行动能够产生实际的成效。

7）促进变革深入

随着市场竞争的日益激烈，不同部门之间的相互依存程度不断加强。这就使企业越来越需要通过各种方式进行管理和改进。企业应以客户为中心，在各个流程和部门之间实现更高效、更经济、更紧密的协作，以满足客户的需求。变革并不是对局部的改造，而是对组织系统进行全面的革新。

8）成果融入文化

文化是指企业的行为规范和共同价值观。如果企业文化与变革愿景不协调，就会让变革倒退。为了塑造新的文化，企业需要重视文化的延续性，将过去好的文化保留下来。另外，文化需要产出相应的成果，只有在成功地改变行为并取得实际成果时，人们才会意识到行动改变是有必要的，从而感受到文化的力量。

五、管理策略

（一）健全激励机制

在组织中，满足成员的愿望与组织本身的成长同样重要。同样地，一家企业无论拥有多么先进的技术设备和硬件条件，如果不能满足员工的需求、激发员工的能力，不能使员工发挥最大的作用，就难以获得成长和市场竞争优势。因此，建立有效的激励机制，提高员工的积极性和创造力是企业持续发展的根本。

1. 完善绩效考核方式

绩效具有多因性、多维性和动态性，因此完善绩效考核方式也要从这三点出发。

（1）多因性。绩效受多种因素的共同影响，并不是由某一个因素决定的。员工绩效的优劣受到内部（如业务能力、个人追求等）、外部（如工作机遇、工作环境和激励条件）等多种因素的影响。组织在考核员工的绩效时需要综合考量多种内外部因素，以提高考核的准确性。

（2）多维性。绩效涉及员工的工作业绩、工作态度和工作能力等多个维度。组织需要从不同维度进行逐一分析和综合考虑，且根据各维度的权重划分不同的考评侧重点。从多个维度综合考察员工的工作成果，能够较全面地了解绩效体系存在的相关问题和员工需要改善的地方，从而提升组织整体的工作效率和工作质量。

（3）动态性。绩效是动态变化的。随着时间的推移，绩效差的员工可能会提升，而绩效好的员工也可能退步变差。由变革管理模型八步曲可知，过去的辉煌可能会滋生个体的自满情绪，个体需要通过了解市场的变化，与竞争对手、客户期望和巅峰时期的自己进行比较来树立紧迫感。因此，对员工绩效的考核方式需要是动态的、基于内外部比较的，这样才能有效地激发员工的斗志。

2. 优化员工薪酬体系

员工与组织之间存在一定的经济关系，包括货币和非货币关系、短期经济关系和长期经济关系、显性经济关系和隐性经济关系等。处理好经济关系是处理好员工关系的基础，是员工关系管理的必修课。在人才竞争日益激烈的情况下，薪酬是吸引人才的主要动力之一。合理的薪酬体系能够帮助企业吸引并留住优秀的员工，鼓励员工积极提高工作能力，提高工作效率，确保企业的人力资源达到最佳水平。

首先，薪酬体系要能促进员工关系的和谐，以确保员工的薪酬水平得到有效提升。通过恰当的薪酬管理，企业能够妥善处理劳资矛盾，确保员工专注于本职工作，同时保持较高的工作绩效和动力，协调企业目标和员工个人发展目标，并通过协商解决员工和企业利益之间的冲突。

其次，合理的薪酬体系必须遵循公正、补偿、竞争和激励等原则，以确保员工获得公正、合理的薪酬。为了实现薪酬的内外部公平、个人公平、过程公平和结果公平，企业必须全面考虑员工的绩效、责任、能力和劳动强度等多方面因素，并考虑外部竞争性和内部一致性等要求。

最后，为了实现长期的投资，薪酬体系应该具有一定的激励性，可以根据不同的岗位、能力和个人贡献采用不同的薪酬结构，以体现工资分配的导向作用和多劳多得的原则，同时薪酬水平也应该有利于吸引、激励和留住人才。

（二）完善员工手册

员工手册不仅是企业内部的人事制度管理规范，还承载着传播企业形象、塑造企业文化的重要使命。员工手册不仅能让员工了解自己所在企业的工作流程和职责权限等内容，还能够帮助他们明确目标与责任分工，提高团队合作意识。它是一种高效的管理和沟通工具，是员工的行动指南。

1. 员工手册的内容

（1）手册前言：此部分阐述了员工手册的目的和效力。

（2）企业简介：此部分包括企业的历史渊源、核心价值观、客户名册等相关信息，能够帮助员工深入了解企业的历史、现状和文化，以更好地为企业的发展贡献力量。

（3）手册总则：此部分包括礼仪规范、公共财产、办公室安全、人事档案管理、员工关系、客户关系及供应商关系等多个方面的条款，有助于促进员工与企业之间相互认同，提高工作效率和质量。

（4）培训开发：此部分包括企业培训和开发的内容，有利于帮助员工更好地参加由人力资源部门等统一组织的入职培训和企业不定期举办的各种培训。

（5）任职聘用：此部分包括员工任职聘用的起始时间、试用期、员工绩效评估、调任情况及离职原因等相关细节。

（6）考核升职：此部分主要介绍试用转正考核、升职考核、定期考核等内容，包括但不限于员工需达到的指标完成情况、工作态度、工作能力、工作绩效、合作精神、服务意识及专业技能等。考核结果分为优秀、良好、合格、延长及辞退。

（7）员工薪酬：此部分是员工最关心的内容之一，详细阐述了企业的薪酬构成、薪酬基准、薪酬发放方式及业绩评估手段等方面的细节。

（8）员工福利：此部分阐述了企业的员工福利政策，包括为员工提供的各种福利项目，以确保他们在工作中得到充分的照顾和支持。

（9）工作时间：此部分主要向员工传达企业有关工作时间的规定，这些规定通常与成本有关，主要包括办公时间、出差政策、各种假期的详细规定及相关的费用政策等。

（10）行政管理：此部分主要包括组织具有约束性的规定，如对于办公用品和设备的管理、对个人工作区域的管理等。

（11）安全守则：此部分通常分为安全规则、火情及意外紧急事故的处理方法和要求。

（12）手册附录：此部分包含与上述各项条款相关或需要员工了解的其他文件，如财务制度、社会保险制度等。

2. 员工手册的编写原则

（1）依法而行：在编写员工手册时，必须严格遵守国家法律法规和行政条例的规定，以确保其合法合规。

（2）权责平等：员工手册应当充分体现企业与员工之间的平等关系和权利义务的对等，以确保员工的权利和责任得到平等的体现。

（3）讲求实际：在员工手册中，应当融入实际内容，以贴近员工生活。

（4）不断完善：员工手册需要不断地跟进时代，持续地进行改进和完善，以确保其与时俱进。

（5）公平、公正、公开：为了确保企业的可持续发展，必须确保员工作为企业的一员参与其中，并广泛征求、积极采纳他们的意见和建议，以实现公平、公正、公开。

综上，员工手册作为企业内部的"法律法规"，不仅是规章制度、企业文化和企业战略的精华，还是展示企业形象、传播企业文化的重要工具。它不仅涵盖了企业人力资源管理各个方面规章制度的主要内容，还填补了规章制度制定上的一些疏漏，以适应企业的经营发展需要。

员工手册不仅为企业提供了一种全新的管理工具和方法，还对促进企业健康快速发展具有重要意义。站在企业的视角，员工手册是企业实现有效管理的有力工具；站在员工的视角，它是一条通向企业形象和文化认同的途径，同时也是指导员工工作和行为的指南。

特别值得注意的是，在企业单方面解雇员工的情况下，员工手册往往可以成为强有力的决策依据之一。因此，在实际运用中必须重视员工手册的作用和价值。随着国家政策的颁布、法律法规的修订和完善，以及企业自身的发展，员工手册必须及时进行更新，以保证其与时俱进。

（三）优化组织结构

根据变革管理模型八步曲可知，在竞争日益激烈的环境中，组织的变革绝不是对局部的改造，而是对组织系统进行全面的革新，这就需要从根本上优化组织结构，使各个流程、各个部门以更快的速度、更低的成本、更密切的协作来共同推动组织的发展。

企业中既有老员工又有新员工，既有"强人"又有普通人，既有"名人"又有"老黄牛"。组织结构优化的核心便是让组织中不同类型的员工发挥各自的能力与价值，让所有人都有机会在组织中绽放光彩。

在实际操作中，优化组织结构有多种实现途径。例如，根据绩效考核或任职资格考核结果，对与职位要求不匹配（高于或低于职位要求）的员工进行升职、降职；依据员工职业生涯发展的需要为员工提供工作岗位的轮换机会；因岗位空缺，需要从内部招募时，采取竞聘上岗的方法。

1. 升职与降职

在组织内部考核评价体系的支持下，对组织成员的职位（包括组织内部各种类型的职位价值序列或技能等级序列）进行升降，是优化组织结构的一项重要措施。

组织通过职位的升降可以实现以下主要目的：优化内部人力资源配置，推行竞争淘汰机制，激发员工的内在潜能，提高员工的工作效率和工作满意度，引导员工积极参与培训以提升其工作水平，建立员工职业生涯发展的通道，提升企业凝聚力和向心力等。

在企业中，职位升级和职务变动都会产生一定的影响，但在不同的情况下对企业所产生的影响并不相同。因此，对员工升职或降职的安排必须基于客观事实合理判断。一方面，绩效考核是升职的前提，只有那些在绩效考核中表现出色的员工才有资格获得升职，成为企业培养的对象；而对于那些绩效考核较差的员工，如果他们在培训后仍无法任职，那么应该考虑调换他们的岗位，甚至解雇。

另一方面，对于那些具备升职资格的员工，应经过一系列的培训和资格认证，以确定他们的知识、技能等是否符合新职位的要求，即任职资格评价。员工绩效考核结果优秀只是对其在现有职位上能力的肯定，但员工能否胜任更高级别的工作关系到企业的正常运转和员工未来的发展。因此，企业应该采取措施，对员工更高层次的胜任力进行评估。通过任职资格评价来帮助员工确定自己的职业定位并提升其能力素质已成为现代人力资源管理中一个不可或缺的重要环节。

2. 工作岗位轮换

工作岗位轮换是指企业内部进行的有组织、有计划、定期的人员职位调整，目的是实现员工通过岗位轮换而从事多种不同工作的目的。对于企业而言，工作岗位轮换的原因既包括主动因素，又包括被动因素。主动因素主要包括员工的职业发展和胜任力多样化的需求等；被动因素主要包括提高员工的适岗率和防止腐败等。

随着经济全球化趋势的日益加强和科学技术日新月异的迅猛发展，社会环境变得越来越复杂多样，企业之间的竞争日趋激烈，尤其是随着人工智能的出现，现代企业对员工胜任力和技能结构的要求发生了翻天覆地的变化，新兴的柔性组织、团队工作和远程办公等工作方式对员工的知识和技能提出了更高的要求，培养具备多样化胜任力和技能结构的员工已成为企业关注的焦点。通过实行工作岗位轮换，员工可以获得更多的职位经验，从而提高他们对企业的适应性和个人的工作绩效。

当代企业不仅致力于自身的成长，还致力于满足员工在职业生涯规划中的发展需求。如何建立有效的员工培训机制以促进员工职业生涯规划与企业战略相结合成为现代企业人力资源管理的一项新课题。满足员工职业生涯规划的发展需求，合理规划员工在组织内部的工作岗位轮换，是企业不可推卸的职责。

实施工作岗位轮换机制，可以有效缓解企业内部的人力资源不匹配问题，从而为员工提供更加适宜其发展的工作环境，提升其与企业的协同配合度。这对于保持企业的竞争优势具有十分重要的意义。同时，通过工作岗位轮换，企业内部的人员配置结构得以调整，有利于缓解官僚主义和结构僵化等问题。

3. 竞聘上岗

竞聘上岗是一种管理方式，它允许员工在同一起跑线上重新接受企业的选拔和任用，而不受职务高低和贡献大小的限制。同时，员工还可以根据自身特点和岗位要求，提出自己的选择和要求。它强调了员工对工作内容及个人发展方向的参与意识和积极性，有利于促进人才合理流动。

竞聘上岗是企业进行内部人力资源再配置的重要途径。通过竞聘上岗，员工能够在同一平台上进行公平、公正、公开的竞争，能够有效地避免部分员工心态失衡。这对于提高员工积极性，激发团队活力，增强组织凝聚力具有重要意义。同时，竞聘上岗采用多种有效的评估手段，有助于企业更深入地了解员工的内在潜力，从而获得所需的核心人才。

六、思考题

1．请结合案例 10-1 简要谈谈，美的集团是如何进行员工激励和员工约束的。
2．结合本章内容，请总结优化组织结构的有效措施。
3．请简要回答，员工手册对员工关系管理的重要价值。

升职篇

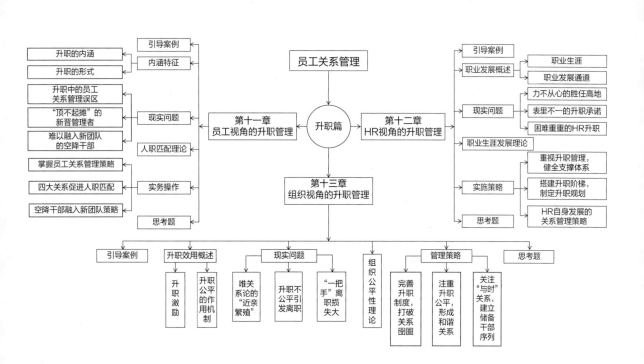

第十一章 员工视角的升职管理

1. 引导读者了解升职的内涵与形式。
2. 帮助读者认识员工在升职中可能遇到的员工关系问题。
3. 帮助读者掌握个体升职的员工关系管理策略。

1. 个体升职的形式包括直接升职到上一层级和跨部门升职。个体直接升级到上一层级需要处理好与其直属上司的关系，个体跨部门升职需要与新同事重新建立员工关系。
2. 掌握升职前、升职中和升职后的员工关系管理策略，可以帮助员工实现更好地升职。
3. "出师未捷身先死"的空降干部不在少数，处理好与己、与人、与事的关系，对于空降干部融入新团队至关重要。

> "如果你想走得更远，就与别人一起走吧。"——布兰登·伯查德（Brendon Burchard，1977.9.18—）

一、引导案例

案例 11-1

升职失败后的抱怨

员工小王在单位的竞聘上岗中失败了，其朋友小张就成了他的情绪宣泄口，小王抱怨说："这种竞聘太不公平了，本来就存在潜规则，还让我们来当靶子。领导们操纵着竞聘结果，所有上岗人员都是他们内定的，还要我们陪着演戏！真是不甘心，不想干了，真想辞职算了。"

作为小王的朋友，小张听着他的抱怨，也一度为他打抱不平。但事后仔细回想，小张发现其实小王竞聘失败的原因大部分在他自己身上，而他把失败原因都归到了别人身上，没有从自己身上找原因。小张总结了小王在竞聘上岗中失败的原因，主要有以下几点。

首先，小王从学校一毕业就到单位工作，工作时间以外很少与同事沟通，一直生活在自己的圈子里。这一方面封闭了自己，失去了让别人了解自己的机会；另一方面，一直处于闭门造车的状态，自身很难得到提高。

其次，小王一直表现出对竞聘岗位无所谓的样子。小王的家庭条件比较优越，从小养尊处优，工作对于他来说只是个人爱好，所以他觉得这个岗位对他来说可有可无。但是，竞聘结束后，他觉得不如他的人竞聘成功了，而他没能竞聘上，一下子心理发生了很大的变化。

再次，小王太过自信。相较于其他竞聘的同事而言，小王确实具有一定的优势。例如，学历比其他几位同事都高，工作能力也相对较强。所以，在竞聘之前，他自认为这个岗位一定非他莫属。

复次，小王怯于与领导接触，总躲着领导，不善于表达自己，没有让领导充分认识自己。他和领导缺乏基本的沟通交流，觉得自己只要做好自身的工作就足够了，和领导沟通与否无所谓，如果有事情领导会主动来和自己沟通。

最后，小王总是时不时地炫耀自己的过去，如当年在学校怎样、学习如何、所读的学校如何、××领导是他的亲戚之类的。这样只会适得其反，即使曾有过非凡的过去，但说者无心，听者有意，同事们立刻就会产生反感，认为他是在吹嘘、炫耀自己。这就导致小王在单位里失去了好人缘，这也是他竞聘失败的原因之一。

（资料来源：笔者根据相关资料整理。）

案例 11-2

升职成功后的感恩

十几年前，李一从日本读完研究生回国，进入某银行工作，担任办事员；同期的同事中，有他的大学同学张某，张某是在美国读的研究生，可是张某的职级比李一高一级，是李一的主管。同样都是研究生毕业，却因为就读的国家有别，待遇就不同。在这种情况下，李一并没有因为待遇不如人就心生不满，仍然踏实做事。凡是交到李一手中的事情，他一定尽心尽力做到最好。此外，他还会积极主动找事做，了解主管有什么需要帮助的地方，事先帮主管做好准备。这样的工作态度被当时的领导注意到了。后来领导调去其他银行时，将仍是办事员的李一也带了过去，这是很罕见的，因为通常都是带一些主管过去。

如今的李一已经成了银行高管，这多亏了他父亲对他的引导。原来在第一天上班报到前，李一的父亲就告诫其三句话："遇到一位好老板，要忠心为他工作；假设第一份工作就有很高的薪水，那你的运气很好，要感恩惜福；万一薪水不理想，就要懂得跟在老板身边学功夫。"这三句话一直牢牢刻在李一的心中，成为他做事的原则。

（资料来源：笔者根据相关资料整理。）

带着问题学习：

1. 案例 11-1 中，小王在竞聘上岗中失败的原因是什么？如何避免类似的失败？
2. 案例 11-2 中，李一的升职形式是哪种？这种形式有哪些优缺点？
3. 结合案例谈谈，在升职过程中员工应该如何处理好与同事、领导和新团队之间的关系。

二、内涵特征

（一）升职的内涵

升职是指有等级之分的职务、职称等从低级别向高级别的升迁。这种升迁，既可以是显性可见的，又可以是隐性增强的。岗位、行政级别和学术职称的提升，都是显性可见的升职；个人专业能力的提高、个人品牌的提升、职场威信的增强，虽不是切实可见的，但也确实反映了个人的自我成长和在组织中地位的上升，因而属于隐性增强的升职。

（二）升职的形式

组织是一个系统，图 11-1 是大多数组织普遍的层级结构示意图。任何一位员工在组织中都处于相应的层级，通往上一层级的方式就是升职。然而令许多位员工困惑的是，有时升职并没有使自己的层级得到提升，这就是员工对个体升职形式不了解的原因。

个体升职最常见的一种形式就是直接升职到上一层级，如图 11-1 所示，在组织中处于第四层级的个体，如果升职成功，那么就应到达第三层级。直接升职后，个体在组织中的层级上升，领导权限与范围扩大，相应承担的责任也就越大。但需要注意的是，直接升职到上一层级就是对直属上司的取代，因此直接升级到上一层级最应该处理好与其直属上司的关系。

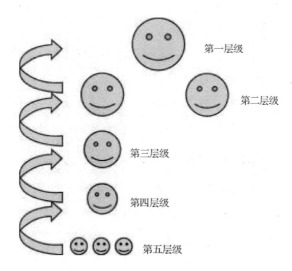

图 11-1　大多数组织普遍的层级结构示意图

个体升职的另一种形式就是跨部门升职。跨部门升职可以有效地避免个体与组织内同级同事的直接竞争，从而避免竞争带来的组织内关系紧张的问题。但跨部门升职的弊端在于跨部门后，工作环境与同事都是陌生的，个体须重新建立员工关系，否则很可能止步于该层级。

升职往往伴随着员工关系的变化，无论是成功还是失败都可能带来员工关系的混乱。对于成功升职的员工来说，他们可能需要面对旧同事的嫉妒、新同事的不信任等问题，需要进行适当的沟通来维护好与同事之间的关系。对于升职失败的员工来说，他们可能会感到失落和沮丧，同时也需要面对与升职成功同事之间关系的变化，需要格外注意处理好人际关系，避免因此影响工作和未来的发展。总之，升职不仅需要员工具备实力和能力，还需要对员工关系有足够的敏感度和处理能力，只有这样才能在职场中顺利发展。

三、现实问题

（一）升职中的员工关系管理误区

1. 误区一：向领导诉苦来谈升职

有些员工在跟领导谈论升职时会苦苦哀求，说自己生活困难，在工作中付出了很多，没有功劳也有苦劳。这些员工试图通过博得领导的同情来获得升职的机会。然而，这种做法很容易让领导觉得员工过于强求，并没有真正凸显自己的价值。此外，领导也可能会向员工解释公司的考虑和发展战略，并对员工的诉苦行为表示不满。因此，通过向领导诉苦来谈升职往往会导致员工与领导的关系僵化或破裂，从而导致升职失败。

2. 误区二：用猎头来要挟领导升职

当员工和领导谈论升职时，有些员工希望凸显自己在行业内的吸引力，会向领导透露有猎头在主动联系他们及提供了职位，大有领导不给升职，自己就要跳槽的意思。实际上，这种做法对于促进升职没有任何益处，反而会让领导认为员工不忠诚、缺乏稳定性，进而破坏与领导之间的信任关系。因此，以这种方式寻求升职意义不大。

3. 误区三：用离职来威胁领导升职

有些人在离职时，领导可能会利用升职的机会挽留他们。于是，有些人就将离职作为间接要求升职的手段，这是非常不可取的。领导会觉得该员工有二心，升职可能就会与该员工失之交臂了，或者是给该员工升职了，活也会安排得更多，要处理的关系也更复杂。如果能处理好，那么问题不大；如果处理不好，可能将来第一批辞退名单里就有该员工了。

（二）"顶不起摊"的新晋管理者

案例 11-3

主动降职的新晋管理者

薛乐从一名普通职员被提拔到管理岗位已有半年时间，按理说她能走到管理岗位肯定有被领导认可的地方，可是她感到越来越力不从心。

有次她去公司信息部办业务，让信息部开发一套小程序帮助他们部门实现业务审批信息化，去了一次又一次，每次信息部都说太忙，需要排队。薛乐纳闷，那么忙为什么比她晚去登记的部门的小程序都开发出来了，他们部门的却还没有。有天她正巧碰见信息部的负责人，和他一聊才知道，原来这个"梁子"早就结下了。前几天信息部的人去他们部门查资料时，因为没有信息部负责人的签字，他们部门的人就让信息部的人回去了，没给办理。

下属不服从管理，部门内部的矛盾协调不好，外部其他部门不配合工作，上级领导不认可，部门业绩平平，薛乐在焦虑和矛盾中给领导打了报告，主动提出降职。

（资料来源：笔者根据相关资料整理。）

现实中有许多薛乐这样的人。公司提拔管理层一般都是从普通员工开始的，有些人能很好地实现角色转变，做好管理者，甚至上升到公司高层；但有些人不但干得很累、每天筋疲力尽，还战战兢兢，"顶不起摊"的新晋管理者有的像薛乐这样主动提出降职了，有的甚至离职了。这种现象反映出企业管理中的一个关键问题，即升职后人与职位不匹配的问题。在企业管理实践中，人与职位不匹配会造成员工工作满意度降低、组织忠诚度降低、人才流失率提高及员工跳槽频繁等问题，已成为严重影响企业发展的重要因素。

从员工升职为管理者，为什么有的人能做好，甚至能继续升职，而有的人却不行呢？究其原因，从员工到管理者发生了工作关系、工作思维、工作能力、工作目标等的转变，挑战更多，困难也更多。

1. 工作关系的转变，从简单关系网到复杂关系网

作为员工，只要处理好简单的人际关系就可以生存下去，如与同事的关系和与领导的关系。作为管理者，不仅要处理好与领导的关系，还要处理好与下属的关系，有时平行部门的关系也需要处理，甚至还要处理外部关系。

2. 工作思维的转变，从员工思维到管理者思维

作为员工，只要自己一个人做好了，那绩效就好；而作为管理者，不仅自己要做好，自己带领的团队整体也要做好。一般员工的工作思维多是被动思维，领导安排的工作完成就可以了；而管理者的工作思维更多的是主动思维，既要思考直属上司安排的工作，又要合理安排下属的工作，还要统筹安排团队的工作。

3. 工作能力的转变，从考察单一工作能力到多项能力组合

员工的工作内容相对比较单一，可能单纯地靠自己的专业知识就可以完成；踏入管理层之后，单一的工作能力已经不足以支撑工作，需要将多项能力组合运用。作为一名管理者，要有驾驭多个领域知识的能力，尤其是员工关系处理和综合分析的能力。

4. 工作目标的转变，从短期目标到长期目标

作为员工，工作目标是完成每天的绩效考核指标；而升职为管理者后，要及时了解公司的发展蓝图，与公司的发展同频共振，不仅要制定本部门的短期目标，还要制定长期目标，让直属上司知道自己的目标是什么及如何实现目标。管理者需要让直属上司和公司看到自己带领的团队是值得被信任并能委以重任的。

（三）难以融入新团队的空降干部

职场上，空降干部随处可见，他们要么是从其他企业跳槽进来的，要么是从企业的不同部门提拔上来的。但由于种种原因，"出师未捷身先死"的空降干部并不在少数。

众所周知，既然是空降，"安全落地"就是其第一要务。因此，空降干部必须先争取生存，再寻求发展。空降干部遇到困难的主要原因是现有团体对外来人员的排斥。一旦空降干部处理不好与当前团队的关系，很有可能变为上司不重视、下属不听安排的"空讲"干部。因此，对于空降干部来说，最需要处理好的其实就是与己、与人和与事三个难题。

1. 与己难题：如何放下自我，度过恐慌期

通常来说，空降干部都拥有相当强的业务能力，这也是他们能够获得上级认可并被安排到新岗位的原因之一，安排空降干部主要是为了打破平衡，改善现有的风貌习气，推进某项工作有突破性进展。不过，刚调入新岗位的空降干部一般会伴随着一定的恐慌感，经历一段恐慌期。优秀且充满活力的空降干部无论过去做得有多好，到达新的工作环境后，放下自己的优越感，适应新环境是至关重要的。

2. 与人难题：如何迅速融入团队，建立信任

团队不同，风格和调性也不同，空降到一个新团队，一切都是新的。空降干部可能缺少"嫡系"部队，有想法没人去响应，想法只能被扼杀在萌芽状态；有想法没人去执行，想法就只是一纸空谈。如何快速融入团队并赢得团队成员的信任是个巨大的挑战。很多空降干部都是升职过来的，这可能会让新团队的不少同事心理不平衡，因此建立信任、发挥合力的难度往往更大。

3. 与事难题：如何快速用能力和业绩证明自己

空降干部的工作岗位往往是具有挑战性的，可能是内部原有人员难以胜任的岗位，挑战高、难度大。空降干部之前并不在该团队工作，缺乏根基和威信，在开展工作时难免受人质疑，因此空降干部要扎根立稳，关键在于把事情干好。归根结底，"新人"还是要用能力和业绩产出证明自己的价值的。

四、人职匹配理论

人职匹配理论由霍兰德提出，主要是指员工胜任力和职位要求之间的匹配，通俗来讲就是根据个体不同的素质及特点，将人员安排在最合适的职位，为职位挑选最合适的人选，从而做到人尽其才，物尽其用。具体有两层含义：第一，职需其才，即该职位需要具备一定素质及能力的员工；第二，人适其职，即员工可以完全胜任且适合该职位。其核心是使人职匹配达到最合理的状态，即员工在该职位上能发挥最有效作用的同时，该职位也能给员工以最大的满足，从而获得绩效最优的结果。人职匹配是双向的，关系图如图 11-2 所示。

人职匹配理论是关于个性特征与职位要求相匹配的理论。该理论认为，每个个体都有自己独特的个性特征，而不同的职位因其工作性质、环境、条件、方式的不同，需要工作者具备不同的能力、知识、技能、性格、气质、心理素质等。因此，在做出职业决策（如选拔和升职）时，应根据个性特征来选择相应的职位，以实现人职匹配。良好的人职匹配可协调考虑个性特征和职位要求，从而提高工作效率和职业成功的可能性；而匹配不良则会降低这些可能性。因此，进行恰当的人职匹配对组织和个人都具有非常重要的意义。

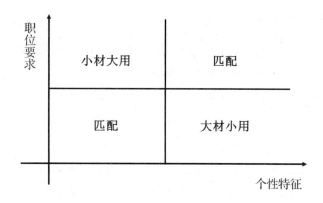

图 11-2 人职匹配关系图

在充分认识自己的基础上，个体需要根据职位来进行自我匹配。只有个体与职位达到良好的契合状态，升职才能取到事半功倍的效果。首先，个体需要了解自己想要升职的职位所需要的能力，思考自身的能力是否与之匹配；其次，要明确升职职位的未来发展空间与自己的发展需求是否一致，如若不一致，能否找到一个平衡点；最后，如果升职的职位在以上两点都与自己的能力和发展需求存在较大的分歧，那个体可以考虑寻找更适合自己的升职职位。

五、实务操作

（一）掌握员工关系管理策略

1. 升职前：强化自我，争取机会

1）积极做好准备

升职过程中，清晰的思路与扎实的行动缺一不可。只有进行充分的准备，升职才有可能成功。企业与员工之间是交互作用的利益共同体，企业追求利润，员工追求稳定的职位、较高的工资、独立的人格与更好的升职机会。双方通过长期的合作，把企业这块"馅饼"做大从而实现共赢。不怕苦、敢吃苦是员工升职过程不可或缺的品质与发展要义。积极准备，既要滴水不漏地做好分内工作，又要学会给自己"升值"，这里的"值"既包括资历、职称，又包括工作所需要的各方面的经验和能力。职场中的许多人可能都有这样的心理：老板不重视，自己的能力没有发挥的余地。其实，不是老板不重视，而是自己的能力还没有提升到相应的层次。这时，如果员工能够明白"先升值，再升职"的道理，就能够踏踏实实地提升自己的能力从而得到升职了。

2）了解自己的上司

对于职场上的人来说，必须认清谁才是升职路上的主导者。上司在很大程度上决定了

员工的升职。上司通常是由组织选择的，代表组织的意志，具有权威性。我们有时候难免会被安排在一个与自己性格不合的上司手下工作。然而，我们作为企业员工并不能选择和更换上司，要么认真工作，要么离开公司。如果可能的话，我们应当做一个各种类型上司都喜欢的下属。这就需要去进一步了解自己的上司，明确上司的类型，从而有针对性地展示自我、主动沟通。

3）主动展示自己

让上司看见自己在做事。员工在工作过程中不仅要有良好的业绩，还要让上司知道。要学会顺理成章地展示自己的业绩，而且不露痕迹地让人注意到自己的才干，这比敲锣打鼓地自夸效果更好。一方面，要让上司看到自己把本职工作做好，如自己把一件事做得完美时，记得一定要向上司汇报，不要以为上司什么都知道，只有把事情讲明白，才能够让上司全面了解自己的能力；另一方面，也要创造机会积极展示自己，如公司的一些会议正是显示才华的好机会，如果能够花时间认真思考，在会议上提出一些具有建设性的意见，上司自然会对自己另眼相看。

与上司建立良好的关系。"沟通则通，不通则痛"。之所以说与上司的沟通很重要，是因为只有通过主动沟通才能使上司了解自己的工作作风和能力、理解自己的处境、知道自己的工作计划、接受自己的建议，让上司心中有数，对工作放心。同时，上司还可以根据员工的反映情况给予更多的指导，甚至还会提供相应的资源。与上司主动沟通，能让他对员工有比较客观的评价，这将成为员工日后能否升职的考核依据。虽然上司一般不喜欢直接要求升职的员工，但上司更不喜欢不善沟通的员工。升职前，员工应与上司适当沟通，让上司知道自己的升职意愿与目标，假如太含蓄，自己不说，上司并不一定知道员工有升职意愿。

2．升职中：戒骄戒躁，避免被贴上"狂妄自大"的标签

1）明确阶段目标

升职中，有些人并不知道升职的目的是什么，不知道应该去往何处，只怀抱一种"年龄到了，该升职了"的心态或是"涨工资、有地位"的虚荣心。当然，也有一些人对自己的职业生涯很明确，在很久之前就对"将来的我"有明确的探索，并且提出了明确的行动路线和目标体系。

升职前，很多人对"现在的我"进行了自我定位，了解了自我能力。升职中，员工更多地需要思考"将来的我"，通过分析现有的资源与挑战，找到"将来的我"的实现路径，提升认知能力，将自己的能力与升职职位的要求进行匹配，满足组织需要。员工既要有伟大的梦想，又要有合理的目标，并且要脚踏实地地不断践行，只有这样才能取得成功。

2）保持谦逊的态度

升职中，员工可能会患得患失，因为上司对自己的一点批评就可能产生不好的情绪，甚至觉得上司不对。在这种情况下，员工的向上关系管理是失败的。事实上，上司作为组织按照标准选择和安排的人才，必然在某些方面有其过人之处，能够带领下属完成组织的目标。因此，下属要心怀敬畏，虚心向上司请教相关的升职问题，学习上司的长处，促使自己升职成功。

古人云："木秀于林，风必摧之；堆出于岸，流必湍之；行高于人，众必非之。"这样的道理在职场上也同样适用。能力强就称霸一方、目空一切，职场生活将会难以安宁，甚至招来灾祸。做人做事是否聪慧、是否睿智，往往就在这点点滴滴之间。保持谦逊的态度，学会忍辱负重，往往可以为自己的人生留下浓墨重彩的一笔。

3）明确沟通目的

沟通的过程实际上是两个人的精神世界不断交流的过程，有意识地去设定一个目标，这个沟通才会变得有意义，也更易成功。因此，要想提高向上沟通的效率，员工需要提早设定自己的沟通目标，以免冷场或将上司视为救命稻草，一直侃侃而谈，使沟通局面变得十分尴尬。员工只有设定沟通目标，才能适时地引导谈话。

升职中，个体不仅要追求成功的结果，还要对这一过程中自己所做的行为负责。向上沟通不是简单的吃饭、聚餐，员工要时刻铭记自己的目的，把握每一次与上司沟通的机会，并在沟通中有意识地对双方的交流过程进行引导，由此得到自己所期望的结果。

4）抛弃功利心理

功利，一是指功名利禄；二是指功业所带来的利益。升职这一特殊活动，极容易使员工出现功利心理，从而趋炎附势或曲意逢迎。事实上，本书所强调的向上沟通，是指员工应当了解组织和上司的需求，更好地展现自己，调整自己的行动路线。因此，在升职过程中，员工应该将升职视为在组织中的学习过程，而不是单单追求一个结果。

升职中，怀抱功利心理，会让人迷失自我，做出一些突破底线的事情。同样，怀抱功利心理的人，容易被利益牵着鼻子走、左右摇摆，成为一棵谁也无法信任的墙头草。

3. 升职后：谦虚谨慎，尊重他人

1）升职成功后的关系管理

升职成功的员工可以在放松过程中调整状态，转变身份，适应新角色。升职后，自己的工作岗位发生变化，整个人际环境和工作重心都会发生转变，此时既不应该骄傲自大、沾沾自喜，又不应该惶惶终日、感到压力巨大。

案例 11-4

"记得低头"的富兰克林

美国著名的政治家和科学家、《独立宣言》起草人之一的富兰克林，有一次到一位前辈家拜访，当他准备从小门进入时，因为小门的门框过于低矮，他的头被狠狠地撞

了一下。出来迎接的前辈微笑着对富兰克林说："很疼是吧？可是，这应该是您今天拜访我的最大收获。您要记住，要想平安无事地活在这人世间，就必须时时记得低头。"从此，富兰克林把"记得低头"作为为人处世的座右铭。

（资料来源：笔者根据相关资料整理。）

（1）强而不霸。升职成功后，员工的地位相对得到提升，由相对弱者转变为相对强者。升职成功固然有其实力不俗的原因，但若以此炫耀而不知收敛，必然会面临内外受困的局面。当一个人或一个组织"称霸"之后，难免会走向膨胀，自以为是、无所畏惧、注重享乐、目光短浅，如此便走上了盛极而衰的道路。人霸道与否，外人是全然看在眼里、听在耳里的，久而久之，人们自然会慢慢疏远，甚至群起而攻之。缺乏了周边人的支持，霸者也将寸步难行。

员工升职成功后成为管理者，升职加薪的喜悦往往会提高他的工作热情，岗位职责也会要求其承担更多的责任。新上任的管理者往往都希望能够有所作为，通过展现自己的领导才能来巩固自己的地位，得到下属的拥护。新的职责也使管理者对待工作格外认真，甚至达到较真的地步，所以会出现新官上任三把火，最后把"火"引到自己身上的情况。

作为一名管理者，要准确把握自己的定位，切不可狂妄自大。要想在新的岗位赢得领导的信任，就必须在其位，谋其政，很少有领导扶上马还会送一程的情况，任何时候"交换"都是第一位的，只有创造新的价值才能赢得新的信任。

无论是职场上的新人还是老人，无论依仗的是业绩还是资历，"称霸"都会使其陷入内外交困的境地之中。个体的发展一方面要打磨自己的能力，另一方面也要在强大的同时保持平常心、包容心，保持对他人的尊重，不自大、不"称霸"，只有这样才能走得坚实长远。

（2）认知自我。经历一番艰苦竞争之后，个体对自我又会有一个新的认知，"过去的我"、"现在的我"和"将来的我"会发生动态变化。升职结果确定前，领导岗位只是个体的"将来的我"，升职成功后，"将来的我"成为"现在的我"，这就要求个体重新与自我进行对话，重新设置目标和进行自我规划，再次出发。

此时，个体需要进行一次全面的自我评估，分析自身的优势与不足，了解自己在团队中的价值和角色，以及未来能够发挥的潜力，同时需要制定新的职业生涯规划，在现有的基础上提高自身的能力，拓宽自己的视野和思维，更好地适应组织的发展需求。在这个过程中，个体还需要时刻反思自己的行为和表现，保持谦虚、学习、进步的心态，为未来的职业发展打下更加坚实的基础。

（3）主动跟上司交流汇报。升职成功后，个体应该保持谦虚谨慎的态度，主动跟上司交流汇报。

首先，要感谢上司。升职中，上司的作用十分关键，就算他不给予帮助，能够升职成功也与他的默认和认可有关系。同时，上司的思维方式、处事作风会对组织员工起到很大的"教化"作用，员工升职成功也与上司的栽培有关。

其次，要汇报新的工作思路，制订新的工作计划。升职成功后，切忌"小富即安、不思进取"的思想，应该迅速进入工作状态，找到自己在组织中的角色，履行该角色所应该承担的责任。有些人在升职成功后，过于沉溺于喜悦的情绪之中不能自拔，主观地延缓了履职的时间，迟迟不能达到上司的要求，导致上司不满。还有些人虽感到动力十足，但没有与上司沟通组织下一步的工作目标，导致自己的努力方向产生偏差，吃力不讨好。

最后，要表达对组织和上司的忠诚与态度。升职成功固然表示个体得到了上司的认可，但切不可仗着上司对自己的信任滥用权力。要明确自己的岗位职责，即使想大干一番也不能越级处理事情，否则会导致工作混乱、同事关系紧张。

2）升职失败后的关系管理

升职失败的员工需要放松心情、调整心态，并重新规划下一次升职或另作安排，避免因未能及时从升职失败中调整状态而导致的工作迷茫问题。升职失败后，员工仍应该抱有一颗积极的心，大度地祝贺成功的竞争者，最不应该做的事情就是四处抱怨，在组织内传播负面言论。

（1）重新认识自我。"失败乃成功之母"，对于升职失败的员工来说，一次失败的经历比一帆风顺的事业更有价值。因此，在得到升职失败的结果后，员工应该调整自己的心理和思想，如何在挫折的促进下更好地自我成长是其更应该关注的事情。

心理上，员工要缓和自己的情绪，不要产生怨气。员工升职失败后情绪自然会有些低落，自尊心也会受到打击，从而产生一系列的逆反心理，这时要调整自己的情绪，不要把所有的思绪都放在发怨气上，这样会让自己变得消极，甚至产生过激的行为，可以通过深呼吸缓和自己紧张的情绪，让自己冷静下来。

思想上，员工要进行自我反思，不要一上来就抱怨、找领导理论，或者冲动辞职，而应该重新审视自己的缺点与不足，反思整个升职过程中的缺陷和待改善的地方，找出导致自己失败的源头，从源头上解决问题，为下一次机会的来临做好准备。

在这个世界上，没有谁注定是强者，也没有谁注定是弱者。面对未知，我们能做的便是善待每个人和主动应变。一次升职的失败只是人生的一次历练，是组织对于员工某段时间行为方式的反馈，不是对员工个体人格、能力等方面的全盘否定。升职失败的员工应该整理好自己的情绪，审视"过去的我"，认识"现在的我"，调整"将来的我"，重新出发！

（2）弱却有心。升职失败后，员工处于相对弱势的地位，尤其是面对曾经与自己同级但现在成为自己上级的同事时，会有一种尴尬和不自然。尽管员工处于弱势地位，但要学会赞美，怀抱同理心、学习心，切忌诋毁他人、传播谣言、盲目离职，从而更好地实现自我沟通。

当升职结果不尽如人意的时候，员工需要静下心来，重新审视自己，正确地认识组织所给予的结果，将结果与自己的情况进行对比，重新确定目标，找到新的出路。

另外，员工也需要认识到失败是职业生涯中不可避免的一部分，失败并不代表全部，也不应该让自己沉沦在失落和自责中。相反，要保持积极的心态和向上的动力，不断地寻找新的机会和出路，提高自己的价值和竞争力。最后，员工应该记住，每一次经历都是自我成长的机会，在自我关系的处理中，要不断挑战自己、超越自己，从而成就更好的自己。

（3）保持开放的心态。升职失败后，员工只有保持开放的心态，全面地了解他人对自己的评价，才能避免产生成见。正如伏尔泰所说："我可以不同意你的观点，但我誓死捍卫你说话的权利。"员工要保持开放的心态，虚心向上司请教，聆听对方的指导。哪怕在沟通中，员工感受到上司对自己有所误解，也要先耐心地让对方把话说完。员工应思考双方在谈话时的不同角度和不同观念，思考对方的角度和观念是不是自己所缺乏的，是否应该去反思自己在看问题的角度上的不足，如果不是自己所缺乏的，如何在不引起对方反感的基础上表达自己的观点并让对方接受。

（二）四大关系促进人职匹配

1. 自我关系管理

员工初到管理层，面临的是一种角色上的转变，压力肯定是有的，此时要调整心态，学会合理释放。每个人都会有自我怀疑和困惑的时候，但只要调整好心态，积极面对，就会发现这些问题其实并不困难，处理起来也会更加游刃有余。

"活到老，学到老。"既然升职为管理者，面临更高的工作能力要求，那么更加努力地提升自我、不断学习、拓展自我发展的深度，就更加有必要了。管理者要针对自己薄弱的领域，进行学习，攻破各个难点，及时提高自身能力与职位的适配度。不用多久，自己的能力或许能得到质的提升，自信也会随之产生。

值得注意的是，自律才能律他。管理者不是靠说教和领导头衔来让员工听自己安排和指挥的，管理者要有管理者的气质，要有值得别人尊重和认可的才能，不让员工说的话自己坚决不说，不让员工做的事自己坚决不做，树立起管理者的形象。

2. 平行关系管理

案例 11-3 中，薛乐遇到了一个严重的问题，就是"部门墙"。"部门墙"是指企业内部阻碍各部门之间信息传递、工作交流的一种无形的"墙"，主要表现为在部门职责不明确或太过明确、职责之外的灰色地带，部门之间缺乏有效的沟通和包容、部门之间的信息流通不畅等，最终导致企业管理混乱、整体绩效下降。

"部门墙"其实就是部门本位主义，以本部门为主，考虑及解决问题时都从本部门出发，听不进或不愿意听取其他部门的意见，没有处理好与其他部门之间的关系。所以，成为管理者后，要想与平行部门协调发展，一定要先去了解公司的组织结构，了解与平行部门之间的关系，打破"部门墙"，要明确责任、相互合作、不推诿，妥善处理与平行部门之间的关系，相互理解，拓展部门间关系管理的宽度。

3．向上关系管理

第一，一个人之所以成功，沟通技能和知识、能力同样重要。向上关系管理，需要有温度。每个上司的工作方式和风格不一样，新晋管理者需要摸清上司的工作方式和风格，学会用上司喜欢的方式去交流和相处，以达到事半功倍的效果。

第二，养成定期主动汇报的习惯。上司不可能经常找员工要汇报，但上司要知道员工都在想什么、干什么，以确定自己的决策是否正确。这就需要新晋管理者主动向上司汇报，让上司知道自己及下属在做什么、做了什么和接下来怎么做，以帮助上司收集信息，并做出判断和决策。

第三，成为上司短板的补充者，获得信赖。上司也不可能是全才，也有自己的短板。如果自己能及时补充，在上司不擅长的领域出色地完成任务，便可能很快获得上司的信赖、被上司委以重任。

4．向下关系管理

第一，做出正确的决策，引领团队成长。管理者最大的魅力是能制定正确的决策，让整个团队觉得跟着自己有奔头。例如，在销售领域担任管理者时，正确的销售决策往往能带来实际的利润，激发团队成员的士气和工作热情，让他们认为跟随管理者是走向成功的关键，自然会更加努力地工作。

第二，要学会授权，不必事必躬亲。一个好的管理者不是事事都管的"大管家"，而是一个统筹者，该抓的地方抓紧，不该抓的地方放手让员工充分发挥主动性。作为管理者也不可能事事都亲自完成，要学会授权，授权既可以培养员工自动自发工作的能力，又可以使自己集中精力做更重要的事情。

第三，对员工合理激励，赏罚分明。有很多人说现在的新生代员工很难带、有个性、不服管，其实每个年代的人都有每个年代的特性。新生代员工在不影响工作的情况下，追求个性完全是可以理解和包容的。带好员工，不把员工当傀儡，不发号施令，而是合理激励，员工就能自觉地维护上司。当然合理激励也要赏罚分明，制定明确的规则。

第四，向下管理要有温度，给予员工成长空间。工作不仅是为了收入，还是为了成长。管理者一定要引领好自己的员工，给予他充分的发展空间，让他成长起来，从而走到更高的职位上去。

（三）空降干部融入新团队策略

案例 11-5

谦卑的新领导

某大学组织部的李部长调到某大学任党委副书记。他在任职演讲时说："我在上一家单位学习和工作了 25 年，今天有幸加盟贵单位，我将以我的所学和过去积累的经验为基础，与党委要求和同志们的需求结合，为组织的繁荣发展贡献一分力量。"在此过程中，他未提及过上一家单位的名字。李部长这种不提及过去单位的举动，体现了他谦卑的姿态和对新单位的尊重，以及深入了解和适应新环境的强烈愿望。这样的领导能够与新单位的同事们更好地相处和合作，建立融洽的员工关系。

（资料来源：笔者根据相关资料整理。）

1．与己：放下自我，主动归零

案例 11-5 告诉我们一个道理：不管一个人过往的背景有多厉害，都要放下身段，清空自己，以谦卑的姿态融入新的环境和团队，只有这样才更容易让大家接纳。很多空降干部是从名企大平台到成长型公司，或者从上一梯队公司到下一梯队公司的，这个时候尤其需要放下身段，主动融入。如果以高高在上的姿态面对大家，往往会适得其反，很容易遭到抵触。有时候会看到一些空降干部，自我感觉良好，看不起新公司的伙伴，甚至语言之中常常提到上一家公司十分厉害，这是非常危险的。在新公司，要以谦卑的姿态，多倾听，主动融入。

2．与人：建立关系，点燃团队

空降干部，意味着团队换将。面对新的管理者，团队成员缺乏信任，倾向于猜测和观望。因此，作为空降干部，进入新团队要熟悉与核心业务相关的人，知道什么问题找谁能快速解决，并且能与其快速熟悉并建立起关系。

对上级，空降干部要取得信任、快速响应。上级最关注的事情就是提升工作业绩，提高工作规范性。而空降干部自身的能力和视野正好可以实现这些目标。因此，对于上级的要求，空降干部要密切关注，快速响应，一方面可以站在上级的角度思考，尽快熟悉当前所处的环境；另一方面也能快速获得上级的信任和支持，只有这样在推进工作时才能更有底气。

对同级，空降干部要聆听尊重、换位思考。同级存在两面性，他们既可能成为空降干部最大的盟友，又可能成为空降干部最大的阻力，关键在于空降干部如何面对。因此，空降干部在处理同级关系的时候一定要做到换位思考，多尊重、多沟通，要相信"存在即合理"，当前的团队氛围一定有其根源，如果要改变这种团队氛围就需要真正赢得同级的认可，从共同的目标出发，只有这样才能实现合作共赢。

对下级，空降干部要识人认人、因材施教。对于空降干部来说，管理好下级可能比与上级和同级沟通更重要。空降干部对下级，需要认真识别，区分对待。有的下级求"财"，觉得上班就是拿工资，奖金就是最大的激励；有的下级求"才"，想要在职场上学习积累，有所作为；有的下级求"稳"，只想安安静静地完成分内事，按时上下班等。对于不同的下级，空降干部应该区别对待，同时也要做好人员激励，让大家明白跟随自己做事不仅可以减少重复做工、避免不规范发生，还可以获得上级的认可和相应的回报，只有这样才能把下级凝聚起来，让"民归之，由水之就下"。

3．与事：融入业务，对齐目标

空降干部需要快速全面地了解业务，多听、多问、多思考，借助过去的经验，在新公司打开局面并保持与上级、下级的沟通与交流，不断印证、求证和纠偏。

对上：上级把人招过来，一般都会对空降干部有所定位和期待，因此跟上级对齐定位、目标和打法非常重要。基于自己前期摸透的情况，空降干部应梳理清楚目标和打法，与上级对齐，防止目标错位，费力却干了不是上级想要的事情。如果有足够的见地，就可以让上级更好地理解自己的思路和想法，争取得到上级的支持，推进后续工作的开展。

对下：在与上级对齐目标之后，空降干部同样需要与下级对齐目标。对于空降干部，下级也会有很多期待。空降干部需要与下级分享和共同探讨团队的目标及工作方法，以努力实现团队"上下同心、同向同行"的愿景。只有这样，才能最大限度地激发下级的创造力和工作热情，营造一个相互依赖、相互协作的良好工作氛围。

六、思考题

1．请简述升职前的员工关系管理策略。
2．谈谈升职成功后的员工关系管理策略。
3．请分析一下空降干部该如何融入新团队。

第十二章　HR 视角的升职管理

本章目标

1. 引导读者从 HR 视角了解升职管理。
2. 引导读者认识 HR 在升职管理中的重要作用。
3. 帮助读者掌握 HR 自身发展的关系管理策略。

本章要点

1. HR 应该根据员工不同的职业生涯阶段，明确其不同的职业发展需求，采用不同的职业发展策略，并协助处理好升职成功者和升职失败者的员工关系问题。

2. HR 需要协助领导做出正确的升职决策、帮助升职成功者尽快适应新职位及升职失败者走出升职低谷，以避免彼得定律。

3. HR 自身职业发展面临困境时，要在自我关系管理和他人关系管理等方面助力自己打破升职困境。

> "将员工的学习与升职直接挂钩。"——杰克·韦尔奇（Jack Welch，1935.11. 19—2020.3.2）

一、引导案例

案例 12-1

HR——员工升职助推器

立众公司是一家网络技术公司，在网络服务业中凭借优秀的技术人才和销售人才取得领先地位，长期服务于中国电信、中国移动及其他本地知名企业。该公司的技术部门为核心部门，包括技术总监、项目经理和技术员三个级别。公司制度规定，技术员在公司工作满三年且考核合格就有 50% 的机会升职成为项目经理。由于业务规模不断扩大，2020 年 8 月，公司的人力资源部经理王玲从某高校招聘了两名技术员张明和刘培。如今，三年时间过去了，张明和刘培已然成为公司的技术骨干，参与了多个合同项目。2023 年，根据公司规定，他们两人都有机会升职为项目经理。进入 7 月，他们多次向王玲咨询升职的相关事宜。

近两年来，当地经济发展迅速，一些大型网络技术公司纷纷在该地设立分公司或办事处，立众公司的竞争对手逐渐增多，技术人员流失的现象也逐渐出现。为了遏制这种趋势，公司于 2022 年年底开始增加技术人员的奖金。然而，即便如此，还是有些技术人员表示了跳槽的想法，这让王玲感到不安。

立众公司 2023 年 9 月中标了一项制药企业的网络项目，项目即将启动，公司需要一名项目经理来负责。公司要在张明和刘培两位优秀的技术骨干中，选择一人作为该项目的经理。王玲发现公司的职业发展通道较为单一，只能使一个人升职，且这两人表现都很出色，公司需要在他们之间做出抉择。王玲找到技术总监胡兵商量，考虑到张明具备较强的员工关系处理能力、领导能力和管理能力等综合素质，他们决定提议张明为项目经理。不久后，张明就被任命为项目经理。作为人力资源部经理，对于刚上任的张明来说，王玲要想办法让他快速适应项目经理的职位；对于没能升职的刘培，王玲也还有很多安抚工作要做。

（资料来源：笔者根据相关资料整理。）

🖊 **带着问题学习：**

1. 案例 12-1 中，张明获得了升职，人力资源部经理王玲该如何协助张明尽快适应项目经理的职位？

2. 对于没有获得升职的刘培，王玲又该如何帮助其走出升职低谷？

3. 作为组织的升职管理者，HR 应该如何为企业搭建升职阶梯，制定升职规划？

二、职业发展概述

（一）职业生涯

职业生涯就像是一场体育比赛，包括初赛、复赛和决赛。初赛时，大多数人刚刚进入社会，实力较为一般。然而，只要努力并认真对待工作，很快就能脱颖而出。接着是复赛，参加复赛的人都取得了初赛的胜利。每个人都具备一定的才能和思维能力，但想要脱颖而出并非易事，此时需要拥有强大的意志力，并懂得依靠团队的力量，只有这样，才能顺利进入决赛。

职业生涯的基本含义包括以下四个方面。

（1）职业生涯是指一个人在各种职位上度过的整个经历，并不包含成功或失败、进步快慢等含义。

（2）职业生涯由行为、活动、态度、价值观等方面组成。理解一个人的职业生涯需要同时从内外两个角度出发：内职业生涯涉及一个人的价值观、态度、需要、动机、气质、能力和发展方向等主观特征；外职业生涯代表了一个人在工作期间表现出的各种行为举止。

（3）职业生涯并不仅仅是指一个工作阶段，还是指一个人所有与工作相关的连续经验。

（4）职业生涯往往是多方面因素共同作用的结果。职业生涯会受到个人对终身职业的计划与设想、组织的需要与人事计划、家庭成员的意见与支持，以及社会环境的变化等的影响。

（二）职业发展通道

通过设计科学、规范、合理的职业发展通道和采用合适的资格评价方法，企业能够科学地管理和指导员工的升职过程，并让每位员工了解自己的职业发展方向。职业发展通道的设计可以激发员工的潜能，帮助他们找到适合自己的职位并提高绩效，从而实现与企业的双赢。

受员工欢迎的职业发展通道是清晰的。清晰的职业发展通道可以增强员工对职业的确定性，减少员工的迷茫，降低员工与领导之间的沟通成本。一家企业中会有各种不同类型的员工，而不同类型员工的职业发展通道是不同的。HR 作为组织的升职管理者，在帮助员工明晰职业生涯规划、设计职业发展通道上具有十分重要的作用。一般来说，员工分为生产类、营销类、研发类、财务类、技术类等不同的类型，以下是对生产类、营销类、研发类员工的职业发展通道的详细介绍。

1. 生产类员工的职业发展通道

生产类员工需要具备多种职业技能，强调标准和规则，具有较强的团队协作意识、时间观念、统筹协调及解决问题的能力。针对生产类员工的特点，其职业发展通道可以从表 12-1 所示的几个方面加以选择。

表 12-1　生产类员工的职业发展通道

职业发展通道	具 体 描 述
内部升职	从事生产的基层员工通过积累经验和参加培训逐步成长为管理层，即生产计划员→生产主管→生产部副经理→生产部经理→生产总监
内部职位调整	1. 从事生产的基层员工根据企业生产的需要，可以在不同的车间之间轮换岗位 2. 中层生产员工，如生产主管、生产部经理（副经理）等可以根据兴趣爱好转岗为技术主管、技术部经理或研发工程师

职业发展通道	具 体 描 述
不同行业同一类职位调整	在积累了一定的工作经验，且在本企业内缺乏进一步发展的空间，或者薪酬、企业文化等同预期存在差距时，可以通过选择其他行业的相关职位来实现自身进一步发展的需要
从事生产管理、咨询师或培训师职位	在积累了丰富的生产经验后，转行从事生产管理、咨询或培训工作也是一个很好的选择，其优势在于深刻理解相关行业背景和企业生产实践的环境

2. 营销类员工的职业发展通道

营销工作最大的特点就是"入行容易出行难"。因此，在设计营销类员工的职业发展通道时，需要针对其工作特点慎重选择职业发展方向。针对营销类员工的特点，其职业发展通道可以从表 12-2 所示的几个方面加以选择。

表 12-2　营销类员工的职业发展通道

职业发展通道	具 体 描 述
专业职位提升	在积累了一定的经验后，从企业的分支机构、片区或分公司的营销职位，到该企业总部做营销工作，或者带领更大的营销团队管理大区市场
	在企业总部营销部门积累了一定的工作经验后，到下一级或多级的分支机构带领营销团队管理大区/省市场，或者到某细分市场开辟新的业务，为升职管理职位奠定基础
转向其他职位	向与营销经理相关的职位发展，如市场分析、公关推广、品牌建设与管理、渠道管理、供应商管理等职位
	如果有管理专业背景或对管理感兴趣，可以向市场信息或情报管理、行业研究、战略规划、人力资源管理、项目管理等方向发展
	如果在产品或行业的生产制造、运营、研究开发、设计等技术方面拥有一定的基础和优势，则可以往技术含量较高的职位发展，包括运作管理、售前技术支持、产品测试、售后技术服务等
不同行业同一类职位调整	在积累了一定的工作经验，且在本企业内缺乏进一步发展的空间，或者薪酬、企业文化等同预期存在差距时，可以通过选择其他行业的相关职位来实现自身进一步发展的需要
个人创业	具有市场开发基础的营销经验是个人创业的优势，因为个人创业时市场开拓是最重要的工作，而且具有营销经验的人员恰恰拥有这方面的资源和经验
转做营销咨询或培训	在积累了丰富的营销经验后，转行从事营销咨询或培训工作也是很好的选择，其优势在于深刻理解营销行业背景和企业营销实践的环境。许多营销咨询公司的咨询顾问或培训师都是从营销职位转变过来的

3. 研发类员工的职业发展通道

研发类员工具备较高的科学文化素养，勇于接受挑战，并且具备持之以恒的钻研精神。据此，其职业发展通道可以从表 12-3 所示的几个方面加以选择。

表 12-3　研发类员工的职业发展通道

职业发展通道	具 体 描 述
研发专家路径	追求研发知识、研发成就，以获得本行业的认同，定位于这一职业发展通道的员工关注的是突出的技术成就

职业发展通道	具 体 描 述
研发管理路径	定位于这一职业发展通道的员工希望承担更大的管理责任，发挥人、财、物统筹管理的作用
转向其他工作	从事研发基础工作的员工可以根据个人特长、兴趣爱好转为从事非研发工作
转向其他职位	可以转为其他部门的相关主管或经理，如转为技术部经理或质量管理部经理等
转向其他企业	在企业内部缺少发展空间的情况下，可以选择跳槽，寻找能够给个人发展创造空间，并能提供较好的薪酬福利体系及完善的员工管理体系的企业
个人创业	研发类员工的个人创业应当选择与研发行业相关或以研发作为企业核心竞争力的事业作为起点

三、现实问题

（一）力不从心的胜任高地

案例 12-2

难以胜任的技术达人

小勉在一家 IT 公司负责技术开发工作。他工作勤奋、细心，与同事、上司都建立了良好的关系。他非常适合技术岗位的工作，并获得了大家的一致好评。不久前，他被公司提拔为项目主管，深得上司的信任，因此他决心以更出色的表现回报上司。

但是，他很快就发现自己面临诸多困难：首先，在管理项目团队的同时，他还要参与技术工作，处理琐碎的事务，导致他无法集中精力处理技术问题；其次，项目进程一度不顺利，经常需要加班加点，同事的不满情绪也日益增加；最后，许多技术人员年资比他老，不信任他的领导能力与经验。最终，他从一名优秀的技术专家沦为表现一般的项目主管，让他自己、同事及上司都非常不满。

（资料来源：笔者根据相关资料整理。）

"我们总能发现，谁优秀了，似乎只能用提拔他当官来奖励他，但我们也恰恰用这种方式毁了很多人。"——白岩松

这种现象在现实生活中较为普遍：一名优秀的销售人员被提升为销售部经理后难以

胜任，因此他无法再进一步升职到主管销售工作的副总裁一职，但他会继续担任销售部经理。

长久以来，组织的选拔机制都是鼓励—表现优异—提拔—表现优异—继续提拔。然而当逐步接触到公司各个部门、各个层次的人后，我们会发现有一些岗位的员工并不能胜任工作。无法胜任工作在组织中是一种普遍现象，无论是在中国，还是在西方国家，无论是在知名跨国公司中，还是在学校、党政机关等组织中，这些现象都或多或少地存在着。这些员工都是由于表现优异才被提拔的，那么为什么不能胜任呢？这就是所谓的彼得定律。

彼得定律认为，在等级制度中，每位员工趋向于上升到他所不能胜任的职位。每位员工由于在原有职位上工作成绩表现好（胜任），就被提拔到更高一级的职位；其后，如果继续胜任则将进一步被提拔，直至达到他所不能胜任的职位。由此得出的推论是，每个职位最终都将被一个不能胜任其工作的员工所占据。

（二）表里不一的升职承诺

案例 12-3

迟迟等不到的升职

某天早晨，旷达公司研发部的刘经理和往常一样，到达办公室之后先开始处理邮件，刚打开收件箱就发现居然有 5 封申请辞职的邮件，发件人均是部门四年半前招的硕士研究生，现在基本上已是各个科的业务骨干了。这 5 封辞职邮件发出的时间均为前一天晚上，并且发件人又恰巧都是同一年进入公司的硕士研究生，暗示着这肯定不是凑巧的个人行为，而是一起集体辞职事件，这让刘经理感到措手不及，眉头紧锁，心情也变得十分复杂。

四年半以前，旷达公司是该市一家大型的制造业民营企业，为了弥补研发上的短板，公司调整了策略，在这一年招入了 6 名硕士研究生，大力加强技术力量的培养。为了招纳这 6 名硕士研究生，公司给出了有吸引力的薪酬，同时许诺了好的发展空间，答应很快会给优秀员工进行升职。

6 名硕士研究生刚参加工作，加上部门的同事很照顾，所以第一年工作热情都很高。又过了一年半，6 名硕士研究生都还在原来的岗位上，想到入职时公司许诺的发展空间，有一部分人就对升职蠢蠢欲动了。于是有人去咨询部门负责人，负责人以工作年限和工作要求等理由劝退了大家。转眼两年又过去了。不少人为了升职的事找到人力资源部的负责人。人力资源部的张经理先表示理解，然后又一脸苦闷地开始解释："部门升职是需要通过严格筛选的，大家都想当将军，可是咱们的职位有限，很难平衡，你们这批研发人员一起来的就有 6 人，如果给你升职了，其他人就没有机会，只给你们中间的一两个人升职又不好，而且还有很多老员工没升职呢，所以暂时还是安心做好本职工作吧。我再跟领导反映一下这个问题，但估计升职的可能性不大，明年我们多争取点指标给你们。"

这几名硕士研究生实在是难以忍气吞声，明明承诺的是很快能升职，怎么情况发展得总是出人意料呢？其中 5 名男生对于公司这种表里不一的升职承诺实在是忍无可忍，于是就一同提出了辞职，仅剩的女生朱珠随后也提出了辞职。

（资料来源：笔者根据相关资料整理。）

可以说案例 12-3 中的情况在职场中并不少见，很多企业在招聘的时候对员工承诺各种具有诱惑力的福利待遇，然而等员工入职以后并不兑现，说一套、做一套，让员工觉得被欺骗。这种情况主要是企业缺乏对员工职业生涯规划的重视，没有为员工设计合理的职业发展通道，升职通道比较单一。虽然说职业生涯规划是员工个人的事，但是员工是企业的构成单元。所以，员工的职业生涯规划应该纳入企业管理。对于企业来说，实施切实有效的员工职业生涯规划能有效开发现有的人力资源，提高企业竞争力。

在职场生活中，员工层面与企业层面存在的一些通病，也致使升职任重而道远。员工层面，虽然官本位文化能够激发员工的升职欲望，但员工对于具体的升职路径模糊不清，自身缺乏清晰的职业生涯规划。同时，企业层面也存在着诸多表里不一的现象，特别是承诺和行动的不一致，极大地损害了员工的积极性，在一定程度上阻碍了升职渠道的顺畅。另外，企业中的双通道，即行政通道和专业通道，尚未真正建立。

员工获得升职是其自我价值的提升在企业中的具体体现。HR 应该协助企业为员工设计合理的职业发展通道。有序的升职是要将职位需要与人才发展有机地结合起来。因此，科学、规范的员工职业发展通道，以及健全的员工升职体系是实现企业内部员工有序升职的重要保障。

（三）困难重重的 HR 升职

案例 12-4

苦恼的 HR

王成是畅逸公司的 HR，在公司工作多年，表现出色，但一直没有升职的机会。他发现自己所在的人力资源部门相对于其他部门来说缺乏明确的职业发展通道，这让他感到困惑和无助。虽然他在工作中表现出色，但由于公司对人力资源部门的重视程度不高，他始终没有得到升职的机会。

此外，在升职时，该公司往往更注重技术和业务能力而非管理能力和沟通能力等，这也使王成在竞争中处于劣势地位。尽管他不断提高自己的专业技能和管理能力，并且积极参加各种培训和学习活动，但仍然无法获得升职机会。这让王成感到非常苦恼，并且对其工作产生了一定程度的影响。

（资料来源：笔者根据相关资料整理。）

HR 的职业发展通道一般可以分为以下几个阶段。

初级阶段：在此阶段，HR 通常担任人力资源专员或人力资源助理等职位。此时 HR 需要掌握基本的人力资源管理知识和技能，如招聘、培训、绩效评估等。

中级阶段：在此阶段，HR 通常担任人力资源经理或高级人力资源专员等职位。此时，HR 需要进一步提高自己的管理能力和领导能力，并开始涉及企业战略规划和业务发展等方面的内容。

高级阶段：在此阶段，HR 通常担任人力资源总监或副总裁等职位。此时 HR 需要具备较强的战略规划和领导能力，并负责企业整体的人力资源管理工作。

在现实生活中经常出现 HR 无法获得满意的升职的问题，HR 自身职业发展的困境主要体现在以下几个方面。

1. 升职劣势：HR 很难成为企业高管人才

HR 的职位通常被视为一种支持性职位，其工作内容主要是为企业提供人力资源管理服务和支持。相比于其他部门，其工作往往更加注重细节和流程管理，而不是战略规划和业务拓展等方面。在升职时，企业往往更注重技术和业务能力而非管理能力和沟通能力等，这就使 HR 在竞争中处于劣势地位。此外，企业对高管的要求很高，如 CEO 不仅是一个领域的专家，还是多个领域的通才，甚至是多个领域的专家，且具有一定的影响力。这也使 HR 在升职时面临一定的限制和挑战，HR 想要成为企业高管人才需要付出额外的努力。

2. 关系夹缝：HR 频繁协调多方关系

HR 作为中间人，经常需要协调领导和员工之间的关系。但是，HR 本身并没有直接管理的权力，因此在协调过程中可能会受到限制。而且 HR 可能面临多级领导管理的局面，当企业"一把手"插手 HR 招聘等工作的时候，HR 该如何与企业"二把手"沟通，又该如何处理与"一把手"和"二把手"之间的关系呢？这些情况都会使 HR 在协调领导和员工、领导和领导之间的关系时更加困难。

此外，HR 需要同时考虑企业利益和员工利益，两者可能会出现冲突。例如，在处理员工投诉时，HR 需要平衡企业政策和员工权益之间的矛盾。由于需要同时考虑企业利益和员工利益，并且承担着重要的人力资源管理职责，HR 往往面临着较大的压力。因此，作为多方关系的黏合剂，HR 需要具备较强的综合素质，如管理能力、沟通能力、协调能力、处理复杂关系的能力等。

四、职业生涯发展理论

美国学者舒伯提出了职业生涯发展理论。他认为，职业生涯发展是一个连续不断、循序渐进且不可逆转的过程。职业生涯发展受多种因素的影响。例如，父母之间的互动关系及他们对职业发展的解释，会影响孩子们的职业生涯发展。一个人能否由一种职业水平上升到另一种职业水平，即是否有升职发展机会，是由他的能力、本人对权势的追求、个人的兴趣价值观、人际关系技巧，父母的社会经济地位，以及社会环境、经济状况等共同决定的。舒伯经过了二十多年的实验研究，提出了一套完整的职业生涯发展模式（见表 12-4）。

表 12-4　职业生涯发展模式

职业生涯阶段	年　龄	特　征
成长阶段	0～14 岁	在这一阶段人们形成了塑造自我概念的态度和行为，逐渐认识了自己是一个什么样的人，同时对工作和工作的意义有了初步的理解
探索阶段	15～24 岁	在这一阶段人们已经逐渐意识到职业将成为生活的主要组成部分，并开始尝试从事不同的工作，从而发现最适合自己的工作
建立阶段	25～44 岁	在这一阶段人们相信自己已经找到了适合自己的工作领域，并希望确立长期的地位
维持阶段	45～64 岁	在这一阶段人们已经在自己的工作领域中获得了一定的地位，他们需要考虑维持现有位置及如何进一步发展该工作领域，而较少会考虑去寻找新的工作领域
退出阶段	65 岁以后	随着体力和脑力的逐渐衰退，工作进展会减缓直至停止

职业生涯规划是企业开发员工潜力的一种有效方式，它以双赢为目标，能发挥员工的主动性和积极性，并有效实现员工个人价值与企业价值的高度融合。HR 应该根据员工不同的职业生涯阶段，明确其不同的职业发展需求，从而采取不同的职业发展策略。例如，在职业生涯探索阶段，HR 的规划重点是结合员工的兴趣和专长，制定短期目标和长期目标，让员工更好地适应工作需要；在职业生涯建立阶段，HR 应组织培训等来提高员工的专业能力，赋予员工更多责任。

五、实施策略

（一）重视升职管理，健全支撑体系

1．HR 对领导的关系管理：做出正确的升职决策

（1）考虑员工的工作业绩：HR 可以帮助领导了解员工的工作业绩，包括过去的表现和

目前的表现。这有助于领导更好地了解员工的能力和潜力。

（2）考虑员工的人际关系：HR 可以帮助领导了解员工在公司内部的人际关系。这有助于领导更好地了解员工在公司内部的影响力和合作能力。

（3）考虑待升职职位的胜任力要求：HR 可以帮助领导了解待升职职位的胜任力要求，包括技能、知识和经验等要求。这有助于领导更好地了解员工是否具备升职到该职位所需的条件。

2. HR 对升职成功者的关系管理：尽快适应新职位

（1）提供相关培训：HR 可以为升职成功者提供相关培训，帮助他们了解新职位的要求和工作内容。这有助于升职成功者更快地适应新职位，并提高自己在公司内部的竞争力。

（2）安排导师提供辅导：HR 可以为升职成功者安排导师，帮助他们了解公司内部的文化和规则，并提供相应的辅导和支持。这有助于升职成功者在公司内部建立良好的人际关系。

（3）提供资源支持：HR 可以为升职成功者提供必要的资源支持，如技术设备、软件系统等。这有助于升职成功者更好地完成新职位的工作任务，并提升自己在公司内部的表现。

（4）建立反馈机制：HR 可以建立反馈机制，定期与升职成功者进行沟通和交流，了解他们在新职位上遇到的问题和困难，并及时给予相应的支持和指导，帮助升职成功者适应新职位。

3. HR 对升职失败者的关系管理：走出升职低谷

（1）提供相关培训和学习机会：HR 可以为升职失败者提供相关培训和学习机会，帮助他们提高自己的技能和知识水平。这有助于提高升职失败者在公司内部的竞争力。

（2）提供横向调动机会：如果升职失败者不适合升职到某个职位，HR 可以为他们提供横向调动机会。这有助于升职失败者发掘自己在其他领域中的潜力。

（3）对工作表现予以表彰：HR 可以对那些虽然未获得升职但是表现优秀的员工进行表彰，鼓励他们继续保持良好的工作状态。这有助于升职失败者保持积极性和动力，并更好地适应公司内部的变化。

（4）提供心理支持：如果员工因为未获得升职而感到失落或沮丧，HR 可以为他们提供相应的心理支持和指导。这有助于升职失败者走出低谷，并重新找到自己的发展方向。

（二）搭建升职阶梯，制定升职规划

1. 规范升职途径，开拓升职空间

帮助员工规范升职途径是 HR 的重要职责。规范升职途径就是为员工规划出他所在职位的未来发展方向，以便其在职业发展的过程中能够清晰地知道自己需要往哪个方向努力。这种升职途径并不是指个人的升职，而是指这个职位在未来的发展方向。例如，文员的升职方向可能是高级文员；普通工程师的升职方向可能是主管工程师。将所有职位分成不同的职位群，并且在职位群内规划出一条清晰的升职途径，可以让员工清晰地了解自己的职业发展空间和升职方向。许多企业在升职方面存在的问题就是没有规范的升职途径，即使员工在一个职位上工作了十几年，除工资增长外，其他方面都没有实质和形式上的变化。

2. 搭建升职阶梯，激活职业生涯

规范了升职途径之后，接下来需要搭建升职阶梯，即确定升职途径上有多少个职位和职位的分布情况。例如，针对销售类，可以将销售职位分为客户主任、高级客户主任、客户经理和高级客户经理，并对每个职位进行具体分级。这样，销售人员就可以按照途径上的每个职位逐步通过考核得到升职的机会。升职阶梯的搭建为员工提供了一条清晰通畅的道路，并让员工的目标更加明确，从而可以通过不断努力获得升职的机会。

升职途径的规范及升职阶梯的搭建，为员工提供了成长的空间。通过绩效考核、能力考核和升职发展，员工可以不断提高自己的能力和业绩。就像一摊水一样，如果让它不断旋转、流动，即使只是在内部流动，这摊水依然充满活力。同样，通过规范升职途径和搭建升职阶梯，员工可以通过努力来获得发展机会，从而推动企业实现持续发展。

3. 制定升职标准，平衡员工关系

尽管规范了升职途径，搭建了升职阶梯，但这并不意味着员工可以通过就职时间的累加来自然地获得升职。其实，每个职位都有一定的升职标准，具体包括三个要素：首先是职位的任职资格要求，包括学历、专业、相关工作年限、同行工作年限和相同职务工作年限等；其次是职位的能力要求，即适应该职位所需要具备的技能和能力；最后是绩效要求，也就是升职到该职位所需达到的绩效标准。

此外，职位变动不应只是正向的流动，还应该包括负向的流动，也就是说，职位变动应该分为向上升职和向下降职两种形式，这样员工就会有升有降。对于符合升职标准的员工要进行相应的升职；而对于符合降职标准的员工要进行相应的降职。

在执行升职标准的过程中，HR 也要平衡好员工关系，具体做到以下三点。

第一，与员工进行充分的沟通。HR 需要了解员工的职业生涯规划和发展需求，以及其在企业内部的表现和能力。通过与员工进行充分的沟通，HR 可以为员工提供合理的升职通

道和机会，让员工感受到企业对其职业发展的关注和支持。

第二，公正地评估员工的能力和表现。在升职过程中，HR 需要公正地评估员工的能力和表现，避免出现偏袒或歧视某些员工的情况。评估过程应该客观、公正、透明，并且符合企业制定的升职标准。

第三，协调与其他部门之间的关系。在升职过程中，HR 还需要与其他部门进行协调和沟通，确保升职决策符合企业的整体利益，并且不会对其他部门造成不良影响。此外，在升职前应该征求相关部门的意见和建议，处理好各方关系。

（三）HR 自身发展的关系管理策略

1．HR 升职的自我关系管理：培养全面且专业的能力

HR 想要获得升职，一方面要明晰自身在管理层面的发展通道，通过担任高级管理职位来实现升职，如 HR 可以从人力资源专员、人力资源经理、人力资源总监等职位逐步升职到高级管理职位（如副总裁或总经理等）；另一方面要在工作能力上全面发展、工作技能上深化发展、工作思维上创新发展，以此来提高自己的专业水平，以及在企业内部的影响力和竞争力。

（1）工作能力上全面发展：HR 需要具备全面发展的能力，如关系管理能力、沟通协调能力、领导能力等。通过培养这些能力，HR 可以更好地协调企业内部各个部门之间的关系，并推动企业整体的发展。

（2）工作技能上深化发展：HR 需要掌握人力资源管理方面的专业知识和技能，如招聘、培训、绩效评估等，同时不断深化学习，提高自身能力，从而更好地为企业内部员工提供支持和指导。

（3）工作思维上创新发展：HR 需要具备创新思维，并积极推动企业创新发展。据此，HR 可以为企业带来更多机会，并增强自己在企业中的不可替代性。

2．HR 升职的他人关系管理：做一个有"民望"的 HR

（1）建立良好的人际关系网络，做一个有"民望"的 HR（"民望"是指在企业口碑很好，民心所向）：HR 需要与企业领导和员工建立良好的关系。面对多级领导管理时要分析领导之间的关系，提前沟通，同时也要为领导和员工提供更加贴心、有效的服务，这样在自身升职过程中，也更容易获得多方支持。

（2）提供优质的服务：HR 需要提供优质的服务，如招聘、培训、绩效评估等方面的服务。通过提供优质的服务，HR 不仅可以不断提升自身专业能力，还可以赢得员工与领导的信任和支持。

（3）倾听员工需求：HR 需要倾听员工需求，并及时反馈和解决问题。通过倾听员工需求并及时解决问题，HR 可以更好地满足员工需求，并赢得他们的尊重和信任。

六、思考题

1. 请阐述彼得原理的内容，以及该如何避免彼得定律。

2. 试从 HR 的角度分析如何搭建升职阶梯，制定升职标准。

3. 假如您是一名 HR，您会如何运用关系管理策略实现自身的升职？

第十三章　组织视角的升职管理

本 章 目 标

1. 引导读者了解升职激励带来的员工关系问题。

2. 引导读者认识升职公平的作用机制。

3. 帮助读者掌握组织视角的升职管理策略。

本 章 要 点

1. 组织选拔和激励优秀员工，不仅可以促进员工成长，还可以带动其他同事积极向上，促进员工关系发展。但升职也存在一定的负面影响，可能会引发员工关系的混乱。

2. 升职公平对员工的工作态度和行为具有显著影响，升职不公平会导致员工关系出现问题甚至员工离职。因此，组织应该注重升职公平。

3. 组织可以通过完善升职制度、注重升职公平、关注"与时"关系等策略进行升职管理。

> "充分发挥人的长处，才是组织存在的唯一目的。"——彼得·F. 德鲁克（Peter F. Drucker，1909.11.19—2005.11.11）

一、引导案例

案例 13-1

升职不公平引发离职

夜晚十点，基建部的办公室仍然灯火通明。办公室的桌面上，摆放着离职人员的辞职信和访谈记录。杨帆坐在座椅上，揉了揉紧皱的眉心，详细地翻看着。为了深入探明员工的离职原因，杨帆在员工离职前后与他们进行了谈话，其中有几次谈话令她印象尤为深刻。拿起赵静的离职资料，看着照片上笑容甜美的女孩，杨帆陷入了沉思。

毕业于重点大学的赵静是编外人员，1994年她出生于河北省的一个普通家庭，从小就能吃苦、爱学习，大学期间学习成绩名列前茅。除了学习，她还利用业余时间当家教、打零工，是个非常懂事、有上进心的年轻人。

2018年秋季，赵静在校园双选会上被基建部选中。在得知被录用后，赵静激动得整晚都睡不着觉，觉得以自己能力和资历，能够找到这样的工作，实在是太幸运了。

赵静进入基建部计划财务处后，负责项目的预决算工作。和她同期报到的还有一位事业编身份的大学生孙晓晓，身为W院子弟的她，毕业后正好赶上航天城二期建设。为了支持基建部工作，航天W院也会给一些事业编指标，但很少，考虑到孙晓晓的爷爷、父亲都为航天W院做出过很多贡献，就在符合规定的情况下优先录用了她。

刚到基建部的时候，赵静工作勤勤恳恳、学习能力特别强，只要学过一遍的知识，马上就能记住，几位老员工也特别喜欢帮助她，都认为她是这批员工中能力最强的新人，没过多久赵静就开始被安排单独审核一些面积较小的项目。她对每项工作、每个环节都反复计算，虽然这样会耗费很多精力，但至少可以防止出错。除努力工作外，赵静还在业余时间加强学习，怀孕那年还考取了造价工程师，能力超出同龄人一大截。

赵静通过了造价工程师考试的消息很快在处里传开了，几个同事跑过来起哄让她请客吃饭，赵静很痛快地答应了，她还诚恳地邀请了坐在对面的孙晓晓一起庆祝。众人离去以后，孙晓晓突然阴阳怪气地冲着她说："唉，赵静，你说你这么拼为了什么，看你这几年累得气色多差。就算你不为自己着想，也得想想孩子啊，一个编外员工干一辈子也只能是个基层，不如混混日子。"说完，孙晓晓头也不回地走出了办公室。

孙晓晓的恶语相向，让赵静无法接受。从基层出来的她一直想靠自己的努力改变命运，她知道孙晓晓看不起她，可是让她"认命"，她又感到十分不甘心。一时没有忍住，赵静躲到洗手间哭了起来。在洗手间洗了把脸后，赵静感觉轻松了很多，她看着镜子中的自己，不断地思考着。孙晓晓说的话狠了些，但还是说中了赵静最近在想的问题，那就是她还能在基建部待多久。现在造价工程师在市场上很受欢迎，更何况她还有这么多年的项目经验，拿到证书以后出去找工作，必然会比基建部的发展前景要好，可是面对培养了她多年的基建部，赵静心里还是有些不舍，心想走一步算一步吧。

时光如梭，到了2022年年底，赵静生下孩子。有了孩子之后，她感觉自己的责任更大了。产假后的第一天，赵静回单位报到。进了办公室，赵静和同事聊了好一会儿后才发现自己对面的位置空了。

"孙晓晓的位置怎么空了？"赵静问。一位同事回答说："她升职了，你不在的这段时间发生了不少事情。隔壁谢主管升职了，孙晓晓就过去补缺了。她现在也是主管了，事业编升职都是早晚的事儿。"得知情况以后，赵静十分失落。虽然基建部对她有培育之恩，但是这几年她也付出了很多，到头来自己还是个基层员工，而孙晓晓轻轻松松地做上了主管，这让她觉得十分不公平。因此，赵静坚定了离开的决心，唯有离开才有发展。

（资料来源：笔者根据相关资料整理。）

🖊 **带着问题学习：**

1. 案例 13-1 中赵静为什么会决定离开基建部？

2. 升职不公平会对员工产生什么负面影响？

3. 案例中赵静因身份不公而未能获得升职，企业应该采取哪些措施来提升升职的公平性？

二、升职效用概述

（一）升职激励

升职不仅是肯定员工价值的一种方式，还是对员工忠诚度的认可方式。组织选拔那些有才华和能力的员工升职，不仅可以促进员工成长，还可以增强员工的认同感、归属感，提升员工的忠诚度。员工升职也可以带动其他同事积极向上，促进员工关系发展。

但员工升职也存在一定的负面影响，如可能会引发员工关系的混乱。即使升职过程是公正的，但是对于那些未升职的员工来说，他们可能会感到自己被忽视，从而对那些升职的同事产生嫉妒之情。这种情绪可能会破坏员工之间的合作关系，从而影响团队的效率和工作质量。因此，在实施升职制度的同时，必须平衡好它的正面和负面影响，并采取合适的措施来减轻其负面影响。

总之，在组织持续健康发展的过程中，升职激励扮演着重要角色。

（二）升职公平的作用机制

升职公平是员工对组织升职制度、升职措施及升职过程中所受到的待遇的公平性的主观感受，一般包括升职程序公平、升职交往公平、升职结果公平。其中，升职程序公平是指员工对升职过程和程序的公平性感知；升职交往公平是指员工对升职过程中人际交往方面的公平性感知；升职结果公平是指员工对升职结果是否与个人的付出一致的公平性感知。

通过对升职公平的研究进行综述，我们发现：升职公平会引发员工的情绪变化（积极情绪、消极情绪和情绪耗竭）和认知变化（组织自尊、组织信任、自我反思、感知的义务），进而改变工作态度（工作满意度和工作投入度）、工作动机（未来升职动机）及与组织的关系（员工关系和组织认同），最终影响员工在管理情境中的积极接近行为（合作行为、拉关系行为、组织公民行为、主动行为）和消极回避行为（沉默行为、忍受行为、抱怨行为、离职或转岗行为），具体如图 13-1 所示。

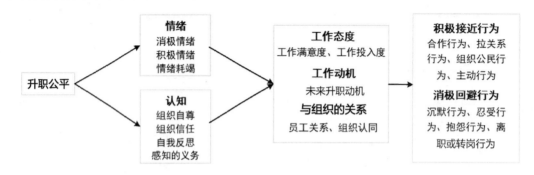

图 13-1　升职公平的作用机制

1. 直接反应：情绪和认知的变化

社会交换理论认为，交换双方中一方提供支持时另一方需要承担相应的回报义务。在组织中，升职公平可以被视为组织为员工提供的一种支持。如果员工感到升职公平，则会对工作和组织形成积极的认知，并产生积极情绪；相反，如果员工感到升职不公平，则会对工作和组织产生消极的认知，并产生消极情绪。

一方面，员工感到升职公平或不公平时，由于情绪的直观性和外显性，情绪变化往往最先表露出来。可以说，情绪是员工对升职公平的"晴雨表"。当员工感到升职公平时，会产生积极情绪，如高兴、欣喜，对未来充满希望；相反，当员工感到升职不公平时，会产生消极情绪，如失望、怨恨和气愤。另一方面，升职公平也会对员工的认知产生影响。员工的认知变化主要表现在两个方面：对自我认知的变化和对组织认知的变化。当员工认为升职公平时，员工会觉得自己是有能力的且在组织中是重要的并会反思自己没有获得升职的原因，即组织自尊和自我反思会增加（对自我认知的变化），同时也增加了组织信任及对组织感知的义务，即组织信任感和责任感会增加（对组织认知的变化）。

2. 间接反应：工作态度、工作动机、与组织的关系和行为的变化

当员工的情绪和认知单元被升职公平激活后，会进一步影响员工的工作态度、工作动机和与组织的关系，进而驱动其表现出相应的行为。因此，员工的情绪和认知是升职公平的近端结果，而由员工情绪和认知进一步影响的工作态度、工作动机、与组织的关系和行为是升职公平的远端结果。

当员工感到升职不公平时，会产生消极情绪，进一步导致消极的工作态度和行为。具

体来说，不管员工升职与否，员工感到升职不公平时，他们的工作态度和工作动机会受到影响，与组织的关系也会受到影响，可能导致与周围同事的关系破裂，产生嫉妒、缺乏信任等员工关系管理问题。

同时，消极的工作态度在行为上也会有所表现。一些员工会通过抱怨行为寻求社会帮助，缓解升职不公平导致的消极情绪和压力；还有一些员工会排斥竞争对手，减少自身对其的帮助，在工作中尽量避免打交道；也有部分员工经历过多次升职不公平事件，对组织感到深深的失望，对职业发展要求更高的员工可能会选择离职或转岗，寻找适合自己发展的环境。

相反，当员工感受到升职公平时，他们会产生积极的情绪和认知，进而持有积极的工作态度，如工作满意度、工作投入度，并与组织形成积极的关系，积极的工作态度会进一步带来积极接近行为，如合作行为、拉关系行为、组织公民行为和主动行为。

三、现实问题

（一）唯关系论的"近亲繁殖"

有人的地方就有政治，不管在哪里都有职场政治。职场政治是企业规章制度等显性规则背后的隐性规则，这种规则是不成文的、说不出来的、藏在水面之下的，是一些约定俗成的日常事务处理法则。职场政治在企业中是一种谁也无法忽略的更为隐秘也更有决定性的力量。

从图 13-2 中可以看出，不同思维差异下，领导所处的位置不同，用人方式也不同。图 13-2 左侧显示出，有些领导和下属相对来说是平等的；而图 13-2 右侧显示出，有些领导一人独大，这种组织用人方式多取决于领导，所以我们要了解领导的用人方式。

图 13-2　领导用人差异

领导用人有两方面的考虑。一方面，以"己"为中心。领导会先替自己考虑，或者是按自己的需要来考虑。谁是自己的人？谁是自己放心的人？谁是自己信得过的人？另一方面，站在自己与组织的角度权衡利弊。分析下属对领导本人的贡献和下属对组织的贡献、下属对领导本人的威胁和下属对组织的威胁，领导会权衡这四个方面，决定下属的升职或降职。

这种唯关系论的职场政治使"近亲繁殖"现象严重，将升职规则搅得七零八落，很多明面上的规则不管用，暗地里的规则成了决定性的力量。这种不透明的升职规则无疑加大了员工升职的难度，无形之中消耗着组织的资源与活力，也给员工带来了强烈的不公平感。

（二）升职不公平引发离职

公平是人们不断追求的共同目标和社会生活的基本准则。在组织中，升职公平更是备受关注。大量研究表明，员工的工作态度和行为等会受到升职公平的极大影响。作为组织公平的重要方面，升职公平对员工的归属感、工作满意度、自我效能感、缺勤率和离职意向等具有显著影响。

企业中经常出现这样一种现象：员工因感到升职不公平而消极工作甚至离职。案例13-1就是一个具体例子。当主管位置空缺时，一向勤奋努力、积极学习、认真工作、能力很强的赵静没有得到提拔，反而是有着编制身份的同事孙晓晓成功升职。影响两人升职成败的主要原因是孙晓晓有编制身份，而赵静是编外人员。这次升职仅考虑了身份问题，而忽略了赵静的工作态度和能力，这种不公平让赵静感觉十分心寒，看不到未来，这也坚定了赵静的离职之心。在实际中这种现象屡见不鲜，我们经常能看到员工抱怨职场升职就是看谁跟领导关系好，也有人说升职表面说是看能力，实际上看的是资历。这些升职中体现的不公平，无论是程序不公平、互动不公平还是结果不公平，都会直接影响未升职员工的工作态度和行为，而这些影响几乎都是消极的，十分不利于组织的发展。

（三）"一把手"离职损失大

案例 13-2

"一把手"集权现象

某单位部门主管郑某精明强干，具有很强的能力和气魄，部门的大小事情他都了如指掌并亲自拍板决定，几个副职仅仅起有限的辅助作用。部门在郑某的精心管理下井井有条，每年都能顺利完成单位交给的科研和生产任务。

由于家庭原因，去年10月份郑某辞职赴外地与家人团聚。此时，单位没有任何人能担负起部门主管的重任。最后，张某（任副职七年）被勉强推上了"一把手"的位置。他上任才三个月，部门就一片混乱，连基本的科研和生产任务都难以完成。单位的人议论纷纷，有的说："还是郑某领导得好。"有的说："今天这种局面主要是郑某造成的，不完全是张某的错。"

（资料来源：笔者根据相关资料整理。）

"一把手"离职，企业瞬间陷入窘境，是因为企业缺乏良好的人才培养规划及实施过程，是人力资源管理的缺失。企业缺乏良好的升职制度就会造成无才可用、有才也荒废的现象。案例 13-2 中，单位缺乏针对部门正职领导和副职领导的培养计划，并缺乏升职制度，造成了郑某长期担任部门正职而未进一步升职，最终因为家庭远赴外地；张某知识渊博，工作能力也不差，但在七年的时间里一直担任副职，个人才华无法施展，未能进一步提升自我，缺乏中流砥柱的作用，因此郑某走后部门陷入混乱的状态。

郑某的集权型管理近似"独裁"，不能放权、授权、分权，结果就是一旦"一把手"缺失，单位整体就会受到巨大影响。郑某的大权独揽在一定程度上提高了部门的工作效率，但其着眼于短期效率，不利于长期的发展。如果郑某能够放权、授权、分权，可能会在短期内降低工作效率，但是能够培养其他人员的工作能力，最终会提高部门的整体效率，在一人缺失的情况下能够有其他人员顺其自然地顶替，避免一人缺失给部门造成巨大影响的情况发生。

在规避组织"一把手"揽权的同时，还要规避"一把手"操控员工升职的现象。升职结束后，组织内最常听到的话就是"某人能够升职主要是由于和某某领导'走得近'，是领导安排了这次升职"。如果"一把手"长期操控组织内员工的升职，则不利于组织升职制度的建设，更不利于通过升职来提高员工的工作积极性。

四、组织公平性理论

20 世纪 60 年代中期，学术界开始研究组织内部的公平性问题。组织公平性包括程序公平性、交往公平性和结果公平性三个方面。

程序公平性是指组织中的升职、评价、奖惩、分配资源等，采用公平、透明的程序和标准，保障员工获得公平的待遇和机会。程序公平性是组织公平性的一个方面，它认为相关决策的过程应该是一种公正、公平、公开的行为。这样可以保证所有员工在同样的标准下被评价，消除个人偏见和不合理的任命及决策，以保证员工获得公平的待遇和机会，从而提高员工满意度、减少员工流失。

交往公平性是指组织中人际关系的公正和平等。交往公平性源自对组织中员工之间互相尊重、信任和诚信性原则的遵守，建立在相互尊重、诚实和公平的基础上。在工作环境中，交往公平性是维护良好员工关系的必要条件，它可以促进组织内部员工之间的沟通、团结和协作，为组织的发展提供建设性的贡献。

结果公平性是指在组织中决策结果应该是公平和合理的。组织应遵循公平的原则，对员工做出适当的评价，不偏袒或歧视员工。这可以增强员工对组织的信任感，提升忠诚度，提高工作满意度和绩效，促进组织的可持续发展。在人力资源管理中，业绩评估、工资和奖励分配、升职等决策结果都是员工十分关心的，都应该公平合理。

根据组织公平性理论，企业升职制度的制定必须要体现程序公平性、交往公平性、结果公平性，平等对待每一位有升职资格的员工，以此来提高员工对升职决策的认同和对企业的归属感，提高员工的工作积极性。案例 13-1 中，赵静工作勤勤恳恳、学习能力强，而且在业余时间努力提升自己的工作能力，考取了造价工程师，然而最后获得升职的是同事孙晓晓，这让赵静感受到了升职中的不公平，坚定了离职的决心，最终也导致组织失去了这个优秀的人才。

五、管理策略

（一）完善升职制度，打破关系图圈

为减轻"唯关系论"的负面影响，提高组织绩效和公平性，就要完善升职制度。组织制定升职制度的目的是发现优秀的员工，提升他们在组织中的职位，同时起到激励其他员工的作用。升职应该是一件严肃而谨慎的事情，必须有章可循。如果组织中的升职毫无章法，仅仅因为某个员工与领导关系好，就被破格提拔，这样不仅起不到激励作用，还会使优秀却得不到升职的员工心寒，导致组织绩效降低、员工关系紧张。组织升职制度的主要目标有公正公开、竞争择优、人职匹配。

（1）公正公开。组织升职制度的首要目标应该是公正，必须遵循科学的规则和程序，公开透明地执行并展示结果，以确保公正、公开。公正是组织升职制度的首要目标；公开是实现公正目标和展示公正过程的必要条件；公开的程度与公正目标的实现和公正过程的展示程度成正比。

（2）竞争择优。选拔优秀管理人才是组织升职制度的核心目标，竞争机制是保证择优的重要途径。竞争的范围、方式、标准和科学性与择优目标的实现程度成正比。

（3）人职匹配。从职位要求出发确定选拔标准和条件，确保选出的员工与职位要求高度匹配。提高工作绩效是组织升职制度的根本目标，人职匹配度与工作绩效的高低成正比：匹配度越高，工作绩效就越高；匹配度越低，工作绩效就越低。

升职带给员工的利益，不仅是职位的变动，还有薪酬的变化。在优秀员工得到升职后，其相应的薪酬也应及时调整，并跟进落实。如果组织内对于升职员工的薪酬调整执行不到位，会使应该起到的升职激励效果大打折扣。

（二）注重升职公平，形成和谐关系

组织内员工会将自己工作中所得到的报酬（如薪酬、升职和认可）与自己的投入（如努力、经验、教育、能力）相联系，然后与相关者比较投入产出比。当自身投入产出比与相关者相等时，就认为是公平的。不相等时，如果感到自己得到的报酬少于应得的数量，就会认为是不公平的，这种不公平会使员工感到愤怒；如果感到自己得到的报酬多于应得的数量时，员工会产生负罪感。

组织在升职管理过程中应满足员工的公平需求。公平与否会直接影响员工的工作动机和行为。为体现组织升职管理的公平性，可在组织内部开展竞聘上岗。竞聘上岗是指组织根据自身人才需求，在一定范围内、按照一定的岗位要求公开发布需求信息，凡是符合岗位要求的人员，均可站在同一起点上，按照公开、平等、择优的原则参与竞争，组织据此选拔和任命最合适的岗位人选。许多员工表示，组织开展竞聘上岗给予了他们公平竞争的机会，即便没有成功升职，也让他们受到了公平、公正的对待。公平需求得到了一定程度的满足，员工的工作积极性才不会受升职挫败所影响，与此同时员工之间的关系也不会因此而遭到破坏。

竞聘上岗会对企业产生深远的影响，如拓宽管理人员选拔任用渠道、体现选拔任用的公正和科学、激发员工工作热情和危机感。只有公平的升职制度选拔出来的人才会让大家心服口服，减少升职带来的关系矛盾，从而形成人尽其职的、和谐的人际关系和团结友好的工作氛围。

（三）关注"与时"关系，建立储备干部序列

为避免企业因"一把手"离职而陷入困境，需要注重升职中的"与时"关系管理，建立储备干部序列，及时升职干部。不能等到某个职位的人离职后再去选拔和招聘，时间不等人，该储备时储备，该升职时升职。

储备干部是指企业从企业发展与人才梯队建设的角度出发，为填补各级管理和技术职位空缺而储备的人员。这些人员现阶段在能力和经验方面与职位要求存在差距。建立储备干部序列是给员工一个机会，其选拔不能纯粹地论资排辈，也不能保证绝对升迁。只有建立储备干部序列，企业干部的培养才能进入一个常态化的阶段。

建立储备干部序列的具体操作方法有以下几种。

方法一：体验制。例如，指定某个员工担任一天的值班经理或值班店长，同时让经理或店长在旁边观察。这样员工可以亲自体验一下作为经理或店长需要做哪些事情，需要承担哪些责任。通过这种方式，企业可以看到员工的能力水平如何，并为他们提供指导和成长机会。

方法二：分担小型管理责任。可以给员工适当授权，委派一些小任务，分担一些职责，如负责特定项目等。借助这些任务，企业可以对员工进行考验，以便评估他们是否适合承

担更大的职责，同时为员工提供了成长机会，让员工增长了经验、丰富了管理技能，从而为成为储备干部打好基础。

方法三：代理经理模式。当领导因出差或请假等原因无法在岗时，可以让一位储备干部暂时接管他的工作。企业可以形成一种机制，即当干部暂时缺席时，要指定一位员工接管他的工作，这样可以确保企业内部责任的连续性，同时也可以考察储备干部的能力，给储备干部提供历练的机会。

方法四：竞聘演讲法。组织一场竞聘演讲比赛，让储备干部设计并发表自己的管理纲领，提出针对企业未来发展的计划。高层领导根据自身经验评估这些计划实施的可能性和创新程度，考察储备干部的整体规划能力。通过这种方法，企业不仅可以发掘和选拔优秀的管理人才，也可以进一步创新发展。

六、思考题

1．升职激励对员工关系有什么影响？

2．升职公平会如何影响员工表现？

3．组织应该如何规避升职不公平现象？

离职篇

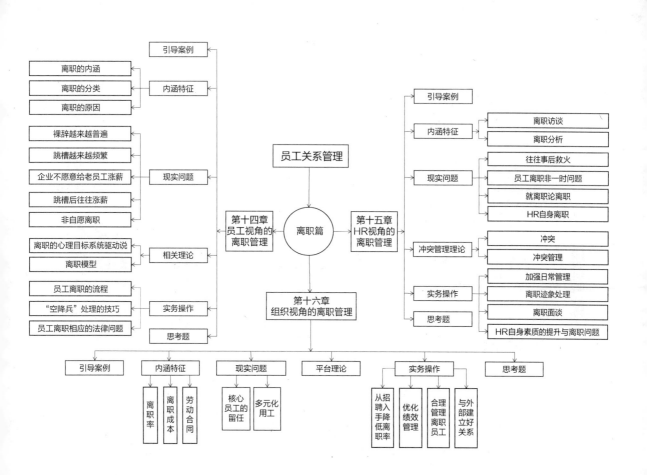

第十四章　员工视角的离职管理

本章目标

1. 引导读者了解离职相关概念的内涵及相关理论。
2. 引导读者认识到员工离职管理的重要性。
3. 帮助读者分析离职的现实问题。

本章要点

1. 结合引导案例，学习离职的内涵、分类、原因，以及离职的心理目标系统驱动说与相关离职模型。
2. 引导读者思考裸辞越来越普遍、跳槽越来越频繁、企业不愿意给老员工涨薪等现实问题。
3. 在现实问题的基础上，介绍员工离职的流程、"空降兵"处理的技巧和员工离职相应的法律问题。

> "以进德为本，学会做人；以适应为本，学会生存。人生四项基本原则：懂得选择，学会放弃，耐得住寂寞，经得起诱惑。"——比尔·盖茨（Bill Gates，1955.10.28—）

一、引导案例

案例 14-1

韩信的"跳槽"

根据《史记》可知，韩信最初投奔到项梁麾下，但是一直没有什么成就。后来因为项梁管理不善，队伍解散，韩信就转投到项羽门下，然而项羽只安排他当一名卫队队员。志存高远的韩信不愿埋没自己的才华，多次提出奇计，但项羽都没有采纳。这让韩信很郁闷，又想另谋出路。此时正巧刘邦来到汉中行省，韩信就改投到刘邦阵营，准备大展拳脚。然而，韩信也没有受到刘邦的重用。他失落不已，打算离开。

萧何经过和韩信的相处，认为韩信十分有才能。听说韩信要连夜离开，萧何急忙追赶，劝说韩信不要离开，并极力将其举荐给刘邦。刘邦为探清韩信的本领，与其彻夜长谈，被韩信的诸多妙计折服，决定重用韩信。后来韩信大败项羽，成为西汉的开国功臣。正是由于萧何和韩信的协助，刘邦才得以成就丰功伟业。"月下萧何追韩信"的经典也得以流传。

现在不少人对工作的态度与韩信相似，多次跳槽想要谋求辉煌人生。但是，频繁跳槽也存在相应弊端。

（资料来源：笔者根据相关资料整理。）

案例 14-2

离职有风险，跳槽需谨慎

小伦是一家汽车公司的经理，拥有 MBA 学位。他在公司备受尊重，前途一片光明。就在事业蒸蒸日上之际，他却要跳槽。因为他觉得以自己的能力可以发展得更好。很快，小伦就被热门行业的一家公司看中，该公司开出的条件相当诱人。小伦没有丝毫犹豫，立刻决定加入该公司。

到了新公司不久，小伦就犯了难：工作内容和自己的专长相去甚远，一开始以为没问题，后来才发现工作根本就没有想得那么简单，公司对高薪挖来的人才都抱有很高的期望，一再交给自己不可能完成的任务；由于业绩不佳，下属对自己也缺乏尊重……更糟糕的是，在一次严重的决策失误后，小伦迫于压力辞职了。

小伦的盲目跳槽引发了一系列的问题。一开始，他不了解新公司的环境和所需专业就盲目跳槽，致使加入公司后难以适应新环境、新工作；误判了新工作的难度，达不到老板的要求，又碍于面子没有跟老板解释，结果老板不断给其分配棘手的工作，直接导致他在大项目中出现了严重决策失误，不得不辞职。

这次辞职势必会对小伦未来的职业发展产生很大的影响，并严重影响他的职业信心。

（资料来源：笔者根据相关资料整理。）

✍️ 带着问题学习：

1. 韩信跳槽和小伦跳槽为什么会产生不同的结果？

2．员工在离职时需要考虑哪些因素？

3．跳槽后，身为"空降兵"该如何应对新工作？

二、内涵特征

（一）离职的内涵

离职是指员工离开用人单位，与用人单位之间的员工关系终止，是一种常见的员工流动方式。适当的员工流动有助于企业合理配置人才资源，但员工流动频繁则会影响企业的可持续发展。

（二）离职的分类

离职在性质上可以分为辞职、退休、被辞退和集体性裁员。

其中，退休可以看成是给予符合法定条件的员工的福利；被辞退往往是由于员工严重违反企业规定或无法达到工作岗位要求，这种离职具有一定的惩罚性；集体性裁员一般只发生在企业出现严重经营困难的情况下，通过裁员减少成本，是一种偶发行为。

在本章中，离职主要考虑辞职、被辞退和集体性裁员。

（三）离职的原因

员工离职的原因复杂多样，如劳动力市场的变化、员工个人观念的更新及各种主客观因素。员工进入企业后，会因各种问题产生离职的念头。员工在离职前，应该判断自己是否真的非离职不可，主要考虑以下因素：外部因素、组织文化因素、工作因素、个人因素。

1．外部因素

外部因素中最重要的是经济政策。外部因素会影响员工的个人工作意识，以及员工对当前职业的判断。经济政策则会影响劳动力市场的变化。当国家对某个地区采取宽松的经济政策时，就在一定程度上促进了此地区劳动力市场的繁荣与发展。个体也可以参考相关的经济政策，评估某行业或职位的发展前景，做出恰当的职业选择。

2．组织文化因素

组织文化是组织全体成员所认同的价值观、行为准则等的总称。员工的价值观与组织文化是否契合，是决定员工是否会离职的关键。

新员工入职后，与组织会有一个磨合的阶段。在这个阶段中，如果员工不认可组织文化，就很难长期留在组织中，离职是必然的。当组织文化具有较强的包容性时，在一定程度上可以降低员工的离职率。另外，良好的组织文化有利于统一员工的思想和目标，增强员工的凝聚力，提高员工的组织忠诚度。

3．工作因素

工作因素主要体现在员工的工作满意度上。工作满意度包括工作内容、工作压力、工作环境、薪酬水平等。当工作内容超出员工的能力范围时，不仅会降低员工的工作绩效，还会增加员工的工作压力。根据谢利丹和艾贝尔森（1983）"尖峰突变"模型，较高水平的工作压力可能会引发员工的离职。工作环境作为员工工作的保健因素，在一定程度上会影响员工的工作满意度。薪酬水平作为员工比较关注的工作因素，与员工的职位和绩效相关。合理的薪酬水平有助于维持稳定的员工关系，降低员工的离职率。

4．个人因素

个人因素包含家庭、职业特质、成就动机、人格等。例如，女员工可能会由于家庭原因而离职，男员工可能会为了追求更高的工作成就而离职。个人因素对员工离职的影响因人而异。

三、现实问题

（一）裸辞越来越普遍

1．裸辞

裸辞是指员工还没找好下一份工作就选择辞职。由于工作压力大、工作幸福感低等，裸辞的员工越来越多。有些裸辞是深思熟虑后的决定，有些则是众多矛盾爆发后的冲动行为。

深思熟虑后的裸辞对个体来说，可能是一种比较好的调整方式。如果合理规划，有助于开启新的生活。冲动裸辞或许比较突然，但冰冻三尺非一日之寒，工作压力大、职场人际关系处理不好等都可能为日后员工的裸辞埋下隐患。

2．裸辞动机分析

1）以发展为轴心

以发展为轴心的裸辞体现了员工的个人动机。根据其所追求目标的不同，主要分为以下三类。一是寻求升职机会，这类裸辞主要是因为员工在现在单位的升职机会比较渺茫。二是寻求更好的发展平台，这类裸辞主要是因为现在单位的平台有限，不能为员工的职业发展提供充足的资源和机会。三是谋求专业发展，这类裸辞主要是因为员工当前所从事的工作专业水平较低或与自身的专业能力相差较大，人岗不匹配。

2）以逃避为轴心

很多员工会由于工作不适、不顺利等，选择逃避工作。以逃避为轴心的裸辞主要包括工作强度高、工作压力大、人际关系处理不好等情况。

3）以平衡为轴心

平衡主要包括工作-家庭平衡和自我心理平衡。当个体不能处理好工作与家庭的关系或不能调整好自身的心理状态时，就容易因为冲突而裸辞。

家庭对大多数员工来说十分重要，家庭关系在一定程度上还会影响员工的工作。工作与家庭难以平衡已经成为很多员工裸辞的重要原因。自我心理失衡主要是因为员工认为自己的付出与所得不匹配，如个人的实际薪酬水平与预期不符等，当员工自我心理失衡时，就容易裸辞。

4）以快乐为轴心

越来越多的人裸辞不是因为工作压力大、薪酬水平低，而是因为他们在当前的工作中感受不到快乐、难以享受美好的生活。快乐至上就是对持有此类裸辞动机员工的真实写照。

3．裸辞的利弊

从员工职业生涯发展的角度来说，裸辞利弊参半。

裸辞的好处在于，其可以让员工从当前的工作中抽离出来，缓解工作压力和紧张的情绪，有利于身心健康；员工还可以好好利用裸辞后的时间，合理规划职业发展路径，为重新开始养精蓄锐。

当然，裸辞也存在一定的弊端。首先，员工可能会面临一定的生存压力。裸辞后没有收入，可能会降低员工的生活品质。其次，裸辞可能会使员工面临职业发展障碍，如现在很多企业非常重视员工与企业文化的匹配度，如果一个人由于不能适应企业文化而裸辞，那么即使跳槽到下一家企业，也可能会面临同样的问题。

网上流行这样一个公式："勇气+财力+才华=快乐的裸辞"，也就是说，裸辞的背后要有财力等因素的支持，不是每个人都有能力裸辞的。所以，员工一定要理性对待裸辞，否则就可能是"职场裸奔"。

（二）跳槽越来越频繁

1．跳槽

跳槽的本意是牲口离开所在的槽头到别的槽头去吃食，也就是换了主人，后来是指个体离开了当前的工作岗位，另谋出路。对于员工来说，跳槽不仅是换份工作这么简单，跳槽前还需要进行全面分析，充分衡量跳槽的利弊。

2．跳槽的利弊

跳槽对于员工来说，既有利又有弊。

跳槽有以下好处。首先，跳槽有利于员工找到合适的工作岗位。跳槽有利于员工不断自我优化，从而找到擅长的领域和合适的工作岗位。其次，跳槽有利于员工积累工作经验。跳槽可以为员工提供更多机会，有助于员工充分运用自身的才能，在不同的领域、岗位上积累工作经验，不断发展与提升。这是只在一家公司工作所收获不到的。最后，跳槽有利于员工薪酬的提高。通常情况下，跳槽是提高薪酬的常用方式。人力资源作为一种特殊的资产，谁付出的报酬高，个体为其工作的可能性就越大。

跳槽的弊端主要体现在以下几个方面。首先，跳槽可能会让用人单位对员工缺乏信任感。当员工的工作简历特别丰富时，用人单位可能会担忧员工是否能长久为其效力，同时频繁的跳槽也会使员工的事业发展缺乏持续性，难以找到职业发展的正确方向。其次，随着年龄的增长，频繁跳槽会让员工难以获得足够的发展空间，尤其是当员工没有一技之长时，就更有可能面对年龄越大工作越难找的窘境。

跳槽的利弊共存，对员工的职业发展有很大的影响。好与坏主要取决于员工如何权衡，员工应理性分析、谨慎决定。

3．跳槽要注意的问题

1）跳槽前，自我沟通很关键

员工在选择跳槽之前，要充分意识并考虑好以下因素：越往上走，世界越小；生气槽最好别跳，无法保证下一个雇主格局更大；忌频频跳槽，职业高度是靠时间垒出来的；毫无技能关联的诱惑少跳；能帮助他人是能力，能容忍他人是格局；离自己嘴巴最近的，是自己的耳朵；多一个朋友，多一个世界；50岁之后，跨区域、跨国界的跳槽，尤其是"官位"诱惑，要慎重。

2）跳槽中，四个方面来审视

在跳槽的过程中，要学会从以下四个方面来审视：跳槽对于自己来说是职业发展的拉力，还是推力；跳槽是为了享受更好的待遇，还是跳槽后会有更好的前景；跳槽是基于个人原因，还是家庭原因；跳槽是直接上司的观点、专家的观点还是自己的观点。

3）跳槽后，用好八个护身符

在跳槽后，不到万不得已，不让自己空降。如果真的做了"空降兵"，要注意以下空降原则：讲方言，用言语拉近心的距离；慢决策，用行动建立信任关系；表忠心，尊重上司要让他知道；找软肋，花心思做好向上管理；看清人，认识组织的关键人物；整资源，借助外力撬动新职场；换新兵，优化组织的人才结构；续逻辑，掌控自己的职业生涯。

（三）企业不愿意给老员工涨薪

在职场中有一个比较普遍的现象，即当员工长时间待在某企业时，其大幅涨薪的可能性是比较小的，反而要通过跳槽来实现涨薪。

很多企业不愿意给老员工涨薪的原因主要有以下几个方面。

1．企业的薪酬体系较局限

现实中，很多企业的薪酬体系并没有那么完善，这就容易造成"牵一发而动全身"的尴尬局面。一旦企业单独给某位员工涨薪，与此员工处于同层级的其他员工就会感到不公平，都会要求涨薪，而这一点对企业来说是不太现实的。因此，为维持企业平衡，员工的薪酬水平很少发生大幅提升。

2．老板的格局有限

当老板的格局有限时，他就会将给员工涨薪看成是从他的口袋拿钱分给员工，会对要求涨薪的员工产生厌恶感，千方百计地拒绝员工的涨薪要求。

3．忽略了员工的实际能力

当员工在工作多年后，管理者就会对员工在某些方面的突出能力习以为常，很少关注到员工能力的提升，反而对员工的不足关注得比较多。在这种情况下，员工的薪酬水平很难得到大幅提升。

4．"会哭的孩子有糖吃"

员工能否加薪，不仅取决于企业和老板，还取决于自身。当员工在组织中的存在感比较低、根本不被领导熟知时，其涨薪的可能性比较小。因此，我们在干好本职工作的同时，要学会推销自己，合理表达自己的诉求，这也就是俗话说的"会哭的孩子有糖吃"。

（四）跳槽后往往涨薪

外部市场的竞争是跳槽往往能够涨薪的主要原因。在经济迅速发展的当下，新的企业和岗位不断产生，市场需求不断增加。哪里有需求，哪里就有竞争。人力资源作为企业的重要资源，企业愿意支付高于市场价格的工资以获得合适的人才。在这种情况下，只要被挖的员工愿意跳槽，其往往会获得更高水平的薪酬。

当然，这并不意味着跳槽是我们追求高薪的最佳选择。每种选择的背后都要付出相应的代价。企业高薪挖人最直接的目的就是要为其创造相应的价值。当员工不再能达到企业的要求时，可能会存在被他人取代的风险。

（五）非自愿离职

员工非自愿离职主要包括被辞退和集体性裁员。

当员工自身能力不足、工作态度不端正或行为不符合企业规定时，其可能会被企业辞退。另外，当企业面临经济状况不佳、国家政策调整等情况时，可能会集体性裁员。

四、相关理论

（一）离职的心理目标系统驱动说

离职研究的起源是马奇等人发表的离职模型，该离职模型对后续的离职研究产生了很大的影响。2020年，章凯等人结合马奇等人发表的离职模型，通过研究员工的离职原因、离职决策等，对国内外普遍认可的七种离职理论进行排序，提出并论证了一种基于自组织目标系统理论的新离职理论，即心理目标系统驱动说。

该理论认为，员工离职是受一定目标驱动的。当促进或阻碍个人心理目标实现的工作事件发生时，或者当个人心理目标的状态发生变化或出现新的心理目标时，员工会对其留在组织中的可能性重新进行评估。其评估内容主要是工作环境、职业发展、薪酬待遇等因素与预期之间的差距大小。

当评估结果显示，如果员工继续留在组织中，会严重阻碍其心理目标的实现或产生激烈的目标冲突，员工就会产生较强的离职动机，并试图获得资源来推动自身心理目标的实现。当员工期望从新的组织中获取有助于实现其心理目标的资源时，离职动机就会进一步促进员工的离职行为。

经过上述阶段后，如果员工为心理目标的实现构建了新的空间、创造了合适的条件、抓住了新的机会，其就会在个人心理目标的驱动下，选择离职。员工进入新的组织后，其心理目标会引发新一轮的评估，评估新工作支持心理目标实现的可能性，以及由此产生的心理变化。

心理目标系统驱动说揭示了员工离职的心理基础和形成机制，分析了员工离职的心理过程。

案例14-1中，韩信虽然多次"跳槽"，但是每次"跳槽"都是为了实现自己的理想抱负。韩信会分析自己当前所投靠的阵营领导者的能力及自己被任用的情况，做出是否离职的选择，而不是因为冲动草率离职。同时，韩信多次"跳槽"是因为自己有真才实学，相信自己可以协助主君成就一番伟业。此外，韩信能够有所成就，除自身的选择、实力外，伯乐萧何的作用也是不容忽视的。

案例14-2中，小伦在离职前没有谨慎考虑，只是觉得自己的能力能有更好的发展机会就草率跳槽。当有公司向小伦抛出橄榄枝时，他只关注到了对方开出的薪资待遇，并没有考虑到自己的职业发展、人岗匹配等因素。小伦离职并进入新公司之后，由于不了解新公司的环境和所需专业导致难以适应新环境和新工作；误判了工作难度，应付不了老板的要求，最后直接导致他在重大项目上出现决策失误，被迫离职。

（二）离职模型

影响员工离职的因素有很多。许多学者将研究重点放在模型构建上，产生了大量的离职模型，比较有代表性的有以下几个。

1. 斯凯尔和莫迪（1981）"动机"模型

斯凯尔和莫迪（1981）"动机"模型主要是为了找到影响员工离职的主要因素，并用模型来展示这些因素之间的关系。如图 14-1 所示，工作期望和工作价值会影响员工的工作态度（工作满意度、组织承诺度、工作参与度）；工作态度及非工作因素会影响离职倾向；离职倾向会引发离职行为。此过程因人而异。

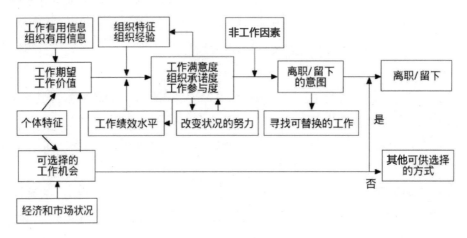

图 14-1　斯凯尔和莫迪（1981）"动机"模型

此模型包括工作满意度、组织承诺度、工作参与度等与工作态度相关的变量，并指出工作态度会直接影响个体的工作绩效水平。此外，工作态度还会促使员工努力改变状况，这又会反过来影响员工的工作态度。斯凯尔和莫迪还认为工作和组织有用信息、个体特征、可选择的工作机会等都会影响员工的工作期望和工作价值。

2. 谢利丹和艾贝尔森（1983）"尖峰突变"模型

如图 14-2 所示，在该模型中，水平面被称为控制面，由工作紧张度和组织承诺度组成，纵轴代表退出行为。控制面上的每个点对应一个行为点，这些行为点构成的面称为行为面。该模型认为，员工离职是一个突然的变化，而不是一个连续变量。员工离职可能是因为工作紧张度高、组织承诺度低或两者并存。当工作紧张度和组织承诺度所代表的坐标无法继续扩展时，员工就会进入行为面。将行为面投影到控制面上，就会形成一个发散面，代表员工从留任到离职的不均匀状态。

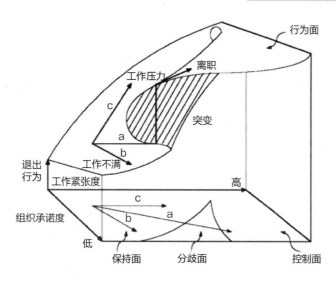

图 14-2 谢利丹和艾贝尔森（1983）"尖峰突变"模型

3. 李和米切尔（1994）"展开"模型

该模型基于反射理论分析员工的离职行为，指出导致员工离职的途径有多种。

如图 14-3 所示，在途径 1 中，当员工受到冲击时，其会根据冲击的性质与匹配框进行比较。员工在记忆中搜索到类似的冲击时，就会采取相应的行动。在路径 2 中，员工受到冲击的启发，但匹配框没有发生过类似冲击时，员工会对组织承诺等重新进行映像评估。如果其认同评估结果，就会选择留下。在路径 3 中，冲击发生时，员工通过记忆搜索未有类似冲击可供参考，但其他可替代的工作可以寻找到时，员工会评估其他可替代的工作，通过匹配判断和理性分析，做出相应的离职决策。在路径 4 中，员工并没有受到冲击，随着工作时间的推移，会就自身对组织的依附等重新进行映像评估，如果评估结果不符合期望，员工就可能产生工作不满感，这种不满会促使员工直接离开组织或寻找其他可替代的工作然后离开。

心理过程	路径1	路径2	路径3	路径4	
冲击	有	有	有	无	
冲击的性质	+0-	—	+0-		
匹配框	符合	不符合	不符合		
映像评估	无	匹配判断	匹配判断	有 匹配判断	
工作不满感	无	有	有	有	
寻找其他可替代的工作	无	无	有	无	有
评估其他可替代的工作	无	无	有 匹配判断和理性分析	无	有 匹配判断和理性分析
离职决策	自发的	受控的	受控的	受控的	受控的

图 14-3 李和米切尔（1994）"展开"模型

4．普莱斯和穆勒（2000）"离职"模型

该模型提出以下假设：员工对组织是有一定期望的；二者之间存在交换关系，即组织用薪酬等交换员工的工作服务；员工的目标是尽可能提高收入水平。

如图14-4所示，此模型包含环境、个体、结构和过程四类变量。

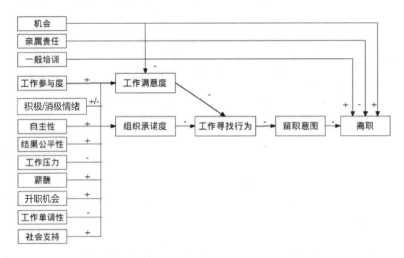

图14-4　普莱斯和穆勒（2000）"离职"模型

环境变量包括机会、亲属责任、一般培训。机会会提高员工的流动率，也就是说市场上的机会越多，员工离职的可能性就越大；亲属责任会降低员工的流动率；通常情况下，一般培训会提高员工的流动率。

个体变量包括工作参与度、积极/消极情绪。工作参与度会提高工作满意度；积极/消极情绪也会影响工作满意度。

结构变量包括自主性、结果公平性、工作压力、薪酬、升职机会、工作单调性、社会支持。这些变量会影响工作满意度和组织承诺度，进而影响员工的离职。

过程变量包括工作满意度、组织承诺度、工作寻找行为、留职意图。这些变量会影响员工的离职。

五、实务操作

（一）员工离职的流程

案例 14-3

离职的完美交接

2023年年底，上级公司组织公开竞聘，公司领导推荐张加帅去参加。后来，他竞

聘成功，确定于 2024 年年初调至上级公司。

由于在要求的报到时间内，新的部门负责人不能就位，张加帅就将部门所涉及的工作进行了整理，共整理出二十余项工作交接清单，详细说明了各项工作的办理时间、办理流程、负责人员、对外联系人员等，传阅至部门分管领导、各部门人员，使部门人员在没有部门负责人的情况下也能按照清单有序开展工作，同时使新的部门负责人上岗后能够根据清单了解部门业务。因两家公司在一栋楼上，原公司领导提出在没有接替人的情况下，让张加帅先兼管原部门，他也爽快答应。

报到日，公司党委书记亲自将张加帅送到上级公司，与新领导进行交接，这对张加帅日后的工作开展、新公司领导关系处理都给予了极大的支持。

（资料来源：笔者根据相关资料整理。）

案例 14-4

升职未成反失人心

小李是某公司的一名会计人员，因财务部门主管岗位空缺，一心想升职为主管。

但是她一直以来工作平平，而且性格孤僻，综合评价她的业务能力和工作表现，公司领导没有让她升职。她没有跟领导沟通自己的升职期望，也没有向领导汇报，就直接向人力资源部门提交了辞职报告。由于正处于总会计师轮换、人员不稳定阶段，她以为领导会许诺升职来挽留自己，但是被告知公司会尽快招聘会计人员与其办理交接。因目标未达成，小李开始消极怠工，早上出勤打卡后，中途不请假外出。由于小李的账目做得一塌糊涂，工作时不与同事配合，离职审计也不与审计人员配合，各种材料不提供或提供不正确，导致财务工作一度陷入僵局。新来的财务部门主管因为怕账目有问题，不敢直接开除让其走人。同时，因账户混乱，新入职的会计无法接手，导致连续换了 3 人。从小李提出离职到正式离开过了 6 个多月，她在 12 月底拿了年终奖后离开，留下一堆烂账需要新入职人员处理。

小李在前公司的评价一落千丈，如果有公司到她的前公司对其做背景调查的话，肯定会影响她找新工作。

（资料来源：笔者根据相关资料整理。）

案例 14-3 中的张加帅在离职前，把所有的工作都交接好，并且还在公司没有找到合适人选时，兼顾之前的工作，赢得了前公司的一致认可。而案例 14-4 中的小李，在离职前没有站好最后一班岗，没有交接好工作，结果在前公司的评价一落千丈。

员工离职时，需要交接好工作，拿到应得的工资福利、尽快离开、给领导和同事留下良好的印象等。但很多企业存在员工离职流程不合理的情况，这在一定程度上会损害员工的个人利益、破坏企业形象，不利于企业的长远发展。所以，规范离职流程，按照法律程序和规则办理离职手续，不仅有利于维护员工的合法权益，还有利于员工进行离职后管理。

离职流程一般包括申请离职、交接工作、核算数据三个步骤。

1. 申请离职

如果员工单纯想离职，不打算留余地，那可以在申请离职前一段时间内，向同事传出消息。但是，要注意离职的理由必须是合理的，让领导能够理解，如结婚、回老家、照顾老人、小孩读书、考公务员等。领导得知员工在事先就已经公开进行了宣传，就会知道其去心已定，或许不会挽留。

不管离职单内容如何填写，领导一般都会找准备离职的员工交谈。在交谈中，务必保持礼貌，一日为"司"，终身为"师"。员工离职本身就是企业前期投入的一种损失，因此在交谈中更多地应该表达谢意。关于交接工作，员工要明确表态会按照企业或领导的要求，百分之百地交接好，让曾经的领导不要因为交接工作没做好而受到更高领导的批评甚至是处罚。

2. 交接工作

不管企业有没有要求，一个有职业素养的人应该主动编写自己的工作交接内容，如果没人和自己交接，就主动发给人力资源部门或上级领导。工作交接内容通常包括计划进行的项目、未完成项目、需要跟进的项目、需要特别注意的环节、涉及的人员及联系方式、文件存放处等。这样可以使跟自己交接的人只交接文件就可以对相关事项一目了然，清清楚楚。

要注意很多企业对工作交接是非常重视的，要离职的员工必须配合交接工作，不要有任何不利于交接的想法和行为，否则企业可能会对离职员工进行变相惩罚或处罚。

3. 核算数据

离职员工在提出离职申请后、完全离开企业前，要注意把未结算的工资及相关福利进行明确的统计、核算。这是因为有很多企业并不一定当场就结算工资，而是在规定的工资发放日统一发放。经常有员工在离开前没有核对清楚，而在离职后收到工资时发现有问题。电话联系是很难一次性解决问题的，所以离职前的核算工作是十分重要的。

核算的内容具体如下：考勤情况，如是否有请假、迟到等情况；考核奖励等方面是否正确；福利是否被取消，如果规定的正当福利被取消，可以向人力资源部门据理力争；餐费、水电费、话费、工作服、工作证等涉及金钱的项目是否有问题。最后由人力资源部门负责人和本人在核实过的数据结果上共同签字，并且将签字后的材料复印一份自己保存。

（二）"空降兵"处理的技巧

案例 14-5

给"空降兵"的下马威

李广拥有十二年的专业经验，被一家公司看中担任该公司的技术总监。作为空降而来的新官，李广满怀信心地参加自己就任以来的第一次例会。然而，到了新公司，他才发现十个下属只来了七个，李广怀疑那三个没有来的人是想给自己一个下马威。

（资料来源：笔者根据相关资料整理。）

个体在跳槽后，要注意以下几点。

（1）负向思维，于人于己都不利。案例 14-5 中的李广在上任后的第一次例会有三人没来时，怀疑缺席员工想给自己下马威，这种负向思维是不利的，应该考虑这些员工是不是忙于工作没时间开会，而不是毫无证据地怀疑员工。

（2）开大会之前，最好先开小会。李广可以选择在第一次例会前，单独与员工沟通以了解员工的态度和想法，亲自传达开会的时间、会议主题等。

（3）对上的信任不能简单地向下转化。

（4）"携天子令诸侯"，善于借助领导的权威。

（5）树敌是跳槽之大忌。在跳槽之后，个体要尽快融入并与其他员工好好相处。

（6）业绩是权威的根本。个体在跳槽成为"空降兵"以后，可能会有员工不满意公司的安排，最好的说服员工的理由就是用良好的业绩去证明自己的实力。

（三）员工离职相应的法律问题

1. 违约金

《中华人民共和国劳动合同法》规定劳动者支付违约金的情形只有以下两种。

1）服务期违约

劳动者支付服务期的违约金需要满足以下条件，即用人单位为劳动者提供了切实的专业技术培训，并能出具专业技术培训证书，而员工在服务期提前辞职。

2）竞业违约

劳动者支付竞业违约金需要满足以下条件：竞业限制条款适用的人员仅限于高级管理人员、高级技术人员及其他对用人单位负有保密义务的人员；合同或保密协议约定有竞业限制条款，劳动者在竞业限制条款内按月领取经济补偿金的；宣誓保密的员工违反了竞业限制条款。

2．员工离职申请的时间要求

（1）在合同期内，劳动者想要解除劳动合同，需要提前 30 天书面通知用人单位。

（2）在试用期内，劳动者想要解除劳动合同，需要提前 3 天通知用人单位。

（3）用人单位有以暴力、威胁或非法限制人身自由的手段强迫劳动者行为的，劳动者可以随时解除劳动合同。

（4）用人单位未支付劳动报酬或没有按照规定提供劳动条件的，劳动者可以随时解除劳动合同。

六、思考题

1．结合离职的心理目标系统驱动说，分析个体离职的原因。

2．请结合现实问题，阐述跳槽需要注意的事项。

3．结合离职模型，分析韩信、小伦等的跳槽。

第十五章　HR 视角的离职管理

本章目标

1. 引导读者了解 HR 视角离职管理的主要内容。
2. 引导读者了解冲突管理理论的主要内容。
3. 引导读者了解 HR 自身素质的提升与离职问题。

本章要点

1. 通过相关案例，帮助读者理解离职面谈法、问卷法的相关内容，并让读者从 HR 的视角出发，学习离职分析的主要内容及意义。

2. 通过相关案例，引出 HR 在离职管理过程中所面临的现实问题。

3. 结合冲突管理理论，学习加强日常管理、离职迹象处理、离职面谈及 HR 自身素质的提升与离职问题等方面的技巧和方法。

> "无视、侵犯对方的权利，只会引发对立与冲突，只有尊重对方，由对方自己决定，他才能信赖自己，并学会信赖别人。"——阿尔弗雷德·阿德勒（Alfred Adler，1870.2.7—1927.5.28）

一、引导案例

案例 15-1

徐庶走马荐诸葛

徐庶，字元直，投奔刘备，被任用为军师。在徐庶的帮助下，刘军大败曹军。曹军败退回到许昌后，曹操吃惊地问手下谋士："是谁在为刘备出谋划策？"谋士程昱说："此人乃颍川徐庶也。丞相要用此人，招来不难。"并献上一计。曹操按照计划把徐庶的母亲接到许昌，又模仿其母亲的笔迹让徐庶来许昌救命。

徐庶自幼丧父，非常孝敬母亲。他看到信，泪流满面，立马拿着信去见刘备，说出实情，想要离开。刘备闻言，大哭起来。第二天，众将士在城外为徐庶送行。刘备、徐庶策马出城，来到长汀，二人下马辞别。刘备不忍离去，便不停告别。刘备说："你若不嫌弃，我送你远去。"刘备站在林边，见徐庶骑马远去，大声道："元直走了，我可怎么办？"他含着泪看向远方，却被一片树林挡住视线。刘备拿鞭子指着林子说："我要把这里的树都砍掉。"人们问为什么，刘备回答说："因为这样就不会阻碍我看元直远行了！"

正看去，忽见徐庶掉头朝自己而来。刘备上前问道："先生，这次您一定有主意了。"随后，徐庶向刘备推荐了一个人，那就是诸葛亮。徐庶详细介绍了诸葛亮的才德，建议刘备亲自去隆中请他。

（资料来源：笔者根据相关资料整理。）

带着问题学习：

1. 在日常管理中，HR 该如何及时关注到员工的离职迹象？
2. 员工离职之前，HR 该如何进行离职面谈？
3. HR 该如何提升自身素质，并正视自身的离职问题呢？

二、内涵特征

（一）离职访谈

离职访谈主要包括面谈法和问卷法两种方法。

1. 面谈法

面谈法是指当员工提出离职或被裁员时，HR 与员工之间进行谈话。目的是找出员工离职的与工作相关的因素以提高管理水平，或者安抚员工的情绪以维持正常的经营管理秩序。

2. 问卷法

问卷法是指以问卷的形式来收集离职员工的相关信息，目的是找到员工离职的真正原因，并在此基础上提高管理水平。

（二）离职分析

1. 离职分析的主要内容

离职分析主要包括离职员工工龄分析、年龄分析、学历分析、岗位类别和职级分析、离职原因分析、流向分析等内容。

2. 离职分析的意义

1）探索员工离职背后的根本原因

根据离职分析的结果，HR可以知晓员工离职背后的根本原因，及时采取相应的措施解决问题，降低日后员工的离职率。

2）改善选人留人工作

根据离职分析的结果，HR可以尝试描绘离职员工画像，对现有员工进行离职预测，还可以用来指导新员工的招聘工作、优化现有员工的留任政策。

三、现实问题

（一）往往事后救火

案例 15-2

选择正确的人员

万宝盛华成立于1948年2月，是全球领先的人才推荐和安置品牌，在人才招聘、培训、提供等方面享有盛名。能否留住你的员工，可能从他们加入公司的那一刻起就已经决定了。这是万宝盛华在其《中国的人才悖论》白皮书中提出的观点。

其人力资源总监曾指出："我们诚实地告诉前来面试的应聘者我们公司的类型、目标、对社会的长期贡献及在中国拓展业务的承诺。"在挑选员工时，万宝盛华开诚布公地面试，并评估应聘者的灵活性和适应性等，以寻找能够快速成长的候选人。

在万宝盛华来看，为了使离职率较低，招聘应遵循以下十个步骤。

（1）尽早制订招聘计划，包括应急计划、流程检查点、时间表和评估日期。

（2）为应聘者准备一份公司简介，包括职位所在的部门、公司背景、公司的现状和未来，以便应聘者加深对公司的了解。

（3）入职180天内，在内部就工作职责、职业发展机会、学习计划达成共识。

（4）列出候选人的资格要求，并将其分为必要的和可取的。将通过培训可以轻松获得的所有资格都列入其中，扩大候选人的范围。

（5）了解人才市场，并根据上述（2）至（4）步列出候选人要求。

（6）面试候选人。

（7）与候选人开诚布公地沟通公司的运作和候选人的职业生涯规划。

（8）加快招聘流程，尽快将结果反馈给候选人。

（9）根据以下评级标准选择候选人：态度、发展潜力及所需工作素质。

（10）对候选人进行背景和资格审查。这是最后一步，不容忽视。

（资料来源：笔者根据相关资料整理。）

许多公司往往在员工频繁离职时，才思考员工离职的问题，而不是像万宝盛华那样采取前馈控制，即在招聘过程中就采取适当的措施，以提高招聘效率、降低员工离职率。

HR 在招聘时，应该从源头把好关，采取有效的招聘措施，而不是在员工离职时才去事后救火。

（二）员工离职非一时问题

很多 HR 不重视日常管理，在员工离职时，才意识到管理问题的存在。事实上，员工的离职受很多因素的影响，而且这些因素一般是困扰员工较长时间的。因此，员工提出离职时，HR 要意识到，员工离职所反映出来的问题一般是组织长期以来所存在的问题，应该及时采取相应措施来解决。

（三）就离职论离职

很多 HR 不重视离职面谈，仅就离职论离职，不能充分发挥离职员工的剩余价值。

正如案例 15-1 中所展示的，如果刘备在徐庶离职时，没有进行离职面谈，徐庶也就不能充分发挥其剩余价值，为刘备举荐诸葛亮。可见，当员工离职时，我们不能仅就离职论离职，要注重离职面谈，挖掘员工离职的真正原因，让员工感受到企业的关怀，尽可能发挥离职员工的剩余价值。

（四）HR 自身离职

案例 15-3

为家人离职的高管

2018 年 8 月 30 日，据外媒报道，特斯拉证实，首席人力资源总监加布里埃尔·托莱达诺将离职。

特斯拉发言人在一份电子邮件声明中表示，加布里埃尔想要与家人团聚，公司支持这一决定，人力资源团队将分担其责任。加布里埃尔于 2017 年 5 月加入特斯拉，担任人力资源总监，任职约 15 个月。在过去的 18 年里，有多位特斯拉高管离职，其中包括工程高级副总裁道格·菲尔德、全球销售和服务总裁乔恩·麦克尼尔等人。特斯拉首席执行官马斯克在 2018 年 5 月表示，公司正在进行重组，以调整其管理结构，为公司的未来做准备。

（资料来源：笔者根据相关资料整理。）

某位 HR 的离职声明是这样的，"坚定做专业人的想法，当公司利益和个人利益最大化时，可以全心全意投入；当双方利益不一致时，你可以选择优雅地离开"。事实上，HR 自身也是离职大军中的一员。虽然 HR 在组织利益最大化方面做了充分的工作，但当其觉得自己在组织中的发展受限时，也可以像其他员工一样选择离开。

四、冲突管理理论

（一）冲突

冲突是由矛盾或对立导致的。通常存在三种不同的冲突观：第一种是传统的冲突观，认为冲突是消极的，会对组织产生负面影响，因此此观点强调管理者应尽量避免冲突、消除冲突；第二种是人际冲突观，认为冲突是在任何情况下都无法避免的自然现象，并不一定会对组织产生负面影响，或许可以成为推动组织发展的动力；第三种是冲突的互动观，强调管理者应该鼓励积极冲突，一定程度的积极冲突将使组织保持活力和创新。

认清冲突的性质是进行冲突管理的前提。因此，区分冲突是积极的还是消极的，不仅具有理论价值，还具有重要的实践意义。只有准确评估和真正把握冲突的本质，才能端正态度，采取措施，有效遏制消极冲突，利用积极冲突，达到调整矛盾，推进组织发展的目的。

（二）冲突管理

冲突管理是对各种冲突进行处理。达伦多夫是冲突论的代表人物。他认为，社会有两种面貌，一种是稳定、和谐和共识，另一种是变化、冲突和胁迫。社会学不仅需要和谐的社会模型，也需要冲突的社会模型。

产生冲突的主要原因具体如下：一是缺乏沟通，沟通不畅很容易导致双方产生误解，从而引发冲突，人们认为大多数冲突是由缺乏沟通造成的；二是因角色要求、决策目标、绩效标准、资源配置等不同而导致的立场和意见的差异；三是性格差异使有些人显得冷漠、难相处，从而导致冲突。

1．冲突管理的类型

冲突管理包括缓解冲突和激发冲突两类。缓解冲突的方法是仔细选择需要解决的冲突问题、评估冲突各方、分析冲突原因。在管理实践中，有效的缓解冲突的策略是回避、迁就、宽容、妥协、合作。另外，也可以在必要的时候激发一定水平的冲突。管理者激发冲突可以采用的策略主要有改变组织文化、引进外部人员、重新构建组织等。

2．冲突管理的方法

一般而言，冲突管理的方法主要有三种，即结构法、对抗法和促进法。结构法和对抗法通常假定存在冲突并需要解决冲突。结构法倾向于通过隔离部分来限制冲突的直接表现；相比之下，对抗法则试图通过将各部分聚集在一起来使冲突浮出水面；而促进法则是建立在没有充分冲突的基础上的，力图提升或增加冲突的等级或数量。

3．冲突管理的技巧

在管理实践中，冲突是普遍存在的。识别并解决冲突是冲突管理的重要环节。而冲突管理的基本前提是冲突双方重新建立信任关系，具体技巧如下。

第一，面对面交流。想要解决冲突，需要冲突双方进行直接交流。但是，在冲突发生的初始阶段，双方面对面交流的可能性比较小。这就需要寻找合适的时机、采取有效的方式，促进双方直接交流。

第二，监督对话。冲突双方在初始阶段很难真正沟通。如果没有外部力量的协助，双方极有可能在原来问题的基础上加深误解，所以中立的第三方对解决冲突会起到极大的促进作用。

第三，袒露感情。若冲突双方不能真诚地表达自己的感受，那么解决冲突的可能性就比较小。只有袒露感情，才有助于正视问题，解决冲突。

第四，正视过去。仅仅说出自身的感受是不够的，双方都必须向对方传达自己对冲突的看法。只有这样，双方才能充分了解产生冲突的原因，不再将另一方视为冲突中的唯一责任方。

第五，采取双方都可以接受的解决办法。排除障碍后，冲突双方要共同制定解决方案，尽可能兼顾彼此的利益。合作是解决冲突的关键，冲突解决方案要通过执行效果来检验。

案例 15-1 中，徐庶因个人原因要离开刘备去救自己的母亲。刘备了解到徐庶的孝心后，虽不舍但还是放徐庶离开。刘备在处理与徐庶之间的非工作性冲突时，采取了双方坦诚交流、折中处理的方法。这既体现了刘备作为管理者的气度，又充分发挥了"离职谈判"的作用。如果二者没有合理处理冲突，徐庶就不会向刘备引荐诸葛亮，那刘备的政治抱负恐怕也难以成就。

4．对高层管理团队的冲突管理

根据对高层管理人员的调查，他们平均有 20% 的时间花在处理冲突上；另一项调查显示，大多数成功的企业家认为，冲突管理在管理者决策力、领导力、沟通技巧等必备素质中排在首位。事实证明，冲突管理已经成为管理实践中不可忽视的重要内容。在不同类型的冲突中，对高层管理团队的冲突管理尤为重要，它将直接影响到企业的绩效。

对高层管理团队的冲突管理要保持一种应急状态。这需要正视高层管理团队内部冲突的客观存在，采取有效行动，防止冲突发展为情感冲突，减少冲突的负面影响，最大限度地发挥冲突的积极作用。HR 可以采用以下措施协助解决高层管理团队内部冲突。

（1）重视冲突管理预警机制。高层管理团队的内部冲突是普遍存在的，如果冲突严重且无法解决，则会导致公司出现危机。因此，HR 应该重视冲突管理预警机制，加强与高层管理团队的沟通、交流，及时了解其工作、生活动态。当发现高层管理团队内部存在冲突时，及时启动冲突管理预警机制。

（2）营造公开、协作的组织氛围。如果只有少数人参与决策，企业高层管理团队的价值就会消失。这就需要营造一种既能提高绩效，又能鼓励成员积极参与、坦诚交流、团结协作的氛围。开放的沟通可以让高层管理团队的成员都能真正参与决策，增加团队成员之间的共识。HR 可以通过定期组织高层管理团队成员进行互动，加强对企业重大问题的共识，营造公开、协作的组织氛围。

（3）确立目标导向机制。如果高层管理团队成员缺乏共同目标，很容易导致相互竞争，并做出消极的决策。因此，HR 可以协助高层管理团队统一目标，站在人力资源等视角来讨论企业的目标，明确提高企业绩效的途径。

案例 15-3 中，高层管理人员的频繁离职，证明特斯拉高层管理人员自身的职业生涯规划和公司出现了分歧，同时也会对公司绩效产生直接的影响。这就体现了对高层管理团队冲突管理的重要性。高层管理人员一般在事业上取得了一定的成就后，会更多地考虑家庭和事业的平衡，希望在其他领域进一步获得满足感。这就需要 HR 及时了解高层管理人员的工作、生活动态，及时启动冲突预警机制，营造公开、协作的组织氛围，正视高层管理团队内部冲突的客观存在，使冲突的负面影响尽可能减小，并最大限度地发挥其积极作用。

五、实务操作

（一）加强日常管理

HR 在日常管理过程中，要关心员工、增加组织凝聚力，其可以采取以下措施来加强日常管理，留住员工。

1．增强员工的组织认同感

要想让员工认可组织的目标和愿景，先要让员工清楚组织的目标和愿景，包括员工如何适应组织的目标和愿景、如何做出贡献，以及他们当前和未来的角色等。让员工参与公司的发展有助于建立信任，增强其组织认同感。

2．提高员工的工作满意度

合理的工作设计能够在激励员工的同时实现组织目标。以下策略有助于优化工作设计：工作岗位轮换，即促进工作多样性，让员工有机会体验组织内的不同角色；工作简化，即简化复杂的任务，提高工作效率；工作扩大化，即扩大职责范围，增加发展、升职机会；工作充实化，即加大培训投入力度，提高凝聚力。

当 HR 采用上述某些策略时，工作可能会变得更加鼓舞人心、更有意义，从而增强员工的责任感，使员工能更好地完成工作。

3．增强组织的包容性

渴望归属感是人的天性，每个人都希望得到尊重。一个组织越大，就越有可能存在各种圈子。当个体感到被排斥在外时，就会成为圈外人。根据麦肯锡的一项调查，39%的受访者会因为认为组织缺乏包容性的环境，而拒绝工作机会。

没有归属感，员工就不太可能具有较强的角色敬业度、角色满意度和组织认同感。相反，当员工感到被包容、受到尊重时，他们更有可能在工作中取得成功并认同组织。

增强组织包容性的方法主要如下：进行员工调查并根据调查结果采取行动；重新考虑招聘和薪酬制度；重新评估员工相关工作制度；使入职流程具有包容性；评估现有做法对员工的影响。

4．展现出对员工福利的关注

一个组织是否真正关心其员工的福利是显而易见的。员工福利不仅包括工作条件和安全问题，还包括员工的幸福感。

调查是一个很好的方法。通过调查，HR 可以直接从员工那里收集反馈信息，了解他们对改善员工福利的看法，可以采取措施解决反复出现的问题，如为员工创建休息室、设立自助餐厅、提供有补贴的健康食品或联系当地企业以安排特定服务和产品的折扣，在必要时帮助员工减少工作量或简化流程。当组织真正关心员工的福利时，员工才会感到被关心，工作满意度才会提高。

5．努力实现薪酬体系的公平与公正

某项调查显示，1/4 的受访者表示，他们离职的主要原因是薪酬。当员工觉得他们得到了公平的薪酬时，他们可能会在工作中更快乐，整个团队的士气也会更高。如果员工认为

薪酬不公平，可能会导致积极性降低、缺勤率提高。

HR 需要考虑如何与员工就薪酬进行有效沟通。HR 可以通过评估公司当前的薪酬体系，探索员工的感受，并根据调查结果努力改进，以高效、透明的方式向员工传达薪酬体系的公平与公正。

6. 关注员工职业发展

工作设计策略是促进员工职业发展的一种方法，还有很多方法可以增强员工的能力，从而提高员工的工作满意度，增强员工的认同感。具体方法如下：为员工提供内部升职机会、适当的培训和职业发展机会，帮助员工进入职业生涯的下一阶段；持续提供技能培训机会，使员工在工作中更有信心，提高员工的工作效率；定期提供给员工建设性的反馈，突出需要改进的地方，并表彰他们的成就；为员工创造在理想时间范围内设定和实现个人目标的机会，并确保它们具有挑战性和回报。

（二）离职迹象处理

在当下人才竞争越来越激烈的背景下，留住人才是 HR 重要的工作职责。实际上，员工离开公司前的 1～3 个月，一般会表现出不同以往的言语或行为，如果仔细观察，就可以及早发现，并提前采取措施。

（1）工作热情和主动性突然丧失。一个一直主动的人突然变得被动，这是一个非常危险的信号。

（2）对公司的态度突然改变。以前对公司满腹牢骚，突然变得守口如瓶，不再参与别人对公司的讨论。如果员工对公司有抱怨或意见，那么他们暂时不会离开公司，因为他们对公司还有希望，希望公司改进。但是一旦决定离开，就代表他们对公司改进失去了希望，表现得无所谓。

（3）有所保留。表现得比以往更加矜持，开会不发言、不参与讨论、不主动请示、不再承担新的项目、也不会开始长期的工作项目。

（4）工作纪律松懈。不是每个人都会这样做，但可能会在基层员工身上看到。一个一向注重工作纪律的人突然出现了一些小毛病，如迟到、早退、上班聊天、上网。这是因为他打算离职了，他在这家公司的表现就没有那么重要了。然而，专业工作者通常都能顺利开始和结束，这主要是因为他们具有专业精神。另外，离职员工在下一家公司可能会遇到背景调查，这在一定程度上会影响他们从下一家公司获得工作的概率。

（5）休假时间较长，申请一周或两周以上的假期。如果一个职位能够空缺这么久，领导就会怀疑公司是否需要这个职位。但对于那些将要离开的人来说，一方面，他们可能会利用假期换工作，如准备和参加工作面试等。另一方面，他们担心自己离开公司后，自己的带薪休假可能得不到，公司不会补偿他们，因此延长休假。

（6）经常离开办公室接听和打电话。通常，其他公司的 HR 或猎头是通过电话联系员工的。当出现这样的电话时，该员工会神神秘秘地迅速离开办公室，去一个偏远的地方接听电话。电话内容通常是安排面试、公司参观等事宜。

（7）准备退出。有职业道德的人，为了减少离职给现在公司带来的负面影响，会辅导下属，把工作交给称职的下属，从各种问题和项目中抽离出来，让自己高枕无忧，否则现在的公司可能会以项目未完成为由，延迟其离职。如果不做好交接就离职，会给现在的公司造成损失，也会损害自己在行业内的声誉。

作为 HR，如果发现员工有以上表现，一定要及时沟通，了解情况，争取留住人才，做到防患于未然，具体做法如下。

1．重点留住核心员工

对 HR 的建议是，要在短期之内重点留住核心员工。一般来说，企业处理员工离职的做法，就是通过实行大规模的干预措施，增强整个部门或所有员工的认同感，提高其工作满意度。这些策略虽然可能有效，但设计与实施需要时间。与其从企业或部门的角度思考，不如从特定员工离职风险的角度来思考，把时间和资源投入到那些为企业创造最大价值，却很有可能离职的核心员工身上。

2．留职面谈

HR 可以使用很多方法投资在打算离职的员工身上：加薪、升职、给特殊项目等。还有一种方法就是使用所谓的留职面谈。与其到最后进行离职面谈了解员工离职的原因，不如和员工定期进行面对面会议，了解哪些因素能使他们继续为企业提供服务，同时明确企业要进行哪些改变，避免他们离职。

3．学会"谈恋爱"

"相识"，在新员工入职的时候，就给他留下良好的第一印象；"相知"，用与众不同的特点吸引对方；"相爱"，建立相互促进的雇用关系，这也是企业最该付出的阶段；"相守"，激励手段很重要。

4．不断做总结

HR 应该针对员工的不断离职进行总结。首先，分析离职原因是总结过程中不可缺少的一环。对于往期员工离职率较高的部门，分析员工离职的原因，弄清楚是"钱少了"还是"心屈了"。其次，HR 应该不断完善应对措施，汇总整理离职原因，给领导提供报告，提出改进建议。最后，HR 应该多向标杆企业学习，多与其他企业的 HR 交流，补足自己企业的劣势。

另外，值得一提的是，员工在离职的时候往往会带走一些客户或一些专有产品信息。我们知道，一个人的快速离职可能会使企业的运营受到冲击，从而对企业造成长远损害。因此，在这些员工还没突然离职之前，要先制订接班人计划，避免他们的离职给企业带来损失。

（三）离职面谈

通过离职面谈，HR 可以了解员工的离职原因，并不断改善管理现状。

对于离职面谈，HR 应该选择一个舒适方便的地方。面谈前，应准备好员工的相关信息，如员工的个人基本信息、绩效评价、接受的培训和经历的重要事件等。这样员工会感受到被重视，心怀不满的员工可能会改变他们对企业的负面看法。

在谈话过程中，双方处于平等的关系。HR 要站在对方的角度考虑问题。在谈话中倾听是非常重要的。面谈时，HR 要提出重点问题，然后听取对方的意见，回答并观察对方的表情，最重要的是把面谈的重点记录下来，为后面的分析和整理提供经验。

（四）HR 自身素质的提升与离职问题

1. HR 自身素质的提升

随着教育水平的不断提高，招聘的员工的学历和素质也在不断提升，HR 要及时提升自身的素质水平、完善自己的知识结构，包括心理、法律、沟通等方面，既要重视日常管理经验的积累，又要重视不同领域的理论的学习和更新，将理论应用于管理实践中，更好地推进组织的人力资源管理工作。

2. HR 要学会正视自身的离职问题

很多 HR 都说：自己要辞职，还要说服别人做好。但实际上，"我想辞职"和"说服别人做好"并不矛盾。想辞职是个人需要，说服别人做好是工作需要。和 HR 给自己开离职证明一样，一方面是个人需要，另一方面是工作需要。

心不在公司了，但还要为公司创造价值。这是 HR 离职前的哀叹。当不能调整或适应环境时，明智的做法就是离开，而不是留下来进行痛苦的哲学思考。

六、思考题

1. 在离职面谈时，HR 如何更好地挖掘员工离职的真正原因？
2. 如何根据离职员工反映出来的问题，改进企业员工关系管理？
3. 在日常管理中，HR 如何提高自身的学习、沟通协调能力？

第十六章　组织视角的离职管理

本 章 目 标

1. 引导读者了解组织视角的离职管理的主要内容。
2. 帮助读者了解平台理论的相关内容。
3. 帮助组织了解离职管理的现实问题和相关实务操作。

本 章 要 点

1. 通过案例，帮助组织认识到核心员工留任的重要性、了解互联网背景下多元化用工所带来的机遇与挑战。
2. 带领读者学习平台理论，包括平台理论的四大特征，并引导读者将平台理论运用到现实问题的思考与分析过程中。
3. 带领读者了解组织层面离职管理的实务操作，包括从招聘入手降低离职率、优化绩效管理、合理管理离职员工、与外部建立好关系等。

> "员工辞职的原因林林总总，只有两种最真实：钱没给到位、心受委屈了。归根到底就一条：干得不爽。"——马云（1964.9.10—）

一、引导案例

案例 16-1

组织成功挽留核心人才

张扬和王斌都来自山东。上班第一天，张扬到工程处报到时遇见了王斌，两人十分投缘。通过交谈，王斌很欣赏这个性情直爽、为人耿直的老乡，他隐约在张扬身上看到了年轻时的自己。航天城二期刚开始，后面将有很多工程陆续启动，公司要求把安全和质量放在第一位。王斌不担心质量问题，但安全问题他打算自己来抓。

"我想设置一个安全助理的岗位，协助我负责航天城所有项目的安全工作。我发现你比较适合这个岗位，性格直，敢说话，做安全管理就要不怕得罪人，而且你是学工业与民用建筑的，干这个肯定没问题，你愿意干吗？"

当王斌提出这个要求的时候，张扬先是愣了一下，他以前听说过，干施工，安全管理责任大。想到这里张扬有点退缩，但是通过交谈，他也觉得自己和王斌脾气相投，看到领导殷切的眼神，就痛快地答应了做王斌的安全助理。

工作后，张扬非常热情、积极，经常主动向王斌请教一些项目上的问题，王斌也不厌其烦地为他解答，并且经常挤出时间带他在各项目上巡视，指导他的工作。通过王斌的指导，张扬成长很快，两人的关系也越来越密切。除了工作，王斌在学习和生活方面像亲人一样关心张扬，两人既是上下级关系，又是师徒关系，有时候还有点像兄弟。

几年下来，张扬不断成长，能力越来越强，也渐渐收到了来自其他公司的工作邀请，这些公司给出的薪酬和待遇都很高，然而张扬总记着王斌的恩情，就一直没有离开。在一次次拒绝其他公司的邀请后，张扬的妻子与他发生了矛盾。几次争吵下来，张扬十分心烦，终于在一次争吵后跟王斌聊起了这件事。听了张扬的诉苦，王斌的眉头紧皱。他也明白了张扬现在的处境。

第二天一早，王斌就来到人力资源部门，为张扬申请涨薪。经过几次讨论和汇报，张扬的待遇得到了提高，虽然涨幅并不大，但也表示出对张扬工作的肯定，暂时安抚住了张扬的情绪。从那以后，张扬仍旧勤勤恳恳地干活。

（资料来源：笔者根据调研资料整理。）

🖊 **带着问题学习：**

1. 组织应该如何挽留住核心人才？
2. 如何从源头把关，从招聘入手降低员工的离职率？
3. 在多元化用工的背景下，应该怎么降低员工的离职率？

二、内涵特征

（一）离职率

离职率是企业用来衡量内部人力资源流动情况的重要指标。

离职率过高一般表示企业员工情绪波动较大，劳资矛盾比较突出，企业凝聚力低，会导致人力资源成本增加，组织效能下降。但这并不意味着员工离职率越低越好，在市场竞争中一定的员工流动性可以使企业利用优胜劣汰的人才竞争机制，保持活力和创新意识。

在计算离职率时，分母一般为当月累计在职员工数，所谓当月累计在职员工数是指当月员工总数，即月初员工数加上当月新增员工数，减去当月离职员工数。若分子为当月离职员工数，则

$$离职率=当月离职员工数/当月累计在职员工数×100\%$$

这样得到的离职率会更加科学。使用这样的方法，一方面可以让人更容易理解离职率的含义；另一方面，每当有员工离职时，都可以反映在离职率上。

（二）离职成本

离职成本是指企业在员工离职时支付给员工的遣散费、一定时期的生活费、离职交通费等费用，以及停工损失等，具体如下。

（1）离职补偿成本，是指企业辞退员工时，员工从企业所获得的补偿金，包括应该付给员工的工资、一次性付给员工的离职金、必要的离职人员安置费用等。

（2）离职前低效成本，是指由于员工即将离开组织，可能会存在工作效率较低的情况，这会给企业带来一定的损失。

（3）空职成本，是指员工离职后，可能会存在职位没有找到合适的候选人，暂时空缺的情况。职位空缺可能会影响工作进度，从而给企业带来一定程度的损失。

（三）劳动合同

1. 劳动合同的解除

劳动合同的解除是指用人单位与员工在劳动合同到期前，就终止其法律效力，解除双方的权利和义务。它主要包括以下三种类型。

1）双方协商解除劳动合同

用人单位与劳动者协商一致，可以解除劳动合同。

2）劳动者单方解除劳动合同

如果符合法律规定的条件，劳动者有权单方解除劳动合同，无须双方协商一致，也无须征得用人单位的同意。具体又可以分为预告解除和即时解除。预告解除是指劳动者履行预告程序后单方解除劳动合同；即时解除是指属于法律规定的劳动者可以解除劳动合同的情形之一的，劳动者可以单方解除劳动合同。

3）用人单位单方解除劳动合同

在符合法律规定的条件时，用人单位享有单方解除权，无须双方协商一致，主要包括过错性辞退、非过错性辞退、经济性裁员三种情形。

过错性辞退是指在劳动者有过错性情形时，用人单位有权单方解除劳动合同。

非过错性辞退是指劳动者本人无过错，但由于主客观原因致使劳动合同无法履行，用人单位在符合法律规定的情形下，履行法律规定的程序后有权单方解除劳动合同。

经济性裁员是指用人单位为降低劳动成本、改善经营管理，因经济或技术等原因一次裁减 20 人及以上或者不足 20 人，但占企业职工总数 10% 以上的劳动者。

2．劳动合同的终止

根据法律规定，劳动合同终止，即劳动合同所建立的劳动关系因某些法律事实的出现而终止，劳动者与用人单位之间原有的权利和义务关系终止。《中华人民共和国劳动法》对劳动合同的终止规定了以下两种情形。

一是劳动合同期满，劳动合同终止，特别是固定期限劳动合同和完成一定工作任务的劳动合同。

二是出现当事人约定的解除合同条件，劳动合同也随之终止。这种情况不仅适用于固定期限劳动合同，也适用于无固定期限劳动合同，这种终止是劳动合同的终止。劳动者正在治疗、怀孕、分娩、哺乳期间的，劳动合同期限自动顺延至治疗、怀孕、分娩、哺乳期满。

劳动合同终止，代表着劳动合同当事人约定的权利和义务的终止，此时用人单位应当依法办理解除劳动合同的相应手续。

三、现实问题

（一）核心员工的留任

一般来说，企业的核心员工是指那些掌握专业技术、掌控企业核心业务、掌控关键资源、对企业生存发展具有深远影响的员工。他们需要经过长期的教育和培训，具有较高的专业技能和能力，或者具有丰富的领域经验和出色的管理能力。

当员工拥有丰富的经验和出色的能力时，会受到管理者的重视和其他员工的敬佩。这可能会使员工变得过度自信或傲慢，使他们更关注自己的利益，而不是企业的利益。

企业在发展过程中，不可避免地会面临员工离职的问题。研究显示，目前我国制造业员工的离职率最高。随着互联网技术的发展，互联网技术和"互联网+"为企业管理者提供了新的管理思路。

由于核心员工掌握着企业的核心技术，其离职会造成一系列严重的后果。从短期来看，核心员工离职将导致企业重点项目无法顺利运行，增加项目成本。对于其他员工来说，核心员工的离职会增加他们对未来的不确定性，加大他们的工作量和心理压力。从长期来看，核心员工的离职可能会增加企业核心技术被泄露的概率，在一定程度上降低企业的核心竞争力。

因此，企业要为核心员工提供情感支持，通过满足核心员工高层次的需求来提高其忠诚度，必须正确看待员工的离职问题，利用互联网背景，将核心员工离职的负面影响降到最低。

（二）多元化用工

人工智能背景下，兼职、合同工、退休再就业等新型用工形式应运而生。

在企业多元化用工过程中，虽然多元化用工机制的运行在一定程度上对企业的用工现状进行了灵活调整，但多元制度并存、相互交织的管理模式也给企业带来了更大的挑战。

多元化用工为企业带来了新鲜血液，降低了用工成本，保障了人才供给，提高了企业人才的整体素质，但也为企业增加了用工风险。

为尽可能规避多样化用工的风险，首先要规划应规避的主要风险种类，规范不同用工形式。在此基础上，企业管理人员还应具备执法、知法的能力，按照相关法律制度对企业用工进行管理，确保企业的用工风险降到最低。

企业多元化用工由于存在以下问题，可能会影响员工的离职。

1. 同工不同酬

多元化用工形式下，很多非正式员工与正式员工的收入之间存在不容忽视的差距，尤其是企业高层管理岗位和职能部门管理岗位，任务相似，但工资和福利差距较大。这种现象严重影响了员工的积极性和主动性，无法使他们在工作中发挥自己的工作潜力。同工不同酬将难以满足员工在公平等方面的需求，从而影响员工对企业的忠诚度。

2. 职业发展障碍

采用多元化用工的多为临时性、替代性、辅助性工作，技术含量较低、工作强度大、工作环境复杂。由于客观因素的影响，这部分员工成为正式员工的机会很小。相关人员即使能够满足当前管理岗位的要求，也无法促进自身职业的发展，从而在一定程度上提高了员工离职率。

3. 企业人员流动性大、稳定性差

多元化用工形式下，企业人员流动性大、稳定性差的特点更大程度地显现了出来。在企业发展过程中，如果员工收入多年没有增长，将难以满足员工的收入需求，则会加剧企业人员流动，员工队伍的稳定性会越来越差。

在大部分采用多元化用工形式的企业，即使部分员工以员工代表的身份参加了企业召开的员工代表大会，但由于多元化用工涉及范围较广，在这样的情况下，那些不能参加员工代表大会的人，将会对企业缺乏归属感，最终导致企业人员流动性大、稳定性差。

4．企业文化建设和传承受阻

针对企业文化建设和传承问题，单一的用工形式可以进一步拓展现阶段企业的多种文化内涵，但当采用多元化用工形式时，人员及相应的用人制度相对烦琐，企业文化建设和传承存在较大障碍。当多名员工对企业文化的理解有较大偏差时，就很容易导致员工离开企业。

四、平台理论

在人工智能背景下，我国商业创新不断，平台应运而生，许多企业都提出了自己的平台战略。

平台具有强大的功能特性。平台可以创造市场，吸引相关主体进入市场，促进各类市场主体互动，为市场带来繁荣。平台可以是真实的也可以是虚拟的，可以是简单的也可以是复杂的。

通常来说，平台具有开放、互动、共赢、生态四大特征。

开放是平台的天然特征。只有通过开放，才能让更多的主体参与进来，找到更多的合作伙伴，建立广泛且紧密的伙伴关系。当然，这种开放要求平台有合理的准入和退出规则及机制，以保证参与主体的质量。平台的开放性将逐渐消解商家与商家、商家与用户之间的界限。

互动是平台的活力源泉。平台上不同参与主体之间的互动关系呈现出双向性、网络性和辐射性特征。正是因为这种互动关系的复杂性，平台才能进一步强化商业活力，创造更大的市场和商业价值。此外，平台参与主体就像平台的神经细胞，与外部环境相连，形成平台与外部环境的大范围互动。以小米模式为例，小米模式的一大亮点在于，它改变了手机厂商与用户之间传统的互动关系，引入了粉丝文化，将用户聚集在一起，与他们进行大量的沟通和互动，将运营模式转变为"用户需要什么，我们设计什么"，分析用户需求并进行针对性开发，从而占领市场。

共赢是平台的运营前提。只有各参与主体能够满足他们的需求并从平台中获得收益，平台才能保持稳定。同时，共赢也是平台运作的结果。平台构建了一个多边市场，各参与主体在市场中进行交易，创造价值，促进平台的繁荣，并分享平台繁荣带来的好处。

生态是平台的生存规则。平台是一个商圈，或者说，平台旨在打造一个生态系统。各参与主体在生态中处于不同的位置，按照平台相应的规则和机制进行交互及交易。平台通过优胜劣汰和自我净化等规则来提高参与主体的素质。同时，平台在成长过程中不断适应和进化，持续保持生态的稳定和进步。

管理者在维持组织基本稳定的情况下，可以在员工内部提倡适度的良性竞争，既合理考核现有员工，又开放平台欢迎各类人才。这可以使员工在工作中不断学习、提升能力，保持较高的工作活力。当员工有适度的工作压力时，个体绩效也会不断提升，从而促进组织的发展。

五、实务操作

（一）从招聘入手降低离职率

1．从有效招聘把关

组织可以通过加强对招聘工作的考核来降低员工的离职率。考核招聘工作可以从过程和结果两个方面入手。其中，考核招聘过程的指标包括招聘及时率、日常招聘流程的执行差错率、招聘满意度等；考核招聘结果的指标包括招聘计划达成率、员工留存率等。组织可以根据以往的招聘经验和此次招聘的预期，给予两类指标不同的权重，以此为基础评估招聘效果，从源头把关，降低离职率。

2．提升管理者的带队能力

作为一名管理者，应该学会"出主意、用干部""抓头头、抓方针"。所谓"用干部"就是"抓头头"，是指管理者要学会用人，懂得放权，最大限度地发挥下属的潜力；"出主意"就是"抓方针"，是指管理者要熟悉组织的战略，并以此为依据，确定组织经营管理的目标与方向。

在组织中，管理者大致可以分为新晋管理者和资深管理者两类。其中，新晋管理者是指刚刚进入组织管理层，缺乏一定管理经验的管理者；而资深管理者是指在管理员工、培育骨干、带领队伍等方面有丰富的经验，有自己独特的管理风格，并能够通过个人魅力感染员工的管理者。

对于新晋管理者，组织可以通过有针对性的培训来提升其带队能力；对于资深管理者，组织应该深入了解他们的工作动向和工作需求，及时为其所带领的队伍输送所需的人才，助力团队绩效的提升。

（二）优化绩效管理

有效的绩效管理有助于员工清楚地认识到组织对他们的工作要求，帮助员工明确自身的职业发展通道，提高员工的工作满意度，同时还能确保员工了解自身业务对于组织发展的贡献度。当员工认识到自身业务的重要性时，他们就有了向着组织的发展目标和方向前进的动力，有助于进一步提高组织绩效。因此，有效的绩效管理有助于提高员工的忠诚度和留任率，有助于削减招聘成本，提高招聘的有效性。

组织可以通过以下方法优化绩效管理。

1. 重视绩效辅导

绩效管理不能仅关注员工的绩效水平，还应该采取全面系统的方法，重视绩效辅导。绩效辅导可以通过绩效面谈、绩效会议等形式定期展开。上级主管可以根据员工的月度、季度或年度的绩效表现给予员工相应的工作指导，以改善员工的工作表现，促进其职业发展。

2. 为员工提供积极的强化

积极的强化是指给予员工正向的反馈，提高员工的自信心和积极性。当员工的建议、需求得到重视和满足的时候，他们就会感受到来自组织的认可与尊重，这有助于员工进一步为组织绩效的提升建言献策，从而形成良性互动。

3. 优化绩效考核指标

组织可以根据组织规模、业务类型来选择合适的员工绩效考核方法。但是，无论组织选择哪种绩效考核方法，都要确保所选择的绩效考核指标的相关性、有效性。同时，要根据内外部环境的变化，及时优化绩效考核指标，确保其时效性。

4. 提供学习和发展的机会

促进员工的职业发展是绩效管理的重要内容之一。组织要想留住优秀的员工，就要为其提供充足的学习和发展机会。更重要的是，要确保员工在学习和发展过程中能够进一步发掘自己潜力，推进组织绩效的提升和自身职业的发展。

5. 提供有效的绩效反馈

有效的绩效反馈有助于员工了解他们取得的工作成果和需要改进的工作内容。绩效反馈一般由员工和管理者共同进行，他们回顾、讨论绩效考核的结果，让员工对绩效奖励、绩效惩罚等有更深入的认识与理解。因此，有效的绩效反馈对绩效管理来说至关重要。

（三）合理管理离职员工

"你的心胸有多大，你的世界就有多大"，这是对离职员工关系管理的最好诠释。有些员工虽然已经离开组织，但如果对其进行合理管理，这些离职员工对组织来说也是一笔宝贵的资源。这也是离职管理需要重点关注的话题。

1. "校友"管理

近年来，越来越多的组织中出现了一个"旧雇员关系主管"的职位，主要负责与离职员工保持联系。这些离职员工在一定程度上可以为组织传递相关的市场信息，提供相应的合作机会，同时也可以结合新职位的实际工作体验，为组织反馈相应的职业信息，推动组织打造更互动的平台。

2.“回头客”管理

根据美国《财富》杂志的一篇报道，员工离职后，组织找到新员工担任该职位所需要的替代成本，大约是离职员工薪酬的 1.5 倍。当离职员工是管理人员时，则替换成本更高。随着多元化用工形式的推广，越来越多的组织对离职员工的管理不断完善，以更开放的平台欢迎离职员工再次入职。

（四）与外部建立好关系

组织除了要处理好组织内部的关系，还要处理好与相关机关单位、媒体等组织外部的关系。当组织与当地劳动监察部门、法院、学校等具有良好的外部关系时，其可以更妥善地处理劳动纠纷，获得更多招聘机会。当组织与媒体的关系较好时，媒体可以帮助组织树立良好的形象，增强组织的声誉；当组织遇到危机需要公关时，可以借助媒体的力量顺利渡过难关。

六、思考题

1. 组织应该采取什么措施留住核心员工？
2. 组织应该如何运用平台理论进行员工的离职管理？
3. 组织应如何进一步发掘离职员工的价值？

后记

开卷有益。人的本质是一切社会关系的总和，没有人可以长时间生活在没有观众的地方。无论您是在读学生还是职场精英，无论您是出于个人兴趣还是工作需要，无论您是实务从业者还是理论工作者，《员工关系管理（新编版）》将为您提供一面难得的镜子，帮您大道至简，看清复杂且正处于变迁中的员工-组织关系。您在阅读时，既可以从导论入手、逐章展开，又可以挑选自己当下最关注的角度和任意章节，找到最需要和最喜欢的内容。书中的很多故事都非常耐人寻味。

关系即关键时刻的联系。2007年以来，笔者每年承担工商管理专业硕士、工商管理学术型硕士及相关企业"员工关系管理"课程多次，本书是笔者在多年教学科研积累的基础上，历经2012年第1版（获批为国家级规划教材）、2017年第2版不断精进的新编版。在笔者看来，所谓关系，即关键时刻的联系。因而，本书着眼于求职、入职、任职、升职到离职各关键时刻，系统阐述了员工关系管理的内涵特征、现实问题、理论思考及相应的行动策略，尝试解决读者的关键之需。

众人拾柴火焰高。本书是刘平青、刘子森两位主编，刘园园、张帆、刘东旭、崔遵康四位副主编，以及周文倩、张月月、季小童、王倩倩、武文婧、杨易凡、霍春阳等共同努力、精诚合作的结果。具体章节分工如下：整体框架设计和统稿由刘平青、刘子森负责，导论由刘平青、刘东旭负责，求职篇由刘平青、季小童、周文倩、王倩倩负责，入职篇由刘平青、周文倩负责，任职篇由刘平青、张帆、崔遵康负责，升职篇由刘平青、刘园园、刘子森负责，离职篇由刘平青、张月月、刘子森负责，统稿过程中，张帆、武文婧、杨易凡、霍春阳参与了诸多细致工作，最后由武文婧汇总提交。

高人指点，贵人相助。感谢历次课程的学员们、长期合作企业的朋友们、中国人力资源开发研究会劳动关系分会的同行专家们、全国的读者及众多大学和机构的使用教师们、本书的全体参与者们、北京理工大学管理与经济学院的领导和同事们、电子工业出版社及前两版机械工业出版社的领导和编辑们，尤其是电子工业出版社的王二华、张天运两位老师的辛勤付出，本书才得以顺利出版。

刘平青敬上

2024年5月8日

参考文献

[1] 彼得·F.德鲁克. 管理的实践[M]. 齐若兰,译. 北京:机械工业出版社,2013.

[2] 卞元超,吴利华,白俊红. 增长,创新与升职——来自中国省级地方政府的经验证据[J]. 科研管理,2019,40(8):53-61.

[3] 布伦特·格里森. 逆境思维[M]. 郑汉,译. 北京:中国科学技术出版社,2022.

[4] 曾仕强. 人际的奥秘[M]. 北京:北京联合出版公司,2015.

[5] 常凯,郑小静. 雇佣关系还是合作关系?——互联网经济中用工关系性质辨析[J]. 中国人民大学学报,2019,33(2):78-88.

[6] 常凯. 劳动关系·劳动者·劳权当代中国的劳动问题[M]. 北京:中国劳动出版社,1995.

[7] 常凯. 劳权论:当代中国劳动关系的法律调整研究[M]. 北京:中国劳动社会保障出版社,2004.

[8] 陈冬华,范从来,沈永建. 高管与员工:激励有效性之比较与互动[J]. 管理世界,2015(5):160-171.

[9] 陈洪权,陈舒文. 人力资源部被"炸掉"之后——基于HRBP战略本土化转型思考[J]. 中国人力资源开发,2015(20):16-21.

[10] 陈洋,刘平青. "瓷饭碗"员工信息搜寻行为与组织社会化:有调节的中介模型[J]. 预测,2019,38(2):31-37.

[11] 程延园,王甫希. 员工关系管理[M]. 北京:高等教育出版社,2018.

[12] 程延园,王甫希. 劳动关系[M]. 北京:中国人民大学出版社,2021.

[13] 程延园. 劳动法与劳动争议处理[M]. 北京:中国人民大学出版社,2013.

[14] 马克思,恩格斯. 马克思恩格斯全集(第6卷)[M]. 北京:人民出版社,2016.

[15] 冯喜良,张建国,詹婧,等. 灵活用工:人才为我所有到为我所用[M]. 北京:中国人民大学出版社,2018.

[16] 冯喜良. 中国劳动研究(第1辑)[M]. 北京:中国工人出版社,2021.

[17] 冯喜良. 劳动教育通论[M]. 北京:中国人民大学出版社,2022.

[18] 傅德印. 中国劳动关系研究[M]. 北京：经济科学出版社，2022.

[19] 关翩翩，李敏. 生涯建构理论：内涵、框架与应用[J]. 心理科学进展，2015.

[20] 哈里斯. 沟通分析的理论与实务——改善我们的人际关系[M]. 林丹华，周司丽，译. 北京：中国轻工业出版社，2013.

[21] 蒋巍巍. 向上管理[M]. 北京：人民邮电出版社，2015.

[22] 金盛华. 社会心理学[M]. 北京：高等教育出版社，2020.

[23] 康华，吴祖光. 升职激励对我国上市公司研发投入的影响研究[J]. 科研管理，2020，41（5）：172-181.

[24] 莱夫顿，巴泽塔. 领导沟通力[M]. 马燕，译. 北京：华夏出版社，2005.

[25] 雷静. 新员工入职培训不能走"捷径"[J]. 企业管理，2016（12）：54-56.

[26] 李超平，王佳燕. 组织社会化研究的动态与进展——基于 WOS 核心合集的可视化分析[J]. 河南师范大学学报（哲学社会科学版），2021，48（6）：108-115.

[27] 李敏. 雇佣双赢：私营企业雇佣冲突管理[M]. 北京：经济科学出版社，2003.

[28] 李敏. 企业内部控制规范[M]. 上海：上海财经大学出版社，2021.

[29] 李敏. 小企业内部控制：自主管控的路径与方法[M]. 上海：上海财经大学出版社，2021.

[30] 梁漱溟. 中国文化要义[M]. 上海：上海人民出版社，2005.

[31] 凌文辁，欧明臣. 企业员工自我职业生涯管理与组织职业生涯管理初探[J]. 广州大学学报（社会科学版），2010，9（4）：38-45.

[32] 刘平青. 升职沟通巧技能[M]. 北京：电子工业出版社，2017.

[33] 刘平青. 管理沟通[M]. 北京：电子工业出版社，2016.

[34] 刘平青. 领导力开发：理论、方法与案例[M]. 北京：清华大学出版社，2014.

[35] 刘平青. 员工关系管理[M]. 2 版. 北京：机械工业出版社，2016.

[36] 刘平青. 职场 360 度：职场中层的自我管理[M]. 北京：中国发展出版社，2011.

[37] 刘小平. 员工组织承诺的形成过程：内部机制和外部影响——基于社会交换理论的实证研究[J]. 管理世界，2011（11）：92-104.

[38] 龙立荣，方俐洛，凌文辁. 组织职业生涯管理与员工心理与行为的关系[J]. 心理学报，2002（1）：97-105.

[39] 马克思. 1844 年经济学哲学手稿[M]. 北京：人民出版社，2018.

[40] 孟雨晨，杨旭华，仇勇. 从"外在约束"到"内在激发"：精神型领导对员工建言行为的影响机制研究[J]. 中国人力资源开发，2018，35（3）：6-17.

[41] 缪毅，胡奕明. 产权性质、薪酬差距与升职激励[J]. 南开管理评论，2014，17（4）：4-12.

[42] 时宝金. 90 后新生代员工激励机制的构建——基于心理契约视角[J]. 中国人力资源开发，2012（12）：33-36.

[43] 宋云海．中国皇权文化[M]．上海：上海三联书店，2014．

[44] 孙立平．"关系"、社会关系与社会结构[J]．社会学研究，1996（5）．

[45] 谭春平，景颖，安世民．全面薪酬研究述评与展望：要素演变、理论基础与研究视角[J]．外国经济与管理，2019，41（5）：101-113．

[46] 田效勋，柯学民，张登印．过去预测未来：行为面试法[M]．北京：中国轻工业出版社，2018．

[47] 田永坡，王琦．数字经济时代网络招聘政策与搜寻渠道选择[J]．北京工商大学学报（社会科学版），2022，37（2）：1-12．

[48] 王庆娟，朱征，张金成，等．升职公平概念及效用机制的探索——一项质性研究[J]．南开管理评论，2021：21．

[49] 王震．人力资源管理三支柱模型：理念与实践[J]．中国人力资源开发，2015（18）：3．

[50] 威尔·鲍温．不抱怨的世界：关系决定命运[M]．裴卫芳，刑爽，译．西安：陕西师范大学出版社，2010．

[51] 肖冰．高管养成记——通往"捷径"的自传[M]．南京：江苏人民出版社，2017．

[52] 肖雪萍．成长，长成自己[M]．北京：九州出版社，2014．

[53] 徐淑英，刘忠明．中国企业管理的前沿研究[M]．北京大学光华管理学院组织管理系2001级硕士研究生，译．北京：北京大学出版社，2004．

[54] 许爽，杨征，刘平青，等．真心换真新：真实型领导风格对新员工创新行为的激发机制研究[J]．科技进步与对策，2022，39（19）：132-140．

[55] 薛琴，宋成一．基于胜任力模型的BEI面试选拔新技术[J]．科学学与科学技术管理，2008（2）：189-194．

[56] 岩田松雄．管理你的老板[M]．张琦，译．北京：北京时代华文书局有限公司，2014．

[57] 杨芳，刘平青，何小海，等．企业师徒关系对徒弟角色内行为的影响研究——基于组织支持感和徒弟知识共享的链式中介模型[J]．软科学，2021，35（9）：100-105．

[58] 杨国枢．中国人的心理[M]．台北：台湾桂冠图书公司，1981．

[59] 杨涛，马君，张昊民．新生代员工的工作动力机制及组织激励错位对创造力的抑制[J]．经济管理，2015，37（5）：74-84．

[60] 于桂兰，渠邑，孙瑜，等．我国企业劳动关系：和谐指数构建与应用研究[M]．北京：人民出版社，2018．

[61] 俞亮．懂得：影响你一生的DISC识人术[M]．北京：电子工业出版社，2021．

[62] 约翰·巴德．劳动关系：寻求平衡[M]．于桂兰，译．北京：中国工人出版社，2020．

[63] 张汝伦．十大思想家[M]．上海：上海古籍出版社，2001．

[64] 张勇，刘海全，王明旋，等．挑战性压力和阻断性压力对员工创造力的影响：自我效能的中介效应与组织公平的调节效应[J]．心理学报，2018，50（4）：450-461．

[65] 张正堂. HR 三支柱转型：人力资源管理的新逻辑[M]. 北京：机械工业出版社，2018.

[66] 周霞，赵冰璐. 升职机会缺失对知识型员工角色内绩效的影响：内部人身份感知与知识共享氛围的作用[J]. 科技管理研究，2019，39（6）：142-147.

[67] 朱思其. 90 后新生代员工的员工关系管理[J]. 智库时代，2018（43）：12-13+15.

[68] Aryee S，Chen B. Trust as a Mediator of the Relationship between Organizational Justice and Work Outcomes：Test of a Social Exchange Model[J]. Journal of Organizational Behavior，2002，23（3）：267-285.

[69] Bandura A，Adams N E. Analysis of Self-efficacy Theory of Behavioral Change[J]. Cognitive Therapy and Research，1977，1（4）：287-310.

[70] Briscoe J P，Hall D T，Demuth R L F. Protean and Boundaryless Careers：An Empirical Exploration[J]. Academic Press，2006（1）.

[71] Cropanzano R，Anthony E L，Daniels S R，et al. Social Exchange Theory：A Critical Review with Theoretical Remedies[J]. Academy of Management Annals，2017，11（1）：479-516.

[72] Cropanzano R，Mitchell M S. Social Exchange Theory：An Interdisciplinary Review[J]. Journal of Management，2005，31（6）：874-900.

[73] Frankl V E. Man's Search for Meaning[M]. NY：Simon and Schuster，1985.

[74] Fried Y，Slowik L H. Enriching Goal-setting Theory with Time：An Integrated Approach[J]. Academy of Management Review，2004，29（3）：404-422.

[75] Joseph B，Walker A，Fuller-Tyszkiewicz M. Evaluating the Effectiveness of Employee Assistance Programmes：A Systematic Review[J]. European Journal of Work and Organizational Psychology，2018，27（1）：1-15.

[76] Kanfer R，Chen G. Motivation in Organizational Behavior：History，Advances and Prospects[J]. Organizational Behavior and Human Decision Processes，2016，136：6-19.

[77] Locke E A，Latham G P. The Development of Goal Setting Theory：A Half Century Retrospective[J]. Motivation Science，2019，5（2）：93.

[78] Newman A，Obschonka M，Schwarz S，et al. Entrepreneurial Self-efficacy：A Systematic Review of the Literature on Its Theoretical Foundations，Measurement，Antecedents，and Outcomes，and An Agenda for Future Research[J]. Journal of Vocational Behavior，2019，110：403-419.

[79] Nohria N，Groysberg B，Lee L. Employee Motivation：A Powerful New Model[J]. Harvard Business Review，2008，86（7/8）：78.

[80] Pazy A. Joint Responsibility：The Relationships Between Organizational and Individual Career Management and the Effectiveness of Careers[J]. Group & Organization Management，1988，13（3）：311-331.

[81] Super D E．Career Education and The Meaning of Work[M]．Washington，DC：Office of Education，1976．

[82] Tallon P P，Queiroz M，Coltman T，et al. Information Technology and the Search for Organizational Agility：A Systematic Review with Future Research Possibilities[J]．The Journal of Strategic Information Systems，2019，28（2）：218-237．

[83] Tsui A S，Wu J B. The New Employment Relationship Versus the Mutual Investment Approach：Implications for Human Resource Management[J]．Human Resource Management，2005，44（2）：115-121．

[84] Ulrich D. Human Resource Champions：The next Agenda for Adding Value and Delivering Results[M]. Brighton：Harvard Business Press，2013．